智能车辆前沿技术丛书

丛书主编 项昌乐 陈 杰

智能车辆规划与控制技术

INTELLIGENT VEHICLE
PLANNING AND CONTROL TECHNOLOGY

任宏斌 龚建伟 齐志权◎著

北京理工大学出版社
BEIJING INSTITUTE OF TECHNOLOGY PRESS

版权专有　侵权必究

图书在版编目（CIP）数据

智能车辆规划与控制技术 / 任宏斌，龚建伟，齐志权著. －－北京：北京理工大学出版社，2024.5
ISBN 978－7－5763－4107－2

Ⅰ．①智… Ⅱ．①任… ②龚… ③齐… Ⅲ．①智能控制-汽车 Ⅳ．①U46

中国国家版本馆 CIP 数据核字（2024）第 109059 号

责任编辑：王梦春	文案编辑：辛丽莉
责任校对：周瑞红	责任印制：李志强

出版发行 / 北京理工大学出版社有限责任公司
社　　址 / 北京市丰台区四合庄路 6 号
邮　　编 / 100070
电　　话 / （010）68944439（学术售后服务热线）
网　　址 / http://www.bitpress.com.cn
版 印 次 / 2024 年 5 月第 1 版第 1 次印刷
印　　刷 / 三河市华骏印务包装有限公司
开　　本 / 710 mm × 1000 mm　1/16
印　　张 / 22.5
字　　数 / 382 千字
定　　价 / 108.00 元

图书出现印装质量问题，请拨打售后服务热线，负责调换

前　言

　　进入 21 世纪，随着汽车工业、人工智能、互联网等行业深度融合，智能汽车已经进入技术快速演进、产业加速布局的新阶段。智能网联技术对降低交通事故发生率、减少交通拥堵、改善大气环境、降低能耗等具有重要意义。智能汽车可以提供更安全、更节能、更高效、更舒适的出行体验，是未来汽车产业的发展方向。融合数字化技术的智能汽车正在成为行业发展的共识。未来的智能网联汽车产业，将是一个突破原有业务壁垒、深度融合、协同创新的新兴战略产业集群。与此同时，汽车产业的转型升级，也将为整个经济社会的高质量发展注入澎湃动力，并成为满足消费升级需求、助力实现智慧社会建设的重要组成部分。到 2035 年，中国智能网联汽车技术和产业体系将全面建成，产业生态健全完善，整车智能化水平显著提升。

　　智能车辆规划与控制技术是实现自动驾驶的核心技术之一。规划与控制模块根据感知模块所获得的信息，在考虑车辆动力学、道路及交通法规等约束条件下，利用经典或现代控制理论生成期望的轨迹，并使车辆能以较小的稳态误差跟踪期望轨迹。规划与控制品质决定了车辆在行驶过程中能否顺畅、准确地完成各种驾驶任务。随着自动驾驶技术的发展，智能车辆轨迹跟踪技术正在逐步从传统的车辆几何模型转变为多自由度的动力学模型、从传统的 PID 控制算法转变为鲁棒性更强的模型预测控制算法，但智能车辆运动规划仍有许多问题亟待解决。本书结合作者的研究工作，详细介绍了智能车辆轨迹规划与控制的基础知识、经典算法和最新研究成果。

本书共十章。第一章综述了智能车辆规划与控制技术，包含智能车辆发展的背景，以及运动规划的基础理论知识和相关术语，重点介绍了智能车辆驾驶决策技术、轨迹规划及跟踪技术的研究现状与进展。第二章介绍了车辆动力学系统，详细介绍了车辆运动学模型、动力学模型以及轮胎动力学模型，为后续研究车辆动力学模型提供理论基础。第三章介绍了智能车辆全局路径规划方法，主要包括拓扑地图的建立、行驶环境栅格地图及路网创建以及地图搜索方法等内容。第四章介绍了智能车辆局部路径规划方法，重点介绍了换道、超车两种典型工况的纵向和侧向运动规划方法。从第五章开始主要介绍自动泊车，超车、换道以及纯跟踪等典型算法的案例。第五章介绍了基于 Hybrid A* 的热起动的泊车路径在线优化方法，针对传统避障的非凸约束问题，利用拉格朗日对偶进行凸优化和 Hybrid A* 结果作为初始解（热起动）以加快求解效率。第六章提出了一种基于轮廓控制的纵向和侧向运动集成算法，集成了轮廓运动控制算法和模型预测控制算法，能稳定地实现高速转弯控制。第七章介绍了一种基于学习的 MPC 控制算法，利用高斯过程去拟合车辆过去时刻的动力学数据来弥补 MPC 中动力学模型的未建模动态，从而达到提高跟踪精度和模型鲁棒性的效果。第八章介绍了经典的自动驾驶轨迹跟踪方法，详细介绍了纯跟踪、LQR、PID 的轨迹跟踪方法的理论，并对其进行了仿真试验。第九章介绍了一种基于前馈与反馈的轨迹跟踪方法，介绍了预瞄误差模型，并利用 H_2 性能约束和极点约束提高跟踪算法的鲁棒性。第十章介绍了基于模型预测的轨迹跟踪方法，先从理论推导了非线性运动学模型线性化的过程，然后设计了 MPC 控制器进行轨迹跟踪。第十一章介绍了基于带约束的 iLQR 的运动规划方法。在本书的最后给出了一些思考题，帮助读者理解智能车辆规划与控制技术的重点和核心概念。

本书由任宏斌、龚建伟、齐志权共同撰写。具体分工：任宏斌负责第一、第二、第五至第十章；龚建伟负责第三和第四章；齐志权负责第十一章。本书的相关研究得到了国家自然科学基金（52002025 等）、中央高校基本科研业务费专项资金、国防基础科研等项目的支持，并获得了北京理工大学"双一流"建设精品出版工程项目的资助，在此表示由衷的感谢。

本书依托北京理工大学无人车技术工业和信息化部重点实验室、自主智能无人系统全国重点实验室等科研平台科研资源，并得到了北京理工大学汽车研究所的教师和研究生们的帮助，在此表示特别的感谢。研究生周高立、周孝添、孙纪禹、李岩、刘璐、吴孟泽等对本书的出版给予了大力帮助。

  本书既阐述了基础理论和基本知识，又给出了相关算法详细设计过程，适合作为应用型本科及职业院校智能网联汽车相关专业的教材，也可作为从事或准备进入智能网联汽车相关行业人员的参考书目。期待本书的出版能够与更多领域的专家和学者产生共鸣，共同推动我国智能汽车产业的创新发展。本书相关代码已上传 GitHub，欢迎大家参考：https://github.com/vsd401。

  书中难免存在疏漏和不妥之处，希望广大读者批评指正。

编 者
于北京理工大学车辆实验楼

符号表

第二章　车辆动力学系统					
物理量	代号	单位	物理量	代号	单位
侧倾角	φ	rad	轮距	B	m
俯仰角	θ	rad	轮胎自由半径	R_{free}	m
横摆角	ψ	rad	轮胎动态半径	R_d	m
侧倾角速度	p	rad/s	轮胎标称垂向载荷	F_{z0}	N
俯仰角速度	q	rad/s	轮胎垂向标称变形量	$\rho_{F_{z0}}$	m
横摆角速度	r	rad/s	轮胎垂向压缩量	ρ	m
轴距变化量	dx	m	轮胎垂向刚度	K_{tire}	N/m
轮距变化量	dy	m	纵向轮胎力	F_x	N
轮跳变化量	dz	m	侧向轮胎力	F_y	N
车轮前束角	δ	rad	轮胎垂向载荷	F_z	N
主销后倾角	η	rad	轮胎回正力矩	M_z	N·m
车轮旋转角	θ_{rel}	rad	曲线形状因子	C	—
车轮旋转角速度	ω_w	rad/s	轮胎峰值因子	D	—
轮胎外倾角	γ	rad	轮胎刚度因子	B	—
滑移率	s	—	曲线的水平方向漂移	S_h	—
峰值点滑移率	s_p	—	曲线的垂直方向漂移	S_v	—
质心侧偏角	β	rad	曲线曲率因子	E	—

续表

第二章 车辆动力学系统

物理量	代号	单位	物理量	代号	单位
前轮转角	δ_f	rad	参考路面附着系数	μ_0	—
前轮轮胎侧偏角	α_f	rad	实际路面附着系数	μ	—
后轮轮胎侧偏角	α_r	rad	名义垂向载荷	F_{z_nom}	N
轮胎侧偏刚度	$C_{y\alpha}$	N/rad	名义滑移率1	s_{1_nom}	—
整车质量	m	kg	名义滑移率2	s_{2_nom}	—
车辆绕 z 轴的惯量	I_z	kg·m²	轮胎纵向刚度	C_x	N/rad
纵向速度	v_x	m/s	轮胎侧向刚度	C_y	N/rad
侧向速度	v_y	m/s	名义轮胎纵向刚度	C_{x_nom}	N/rad
合成车速	v	m/s	名义轮胎侧向刚度	C_{y_nom}	N/rad
车辆纵向加速度	a_x	m/s²	驱动扭矩	T_{wd}	N·m
车辆侧向加速度	a_y	m/s²	制动扭矩	T_{wb}	N·m
车身质心高度	h_{cg}	m	绝对速度	$\vec{v}_a$	m/s
质心到前轴距离	a	m	相对速度	$\vec{v}_r$	m/s
质心到后轴距离	b	m	牵连速度	$\vec{v}_e$	m/s

第四章 智能车辆局部路径规划方法

物理量	代号	单位	物理量	代号	单位
路径曲率	κ	1/m	转向半径	R	m
路点	S_i	—	路径安全性成本	C_{safe}	—
车辆间距	ΔS	m	路径稳定性成本	$C_{constancy}$	—
最大横摆角速率	ω_{max}	rad/s²	最大制动减速度	a_{dmax}	m/s²

第八章 经典的自动驾驶轨迹跟踪方法

物理量	代号	单位	物理量	代号	单位
横摆角跟踪误差	e_ψ	rad	权重系数	w	—
车辆侧向跟踪误差	e_y	m	控制输入	u	—
前轮转角反馈控制量	δ_{fb}	rad	PID 比例因子	K_P	—
前轮转角理论值	δ_{fa}	rad	PID 微分因子	K_D	—
路径长度	S	m	PID 积分因子	K_I	—
预瞄距离	L_f	m	—	—	—

目 录

第一章 智能车辆规划与控制技术综述 ·· 001

  1.1 智能汽车概述 ··· 002
    1.1.1 智能汽车的定义 ··· 003
    1.1.2 自动驾驶分级标准 ··· 004
  1.2 智能车辆运动规划与运动控制的基本概念与术语 ································ 006
  1.3 智能车辆驾驶决策技术 ··· 007
    1.3.1 驾驶决策系统基本架构 ·· 008
    1.3.2 驾驶决策方法分类 ··· 010
    1.3.3 安全驾驶决策评价标准 ·· 014
    1.3.4 驾驶决策研究方向 ··· 015
  1.4 智能车辆轨迹规划技术 ··· 016
    1.4.1 基于采样的方法 ··· 016
    1.4.2 基于搜索的方法 ··· 017
    1.4.3 基于插值拟合的方法 ··· 021
    1.4.4 基于数值优化的方法 ··· 021
  1.5 智能车辆轨迹跟踪技术 ··· 022
    1.5.1 经典的自动驾驶轨迹跟踪方法 ·· 022
    1.5.2 基于模型预测控制的轨迹跟踪 ·· 024

1.5.3　基于数据驱动的模型预测控制 …………………………………… 025
1.6　总结与展望 …………………………………………………………………… 025
1.7　参考文献 ……………………………………………………………………… 027

第二章　车辆动力学系统 ………………………………………………………… 035

2.1　车辆动力学系统发展历史 …………………………………………………… 036
2.2　车辆坐标系的定义 …………………………………………………………… 038
　　2.2.1　伽利略坐标系 ……………………………………………………… 038
　　2.2.2　车体坐标系 ………………………………………………………… 038
　　2.2.3　车轴坐标系 ………………………………………………………… 040
　　2.2.4　车轮坐标系 ………………………………………………………… 040
2.3　轮胎模型 ……………………………………………………………………… 041
　　2.3.1　轮胎模型概述 ……………………………………………………… 041
　　2.3.2　轮胎坐标系 ………………………………………………………… 044
　　2.3.3　轮胎运动学 ………………………………………………………… 045
　　2.3.4　轮胎动力学 ………………………………………………………… 048
2.4　车辆动力学系统 ……………………………………………………………… 058
　　2.4.1　车辆运动学模型 …………………………………………………… 058
　　2.4.2　车辆动力学模型 …………………………………………………… 060
2.5　参考文献 ……………………………………………………………………… 074

第三章　智能车辆全局路径规划方法 …………………………………………… 077

3.1　拓扑地图的建立 ……………………………………………………………… 079
　　3.1.1　OpenStreetMap 与 XML 文档 …………………………………… 080
　　3.1.2　基于 XML 文档建立拓扑地图 …………………………………… 082
　　3.1.3　XML 文档未知的拓扑地图的采集 ……………………………… 084
3.2　行驶环境占据栅格地图构建与更新 ………………………………………… 084
　　3.2.1　二维栅格地图模型定义 …………………………………………… 085
　　3.2.2　占据栅格地图模型定义和概率更新 ……………………………… 086
　　3.2.3　动态环境地图建立与更新模型 …………………………………… 088
3.3　路网创建和地图搜索方法 …………………………………………………… 090
　　3.3.1　地理数据采集 ……………………………………………………… 090
　　3.3.2　地图文件结构和构建算法 ………………………………………… 095

3.3.3　多任务点地图搜索算法 ································· 098
3.4　基于路网属性的平滑路径生成 ································· 101
　　3.4.1　全局路径的平滑处理方法 ································· 102
　　3.4.2　局部路径优化目标 ································· 109
　　3.4.3　路网属性与局部路径生成 ································· 111
　　3.4.4　路网属性与速度曲线添加 ································· 116
3.5　本章小结 ································· 118
3.6　参考文献 ································· 119

第四章　智能车辆局部路径规划方法 ································· 121

4.1　基于五次多项式的换道路径规划方法 ································· 123
　　4.1.1　路径问题描述 ································· 124
　　4.1.2　基于五次多项式的换道路径生成 ································· 125
　　4.1.3　路径的纵向和侧向约束 ································· 128
　　4.1.4　速度规划 ································· 129
　　4.1.5　小结 ································· 130
4.2　智能车辆自主超车规划方法 ································· 131
　　4.2.1　基于前向预测的路径生成方法 ································· 131
　　4.2.2　基于静态/动态障碍物超车路径规划方法 ································· 132
　　4.2.3　基于多目标评价函数的路径选择方法 ································· 139
　　4.2.4　速度规划方法 ································· 143
　　4.2.5　小结 ································· 145
4.3　参考文献 ································· 145

第五章　自动泊车全局路径在线优化方法 ································· 147

5.1　概述 ································· 148
5.2　A*算法与 Hybrid A*算法泊车全局路径规划方法 ································· 149
　　5.2.1　A*算法 ································· 149
　　5.2.2　同伦曲线 ································· 152
　　5.2.3　Hybrid A*算法 ································· 152
　　5.2.4　碰撞检测方法 ································· 156
　　5.2.5　Hybrid A*算法存在的问题 ································· 158
5.3　基于全局在线优化的泊车路径规划 ································· 159

5.3.1　动力学模型与约束 ……………………………………………… 159
　　5.3.2　障碍物和受控对象模型 …………………………………………… 160
　　5.3.3　避免碰撞的优化问题描述 ………………………………………… 160
　　5.3.4　避免碰撞的数学描述 ……………………………………………… 161
5.4　考虑智能车辆轮廓的避障问题描述 …………………………………… 161
　　5.4.1　对偶范数与共轭函数 ……………………………………………… 161
　　5.4.2　最小碰撞轨迹生成 ………………………………………………… 163
5.5　泊车优化问题的数学描述 ……………………………………………… 164
　　5.5.1　车辆运动学模型 …………………………………………………… 164
　　5.5.2　自动泊车优化问题描述 …………………………………………… 165
　　5.5.3　优化问题求解 ……………………………………………………… 167
5.6　仿真验证 ………………………………………………………………… 168
　　5.6.1　平行泊车 …………………………………………………………… 169
　　5.6.2　垂直泊车 …………………………………………………………… 171
　　5.6.3　60°斜列泊车 ………………………………………………………… 175
5.7　本章小结 ………………………………………………………………… 178
5.8　参考文献 ………………………………………………………………… 178

第六章　基于轮廓控制的纵向和侧向运动集成 …………………………… 183

6.1　车辆模型——非线性自行车模型 ……………………………………… 187
6.2　平滑曲线的数学描述 …………………………………………………… 188
6.3　轨迹规划与速度控制集成策略 ………………………………………… 189
　　6.3.1　轨迹规划最优问题的数学描述 …………………………………… 189
　　6.3.2　障碍边界定义 ……………………………………………………… 192
　　6.3.3　避障和轨迹重新规划 ……………………………………………… 194
6.4　仿真试验与性能评价 …………………………………………………… 197
　　6.4.1　直线道路避障工况 ………………………………………………… 198
　　6.4.2　急转弯道路避障 …………………………………………………… 200
6.5　本章小结 ………………………………………………………………… 202
6.6　参考文献 ………………………………………………………………… 202
第六章附录Ⅰ　非线性系统的离散化和线性化 …………………………… 205
第六章附录Ⅱ　目标函数的标准二次形式 ………………………………… 205

第七章　基于学习的模型预测运动规划方法 …… 209

7.1　概述 …… 210
7.2　理论基础 …… 211
7.2.1　高斯过程回归 …… 211
7.2.2　超参数优化 …… 214
7.2.3　训练数据的在线获取 …… 215
7.3　基于学习的模型预测运动规划 …… 215
7.3.1　非线性车辆动力学系统 …… 215
7.3.2　问题描述 …… 217
7.3.3　标称 MPC 问题描述 …… 221
7.3.4　基于学习的 MPC 问题描述 …… 222
7.4　仿真试验与结果讨论 …… 225
7.4.1　直线道路上避障 …… 226
7.4.2　L 形弯道上避障 …… 228
7.5　本章小结 …… 231
7.6　参考文献 …… 231

第八章　经典的自动驾驶轨迹跟踪方法 …… 235

8.1　线控二次最优控制 LQR 轨迹跟踪控制算法 …… 237
8.1.1　LQR 最优控制 …… 237
8.1.2　基于 LQR 的轨迹跟踪控制 …… 239
8.1.3　仿真实例 …… 244
8.1.4　小结 …… 247
8.2　PID 轨迹跟踪算法 …… 247
8.2.1　Frenet 坐标系 …… 248
8.2.2　车辆模型 …… 250
8.2.3　PID 轨迹跟踪控制器设计 …… 254
8.2.4　仿真实例 …… 255
8.2.5　小结 …… 259
8.3　纯跟踪算法 …… 260
8.3.1　算法实现过程 …… 260
8.3.2　纯跟踪算法预瞄点讨论 …… 262

    8.3.3 仿真实例 ………………………………………………… 265
    8.3.4 小结 …………………………………………………… 272
  8.4 本章小结 ……………………………………………………… 273
  8.5 参考文献 ……………………………………………………… 273

第九章 基于前馈与反馈的轨迹跟踪方法 …………………………… 275

  9.1 车辆动力学模型 ……………………………………………… 277
    9.1.1 车辆动力学模型 ……………………………………… 277
    9.1.2 预瞄误差模型 ………………………………………… 278
  9.2 车辆行驶稳定性约束 ………………………………………… 279
  9.3 纵向控制器设计 ……………………………………………… 281
    9.3.1 前馈补偿控制 ………………………………………… 281
    9.3.2 结合 H_2 性能约束和极点约束的鲁棒控制 ………… 282
  9.4 仿真验证 ……………………………………………………… 284
    9.4.1 不同车速下的鲁棒性验证 …………………………… 284
    9.4.2 不同附着系数下的鲁棒性验证 ……………………… 286
  9.5 本章小结 ……………………………………………………… 288
  9.6 参考文献 ……………………………………………………… 288

第十章 基于模型预测的轨迹跟踪方法 ………………………………… 291

  10.1 车辆模型 …………………………………………………… 295
    10.1.1 车辆运动学模型线性化 …………………………… 295
    10.1.2 线性模型离散化 …………………………………… 296
  10.2 模型预测控制 ……………………………………………… 298
    10.2.1 模型预测控制原理 ………………………………… 298
    10.2.2 模型预测控制器设计 ……………………………… 299
  10.3 模型预测控制算法验证与分析 …………………………… 304
  10.4 本章小结 …………………………………………………… 306
  10.5 参考文献 …………………………………………………… 306

第十一章 基于带约束的 iLQR 的运动规划方法 ……………………… 309

  11.1 iLQR 算法基本原理 ……………………………………… 312
    11.1.1 问题描述 …………………………………………… 312

11.1.2　反向传播 ································· 313

　　11.1.3　前向传播 ································· 315

11.2　带约束的 iLQR 问题描述及其求解 ······················· 316

　　11.2.1　问题描述 ································· 316

　　11.2.2　基于牛顿投影的控制量约束方法 ····················· 317

　　11.2.3　基于障碍函数的状态量和控制量约束方法 ················· 317

11.3　典型算例分析 ···································· 320

　　11.3.1　泊车问题 ································· 320

　　11.3.2　跟车与超车 ································ 321

11.4　本章小结 ····································· 324

11.5　参考文献 ····································· 324

第十一章附录　牛顿投影 QP 问题的迭代求解 ······················ 325

思考题 ··· 327

索引 ·· 331

第一章
智能车辆规划与控制技术综述

1.1 智能汽车概述

汽车智能化和网联化是全球汽车和交通运输发展的主要方向。智能汽车是智能交通系统的重要组成部分，将对降低交通事故发生率、减少交通拥堵、改善大气环境、降低能耗等做出重要贡献。目前，高级辅助驾驶技术逐步实现产业化应用，而结合人工智能技术实现高等级自动驾驶及无人驾驶，则还有不少关键技术需要突破，因此智能驾驶技术在当前及未来很长一段时间内，极具理论研究价值和产业化应用前景，是学术界和产业资本追逐的热点。2020 年，由国家发改委、工信部等 11 个部委联合印发《智能汽车创新发展战略》的通知提出，到 2025 年，中国标准智能汽车的技术创新、产业生态、基础设施、法规标准、产品监督和网络安全体系将基本形成，能够实现有条件自动驾驶的智能汽车达到规模化生产，实现高度自动驾驶的智能汽车在特定环境下市场化应用。到 2035 年，中国标准智能汽车体系将全面建成。

智能汽车创新发展战略

目前，人们对智能汽车的描述术语较多，有智能汽车、智能网联汽车、自动驾驶汽车、无人驾驶汽车等，在本书系列及体系中，将智能汽车、智能网联汽车概念等同，同时将网联化信息作为智能化技术的信息来源。乘用车按智能化程度从低到高将智能驾驶技术大致分类为先进辅助驾驶技术、自动驾驶技术和无人驾驶技术。需要注意的是，在无驾驶员、无安全员或者有远程操控员的智能汽车中，一般可以理解为无人驾驶汽车/车辆，远程操控员的作用主要包括远程协助和远程接管等。本书内容只包含乘用车、军用或工程等功能车辆的共性机动智能驾驶技术,没有涉及特种功能车辆的作业装置及作业任务理解与控制技术。

为方便阅读和理解,首先明确智能汽车的定义和自动驾驶分级标准。

1.1.1 智能汽车的定义

根据 2020 年 2 月中国发布的《智能汽车创新发展战略》,智能汽车是指通过搭载先进传感器等装置,运用人工智能等新技术,具有自动驾驶功能,逐步成为智能移动空间和应用终端的新一代汽车。智能汽车通常又称为智能网联汽车、自动驾驶汽车等。

中国汽车工业协会指出,智能汽车是搭载了先进的车载传感器、控制器、执行器等装置,并融合现代通信与网络技术,实现车与 X(人、车、路、后台数据中心等)智能信息交换共享,具备复杂的环境感知、智能决策、协同控制和执行等功能,可实现安全、舒适、节能、高效行驶,并最终可代替人来操作的新一代汽车。

如图 1.1 所示,一般按照研究层次将智能驾驶技术分为环境感知、决策与规划、控制与执行三大模块。

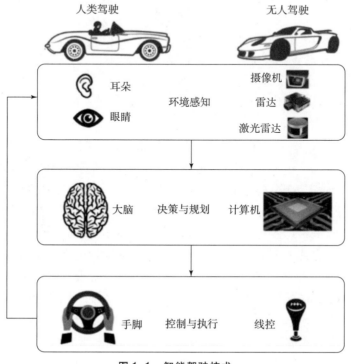

图 1.1　智能驾驶技术

环境感知模块作为自动驾驶技术的基础模块，充当汽车的"眼睛"，为决策与规划模块提供所有外界信息数据。

决策与规划模块分为全局路径规划（或任务规划）、行为规划和局部路径规划（或运动规划）。其中，全局路径规划为智能汽车提供方向指引，并确定其需要通过的路段和区域顺序。行为规划又称为行为决策，提供汽车从起点到终点所需要完成的一系列驾驶行为，如超车、换道、跟车、减速跟车等。局部路径规划是建立在智能汽车完成感知和决策后的实时轨迹规划，其任务是规划出智能汽车的轨迹曲线，包括路径曲线和速度曲线，同时要保证车辆的灵活性、乘客的安全性、乘坐的舒适性、算法的可靠性等。

控制与执行模块代替驾驶员"手"和"脚"的功能，并根据规划层传递的轨迹曲线来控制油门、制动、转向盘等完成最终的智能驾驶目标。

1.1.2 自动驾驶分级标准

智能驾驶是对所有高级辅助驾驶技术和自动驾驶技术的统称。制定自动驾驶分级标准的目的：一是给政府部门和交通监管部门提供法规和监管依据和标准；二是为判定辅助驾驶车辆和自动驾驶车辆交通事故、制定交通管理规定提供法律依据，明确责任主体；三是为企业技术研发提供参考，是企业制定生产的车辆产品检测内部标准和规范的重要参考依据；四是为标准化机构提供了标准框架，制定辅助驾驶和自动驾驶车辆考核认证标准，并为推动国际标准的建立做出贡献，提高我国智能汽车产品国际竞争力和技术话语权；五是将来为企业完善客户自动使用培训体系提供参考，同时也是科普教育和智能汽车产品消费者培训的重要资料。

自动驾驶根据其智能化程度进行分级，能够为全球智能驾驶技术研发提供参考依据和指导，同时也是相关交通法规制定和理论研究的基础。目前各个国家都有自己的分级标准，全球采用较多的分级标准是国际自动机工程学会（SAE International）制定的 SAE J3016—2021 分级标准。该标准最初在 2014 年制定，并分别于 2016 年、2018 年、2021 年进行了更新。在最新的分级标准中，将 L1、L2 级分组为"驾驶员支持系统（Driver Support Systems）"，而 L3～L5 级则称之为"自动驾驶系统（Automated Driving Systems）"，因此我们可以将 L1、L2 级理解为辅助驾驶级别，而 L3～L5 级则理解为自动驾驶级别。

中国非常重视智能汽车技术的发展。2015 年国务院发布的《中国制造 2025》将智能汽车分为驾驶辅助（DA）、部分自动驾驶（PA）、高度自动驾驶（HA）、完全自动驾驶（FA）4 个等级。同时，随着技术的发展，国家市场监督管理总局、中国国家标准化管理委员会 2021 年 9 月正式发布《汽车驾驶自动化分级》(GB/T 40429—2021)(以下简称 GB/T 40429—2021),该标准于 2022 年 3 月 1 日起正式实施。我国 GB/T 40429—2021 规定的分级标准,为便于与国际接轨,也充分参考了《驾驶自动化分级》(SAE J3016—2021)(以下简称 SAE J3016—2021)分级标准(图 1.2)。两者都分为 L0～L5 6 个级,从驾驶员监控和驾驶任务接管功能描述上来看,我国 GB/T 40429—2021 更加符合实际情况:

①SAE J3016—2021 分级标准 L0～L2 级中,驾驶监控均由驾驶员完成,而 GB/T 40429—2021 则描述驾驶监控由驾驶员和系统共同完成,强调了系统的辅助驾驶作用。

②SAE J3016—2021 分级标准 L3 级中,驾驶任务接管直接描述为由驾驶员完成,而 GB/T 40429—2021 则描述为驾驶员"执行接管后成为驾驶员",也可理解为接管前是由系统负责,即驾驶接管由驾驶员和系统共同完成,强调了智能驾驶系统的作用,为后续自动驾驶相关法律伦理带来不同的定义。

SAE J3016—2021驾驶自动化分级标准

	SAE LEVEL 0	SAE LEVEL 1	SAE LEVEL 2	SAE LEVEL 3	SAE LEVEL 4	SAE LEVEL 5
驾驶员座位上的人必须做什么?	无论驾驶员支持功能是否开启,即使驾驶员手离开转向盘、脚离开踏板,都是驾驶员在驾驶			当自动驾驶功能启用时,即使驾驶员坐在"驾驶员座位"上,也不是由驾驶员在驾驶,而是机器在驾驶		
	驾驶员必须持续监督这些驾驶员支持功能;必须转向、制动或者加速以保证安全			当功能发出请求,驾驶员必须接管	自动驾驶功能不会发出接管驾驶请求	
		驾驶员支持功能		自动驾驶功能		
功能用途	仅限于提供警告和瞬时协助	为驾驶员提供转向、制动或加速支持	为驾驶员提供转向、制动或加速支持	可在有限条件下驾驶车辆,如果不满足所有要求的条件,自动驾驶功能无法运行		可以在所有条件下驾驶
示例功能	• AEB自动紧急制动 • 盲区警告 • 车道偏离警告	• 车道保持; • 自适应巡航控制	同时提供车道保持和自适应巡航控制	交通阻塞时承担驾驶员角色	• 区域无人出租车; • 不一定需要安装踏板/转向盘	与L4级相同,但该功能可以在所有条件下随处行驶

图 1.2 智能汽车智能级别分类

SAE J3016™ LEVELS OF DRIVING AUTOMATION

汽车驾驶自动化分级

1.2　智能车辆运动规划与运动控制的基本概念与术语

前面已经提到，智能汽车是无人驾驶车辆、自动驾驶车辆、高等级辅助驾驶车辆的统称，同时在控制方面也延续了移动机器人的控制基础与控制方法，也可以分为运动规划与运动控制。运动规划包括路径规划和轨迹规划，而运动控制则包括路径跟踪与轨迹跟踪。

智能车辆运动规划的任务是规划出车辆轨迹曲线，包括路径曲线和速度曲线；运动控制根据运动规划输出和实时反馈车辆行驶状态，控制底盘执行机构，使车辆稳定、平滑、精确地跟踪期望路径/轨迹。

下面介绍智能驾驶规划与控制领域中常用的关键概念和常用术语。

1. 构型空间和状态

在一个固定坐标系下描述车辆的位置和航向等状态特性的向量，称为构型向量（Configuration Vector），那么一系列这样的构型向量就形成了构型空间（Configuration Space）。

一个描述车辆当前特性的集合被称为该车在当前时刻的状态（State），一般用来描述当前车辆状态的量有位置(x, y, z)、姿态(φ, θ, ψ)、线速度(v_x, v_y, v_z)以及角速度(p, q, r)。

2. 执行控制

执行控制（Action）是可以引起车辆状态改变的系统输入（如加速度、前轮转角）。执行控制要么被定义为时间的函数，要么被定义为状态向量和时间两者的函数。执行控制空间（Action Space）表示可应用于状态空间的所有可能操作的集合。

3. 路径规划

路径指的是从构型空间的起点到终点之间的一个连续的位置序列，也就是说它是一段从起点到终点、没有障碍物的几何曲线。注意：路径没有时间和速度的约束，这是路径与轨迹的区别。

路径规划（Path Planning）是寻找从车辆初始构型状态到终止构型状态的几何路径的问题，并要求路径上的每个构型和状态（如果考虑时间维度）都是可行的。可行的构型或状态指的是不会导致碰撞，并遵循车辆约束，如道路和车道边界、交通规则以及运动学或动力学。

在给定状态空间下，规划是一个计算密集型任务，要求高内存和大量计算资源。在机器人运动领域（包括公路和越野车辆、物体），规划分为不同层级。最高级别的规划涉及从起点到终点的路线规划（Route Planning）。最低级的规划是根据车辆动力学规划出一条平滑的轨迹，这种规划是在高维状态下小（局部）搜索空间中制定的。

4. 轨迹规划

轨迹是一系列车辆状态的集合，它是包含时间和速度的序列。

轨迹规划（Trajectory Planning）更多的是实时规划车辆的当前状态到下一状态的过程，使整个路径规划的结果更符合车辆运动学约束。

轨迹规划由时间、加速度或速度等参数组成。在每个规划周期中，规划模块根据车辆当前状态和周围环境动态信息，生成多个候选轨迹，并根据所设计的成本函数评估所有轨迹，以确定最佳轨迹。轨迹规划是包含时间信息的路径点序列，其长度在很大程度上取决于接收传感器数据的频率。轨迹规划的时间间隔也称为规划周期。

5. 运动控制

路径跟踪过程中，参考路径（Reference Path）曲线可与时间参数无关。跟踪控制时，可以假设智能汽车以当前速度匀速前进，以一定的代价规则形成行驶路径趋近于参考路径；轨迹跟踪过程中，参考路径曲线与时间、空间均相关，要求智能汽车在规定的时间到达某一预先设定好的参考路径点。

路径跟踪不同于轨迹跟踪，不受制于时间约束，只需要在一定误差范围内跟踪期望路径，路径跟踪中的运动控制（Motion Control）就是寻找一个有界的控制输入序列来使智能汽车从一个初始构形状态到设定的期望状态。

1.3 智能车辆驾驶决策技术

智能汽车本质上是一种能够处理来自车载传感器（如毫米波雷达、激光雷达、摄像头、卫星定位接收机、惯性导航单元和里程计等）信息的自主决策系统。这些信息连同道路网络、道路规则、环境导航先验知识，并结合车辆运动学、动力学及其他车辆状态信息，通过一定的决策技术和方法，实现车辆安全有效地决策。

智能车辆决策技术旨在尽可能多地自动完成驾驶任务，而解决这个问题的常用方法是将感知、决策、执行等任务进行分层实现。感知系统使用先验信息和收集的观察数据来估计车辆及其周围环境的状态，然后决策系统使用这些估计值来控制车辆，从而实现驾驶目标。近期也出现一些端到端的决策规划控制方法，就是说不一定通过传感机器人技术的感知、决策、规划、控制分层方式来得到控制指令，而是直接以"感知→控制"的方式实现。但是，由于目前认知和技术水平的限制，其输出还不能和人类期望结果相符，不能得到满意的控制效果。

智能汽车是集环境感知、路径规划、决策和运动控制等技术于一体的综合智能系统。作为智能汽车的"大脑"，决策系统对车辆安全高效驾驶具有重要意义，如何设计智能可靠的决策系统逐渐成为自动驾驶领域的研究热点。智能决策是指在考虑周围环境、其他交通参与者以及智能车辆的状态信息的前提条件下，产生类似驾驶员驾驶水平的安全合理的驾驶行为，然后基于决策结果并通过运动控制系统实现智能汽车的高效运行。通常，自动驾驶决策方法可以分为传统的基于规则的方法和基于机器学习的方法。

智能汽车必须能够根据驾驶习惯和道路规则来按照选定的路线进行导航，并与其他交通参与者互动。在给定所选路线的路段，决策层负责根据感知得到的其他交通参与者的行为、道路状况和来自基础设施的信号，在合适的时机选择适当的驾驶决策和行为。例如，当车辆到达路口前的停车线时，决策层会要求车辆停下来，观察路口其他车辆、自行车和行人的行为，一旦条件允许，决策模块将会让车辆继续行驶。

1.3.1 驾驶决策系统基本架构

为了进行具体的决策研究，对自动驾驶技术中决策系统一般框架的清晰理解对于设计有效的方法至关重要。本节根据相关研究的总结，对智能汽车的决策系统进行概述，主要包括决策系统的输入输出（IO）、设计准则、设计约束和应用场景4个方面。分层式行为决策系统如图1.3所示。

1. 输入输出

智能汽车中的决策系统处于环境感知和运动规划系统之间。一般来说，决策系统的输入是环境感知和车辆状态信息，而输出是一系列比较高层次的车辆运动的描述。具体而言，决策系统的输入主要包括如下。

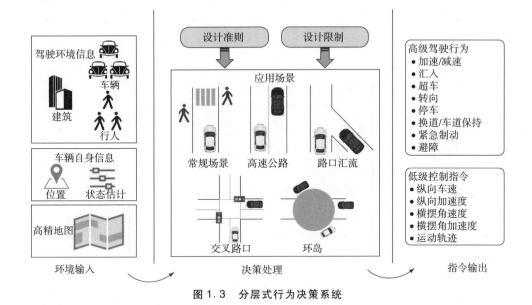

图1.3 分层式行为决策系统

①周边环境信息。将从车辆上配备的不同类型的传感器（激光雷达、摄像头、雷达等）中收集的原始数据进行处理以产生感知结果，它主要包括静态和动态障碍物及其行为预测信息、道路信息和交通等信息。

②智能车辆的状态。它主要是基于定位导航系统、实时定位与地图构建（Simultaneous Localization and Mapping，SLAM）等方法，对车辆进行高精度定位和车辆实时状态估计。

③导航地图信息。用于智能汽车的导航地图一般可实现较高精度的匹配定位，称为高精度地图（High Definition Map，HD Map），其提供大量精确到车道水平的信息，可作为智能车辆环境感知系统的辅助手段，从而提高感知精度，降低计算成本。高精度地图包括先验全局路径、道路高精地图、交通标志信息等、进出匝道口位置、路口等。在结构化道路环境中，HD Map是重要的决策输入信息。

广义的决策系统的输出是运动控制信息。决策系统的输出主要包括比较高层次的车辆运动描述（如并线、超车、车道保持和变道）以及低级控制命令（如纵向速度、加速度和转向等）。

2. 设计准则

决策系统的目的是产生类似人类的安全和高可靠性的驾驶策略，需制定一系列设计准则来实现更好的决策。总结如下：良好的系统实时性；安全性最高优先级（车辆具备防碰撞、紧急避障、故障检测等功能）；合理的行车效率优先级；结合用户需求的决策能力（用户对全局路径变更、安全和效率优先级变更等）；乘员舒适性（车辆转向稳定性、平顺性、较少的紧急制动、频繁换道等）。对于适用于城市道路和高速公路工况的行为决策系统，设计准则还包括右侧车道通行优先、保持车道优先、速度限制以及交通标志和交通信号灯限制等。

3. 设计约束

决策方法的研究需要考虑多种因素，以实现更完整的系统。决策系统的设计约束条件包括如下几种。

①周边环境信息。一般来说，需要考虑智能车辆周围安全距离内的动态、静态障碍物信息，如其他车辆的位置和速度、行人和车辆的行为预测、在道路上放置或掉落的静态障碍物、交通和道路标志等。

②当地交通法规信息。这种约束主要是指智能车辆在做决定时遵循的交通规则，包括道路限速、不穿越实线、不违反禁停标识等。

③智能车辆的当前状态。这包括智能车辆当前位置、速度和朝向。同时，当前车道和即将进入的下一个车道的可行性也应该考虑在内。

④路径规划的结果。路径规划可分为全局路径规划和局部路径规划，决策过程主要考虑当前环境下局部路径规划的结果。

⑤历史决策结果。在当前时刻的决策中需要考虑智能车辆在最后时刻（或前几个时刻）做出的历史决策信息。

⑥伦理决策。伦理决策是指智能车辆在操作过程中必须遵守驾驶伦理。例如，礼让行人、特种车辆（救护车、消防车），夜间关闭对向车辆的远光灯，不得危及乘客及环境中道路使用者的生命等。

4. 应用场景

只要智能车辆处于自动驾驶模式，几乎所有驾驶场景都需要进行决策。由于驾驶环境的复杂性，对决策系统的要求越来越高，相关研究主要集中在一般路段、高速公路及其出入口、城市交叉路口、环形交叉路口、拥堵路段等一些典型场景中。

1.3.2 驾驶决策方法分类

1. 经典的决策方法

智能汽车行为决策系统主要有经典方法和基于学习算法两大类。一般来说，经典的决策方法可以分为基于规则的决策方法、基于优化的决策方法和基于概率的决策方法。

1）基于规则的决策方法

基于规则的决策方法依赖于根据众多交通法规、驾驶经验和驾驶知识所构建的规则数据库，然后根据车辆的不同状态确定策略。其中，最具代表性的方法是有限状态机（Finite State Machine，FSM）方法。FSM 是一种具有离散输入和输出的数学模型，它可以根据对外部事件的响应生成相应的操作，然后将代理的状态从一个传递到另一个。

基于规则的行为决策是将智能车辆的行为进行划分，根据驾驶规则、知识、经验、交通法规等建立行为规则库，根据不同的环境信息划分车辆状态，按照规则逻辑确定车辆行为的方法。其代表方法为有限状态机法。事实上，在 DARPA 城市挑战赛中，大多数团队都采用有限状态机法与特定于所考虑驾驶场景的不同启发式算法作为行为决策的控制机制。

2）基于优化的决策方法

基于优化的决策方法通常依赖于奖励或效用函数来生成决策结果。模型预测控制（Model Predictive Control，MPC）是决策的可行方法之一。在参考文献［13］中，MPC 用于控制整个交通状况，并生成智能车辆比较高层次的决策结果，而其他车辆则间接受到其决策结果的影响。在参考文献［14］中，通过多状态强制行人运动计算模型考虑了车辆与行人的交互，然后利用 MPC 为智能车辆生成低级控制命令。在参考文献［15］中，MPC 与逆强化学习（IRL）相结合，以建立更合适的成本函数。

博弈论是解决决策问题的另一种优化方法。首先假设所有智能体都将采用"最优策略"进行决策，并根据其他智能体的相应行为生成策略。在参考文献［16］中，Stackelberg 游戏被用来解决 30 多辆车的决策问题，但整体运行效率和平均速度都比较低。基于评估的方法也可用于选择最佳驾驶决策。参考文献［17］提出了一种基于 AHP 和 TOPSIS 的多属性决策方法，AHP 用于获取不同属性的权重，而 TOPSIS 用于生成最佳行为。该算法在城市场景下的"智能先锋"平台上进行了验证。

3）基于概率的决策方法

基于概率的决策方法基于数学中的概率论生成行为结果，该方法需要建立一个概率模型来进行驾驶决策。在参考文献［18］中，建立了概率图形模型（PGM），以评估合并场景中周围车辆的意图，并通过现成的 ACC 距离保持模型生成运动命令，而无须其他车辆的加速度信息。参考文献［19］提出了一种双层贝叶斯决策网络（TSLDN）用于车道变换情景中的决策，通过扩展碰撞

(ETTC)和动态预测距离分布(DPIDP)进行风险评估,以确保安全生成概率行为。

2. 基于学习的决策方法

基于学习的决策方法是指利用人工智能技术实现智能汽车的决策。通常,首先需要建立驾驶数据样本,然后调整不同的学习方法或网络结构,以实现车辆的自主学习,并根据不同的环境信息生成可信赖的决策。基于学习的决策方法可分为以下 3 类:基于统计学习的决策方法、基于深度学习的决策方法和基于强化学习的决策方法。此外,一些数据集还可用于验证智能汽车基于学习的决策算法。

然而,现实世界的驾驶行为,尤其是在城市环境中,智能汽车是在有其他交通参与者的复杂动态环境中运行的,且其他交通参与者的意图不确定性较大。因此,经典的基于规则的决策方法在这样的驾驶环境中并不总是有效的,因此近些年基于学习的决策方法被用来为智能汽车实现更好的决策,如高斯混合模型、高斯过程回归。基于学习算法的行为决策,即通过对环境样本进行自主学习,由数据驱动建立行为规则库,利用不同的学习方法与网络结构,根据不同的环境信息直接进行行为匹配,从而输出决策行为的方法。其中,以深度学习的相关方法及决策树等各类机器学习方法为代表,如谷歌的自动驾驶系统中用于意图预测的学习技术以及基于模型(Model Based)的方法,可用于从传感器测量中直接评估驾驶意图。此外,随着新的强大计算技术的快速发展,基于学习的决策方法在智能汽车领域获得了巨大的普及和发展。

1)基于统计学习的决策方法

基于统计学习的决策方法使智能汽车能够通过大量的训练数据掌握类人的决策能力。典型的基于统计学习的决策方法包括 SVM、AdaBoost 等。在参考文献 [28] 中,SVM 被训练用于车道变换场景中的决策,以相对位置和速度为输入,并通过将 MPC 与几个安全约束相结合从而生成规划轨迹。在参考文献 [29] 中,将 AdaBoost 方法用于具有风险评估的"Cut-In"场景中的决策,它选择智能汽车的速度和周围障碍车辆作为输入,而选择碰撞距离(Distance-to-Collision,DTC)作为输出,结果表明该方法能够实现安全操作。

2)基于深度学习的决策方法

深度学习方法的框架与传统机器学习类似,主要区别在于深度学习方法利用神经网络结构来学习数据的特征,并生成分类或回归结果。端到端系统旨在实现智能汽车的决策,这要得益于深度学习方法在图像处理中的优势。通常,传感器数据被选为输入,并通过经过训练的神经网络生成低级控制命令。

视觉传感器由于其高性价比而广泛安装在智能汽车上，因此基于视觉图像开发了一些端到端的研究。在参考文献［30］中，从单个前置摄像头捕获的图像被选为输入，同时CNN被训练用于端到端决策，以生成车道保持的转向命令。NVIDIA公司的研究人员在参考文献［31］中也进行了类似的工作，主要区别在于来自3个摄像头的图像被用作生成转向命令的输入。在参考文献［32］中，"DriveNet"是基于CNN的结构提出的，选择从单个前置摄像头拍摄的连续3帧图像作为输入，并在具有不同照明条件的驾驶环境中验证算法。

为了生成更完整的控制指令，通过3种类型的输入（包括视觉图像、测量和高级命令）生成直行、转向等驾驶决策指令。在参考文献［33］中，训练了两个网络：一个网络将上述所有因素组合在一起，而另一个网络则认为高级命令是分支交换机。结果表明，后者在决策准确性方面表现更好。在参考文献［34］中，注意力分支网络（Attention Branch Network，ABN）旨在实现端到端决策。首先输入原始的视觉图像，并在设计网络的中间层进行"注意力图"的网格化；然后，通过原始图像的"注意力图"和卷积特征与智能车辆的预期速度相结合，生成油门和转向指令。

除了视觉图像之外，还进行了一些基于激光雷达点云数据（PCD）的研究。在参考文献［35］中，驾驶路径由FCN生成，并集成了激光雷达PCD、IMU和来自Google地图的导航信息。在参考文献［36］中，激光雷达PCD首先转换为栅格地图，然后将FCN和逆强化学习（IRL）结合起来，构建了一个具有更好成本函数的端到端系统，最后生成了一系列驾驶执行指令。

3）基于强化学习的方法

强化学习是机器学习里面一个重要的分支，其与深度学习主要的差别体现在强化学习需要与环境不断交换，从而不断更新其策略，最终得到回报最大的策略。Duan J等人基于规则决策和模仿学习决策的两种方法都需要海量标记驾驶数据去覆盖所有可能的驾驶场景，实用性较差，故提出了一种不依赖标记数据的分层强化学习算法，该算法首先将决策策略分解为车道内驾驶、右侧变道和左侧变道，并学习每个子策略，主策略和子策略在内的所有策略都由全连接层表示，并通过异步并行强化学习器（APRL）进行训练，该学习器构建了从感官输出到驾驶决策的映射。Yu L等人将深度学习与强化学习进行结合，提出了基于深度Q学习（Q-Learning）的超车换道决策算法，利用深度学习神经网络（DNN）去学习从动作选择到状态转换的Q值表，可以使算法在不同的环境中采取适当的行动来获取更高的奖励，该方法克服了传统Q学习处理高维问题Q值表计算量爆炸的问题。虽然强化学习、深度强化学习的理论正处于飞速发展的阶段，但目前的研究多停留在学术阶段，将从仿真器训练得到的模型部署到实车进行验证时,因为仿真器与现实中的真实环境仍然存在较大差别,仍然没有取得较好的效果。

1.3.3 安全驾驶决策评价标准

随着新车搭载 ADAS 比例越来越高,因为功能的条件限制以及实际道路场景的复杂度高,在驾驶员对于系统的全面认知方面,存在巨大的鸿沟,导致发生的事故也越来越多,从而带来事故责任认定等一系列问题。在现有条件下,如何保障系统最大限度的安全?针对如何保证智能车辆的安全问题,Mobileye 公司的研究人员在参考文献[41]中提出了一种解决办法——责任敏感安全模型(Responsibility Sensitive Safety,RSS),意在将人类对于安全驾驶的理念和事故责任的划分转化为数学模型和决策控制的参考参数。

RSS 使用一套透明和可验证的数学公式和逻辑规则,将人类安全驾驶的概念形式化。这些规则定义了常识性的行为特征,是人类安全驾驶的基准。其核心目标是,系统应该足够小心驾驶,这样就不会成为事故的原因,并足够谨慎,弥补其他人的可能错误。

1. 责任敏感安全模型的目标

①智能车辆绝对不可以因为自身的原因引发碰撞或者事故,即智能车辆只可能被动卷入交通事故,且不会成为事故的责任方。

②当一个潜在的风险是由别的车辆造成的,并可能会产生交通事故时,智能车辆应采取恰当的应对方式,来避免这起可能发生的交通事故。

2. 责任敏感安全模型的原则

①始终保持纵向安全距离。智能车辆必须和前车保持安全的纵向跟车距离,以防前车突然刹车而发生碰撞。

②始终保持侧向安全距离。智能车辆必须和其他车辆保持侧向方向上的安全距离,从而避免碰撞。

③路权的享有原则,即不争抢路权。智能车辆应该遵循交通法规规定的通行优先级,但是某些场景下也需要考虑让行。智能车辆在行驶中应遵循交通法规按照优先级通行,但是如果其他车辆违背了通行优先级原则,也需要考虑强行使用通行优先权是否会带来不安全的因素,从而决定是否让行。

自动驾驶车辆决策的安全保障技术要求团体标准

④谨慎对待视野受限区域。由于物理遮挡，自动驾驶的车辆会面临视野受限的情况，所以应当谨慎对待这些区域。因此通过设定一些合理的假设，如被遮挡的其他交通参与者的合理速度和加速度，从而使智能车辆能够在这些合理的条件下做出最佳应对。

⑤如果可以通过躲避方式来避免事故，且不引发其他事故，则应当躲避。在某些危险状况下，智能车辆如果可以通过合理的躲避措施来避免事故，且不会引发其他事故，则智能车辆应当采取躲避措施。

1.3.4 驾驶决策研究方向

本节主要介绍了驾驶决策系统基本架构，以及决策方法的基本类型及其特点。智能汽车行为决策系统研究水平的衡量标准主要体现在实车应用性、实现功能的复杂程度、应用场景的复杂程度、决策结果的正确性与系统的复杂性等方面。未来，智能汽车决策的研究重点如下：

①基于车辆-行人交互的驾驶决策。决策算法的设计必须考虑与其他交通参与者的交互。大多数研究工作都集中在车辆-车辆交互作用下的决策上，但是较少考虑车辆与行人的交互。基于与行人交互的决策对于安全驾驶至关重要，因为行人是脆弱的交通参与者，行人行为特征及行为预测，是下一步驾驶决策的研究重点。

②更安全、更舒适的决策系统。安全是驾驶最重要的因素，部分研究工作已将安全纳入决策的考虑，但对乘坐舒适性考虑得比较少。在确保安全高效驾驶的基础上，需要考虑包括车辆动力学和乘坐舒适性评估指标等约束，以实现更高质量的驾驶决策。

③不同决策方法的融合。经典的决策方法具有清晰的层次、较强的可扩展性和调整性，并具有广度遍历的优势；基于学习的决策方法具有简洁的结构，适合于具有深度遍历优势的特定场景。不同决策层面和不同方法融合，从而获得优势互补。例如，高层利用有限状态机法进行初步决策，而底层则基于特定场景训练分布式学习模型，以实现深度和高度智能化的决策系统。此外，如何保证不同算法的高效对接也将成为融合方法的研究重点。

④复杂环境中的稳健性决策。决策方法需要在复杂环境中提供安全高效的指令。除了一般交通信息外，与其他交通参与者的互动与合作、环境的动态变化以及天气也应该在决策系统中考虑。

⑤结合感知系统的端到端决策方法。决策方法需要与感知系统紧密结合，因此有必要设计一个端到端的决策系统，以适应更多的工作条件，并可以生成更多的指令，以增加算法的适用性。

⑥考虑社会行为的驾驶决策。驾驶决策的设计需要考虑车辆的社交行为和周围车辆的驾驶风格。因此，驾驶决策需能够应对周围交通参与者的各种社会行为，并为智能汽车作出合理的决策和安全的路径规划。

1.4 智能车辆轨迹规划技术

本节对自主在路行驶领域现有研究中使用的规划技术进行总结概述。面向道路行驶的运动规划是在考虑车辆运动模型的约束、车辆应该遵循的路径以及包括静态障碍物和动态障碍物在内的交通环境的同时，运用规划算法找到一条适合汽车行驶的轨迹曲线。规划可分为通过重用先前搜索得到的信息来寻找最佳状态转移序列的增量式方法（如快速随机树方法）和试图寻找最佳状态转移供车辆跟随的局部式方法。驾驶意图决策的结果对全局或局部路径的规划具有决定性作用，因此是更高级别的决策规划。

可行轨迹并不能反映车辆所受到的非完整约束，这就需要在构型空间上增加速度、曲率连续性等维度约束后，运用规划算法找到一条适合汽车行驶的轨迹曲线。传统的轨迹规划有多种方法，本节主要介绍4种典型的规划方法：基于采样的方法、基于搜索的方法、基于插值拟合的方法和基于数值优化的方法。这4种方法都有着各自的局限性，本节就其运用的场合和发展趋势进行介绍。

1.4.1 基于采样的方法

基于采样方法的基本思想是在构型空间中生成样本点，并寻找满足任务需求的样本点序列作为规划结果。基于随机采样的方法不需要对状态空间自由区域建模，轨迹的可行性由碰撞检测来验证。常见的采样方法包括概率路标算法（Probabilistic Roadmap Method，PRM）以及快速搜索随机树算法（Rapidly - Exploring Random Tree，RRT）。由于 RRT 不要求状态之间的精确连接，更加适合解决类似智能车辆运动规划这样的运动动力学问题，故 RRT 在智能汽车上的运用更加广泛。

RRTs 是概率完备的，能够保证运动学可行性，可以很容易地实现，并用来处理一般的动力学模型。这些 RRT 规划者的优势是它们被应用于许多自主驾驶案例的原因。RRTs 的主要优点是快速探索自由空间；然而，它们的主要缺点在于创建的轨迹不稳定，以及在树的扩展中对最近邻度量的强烈依赖。

RRTs 的其他限制包括对每个扩展节点进行碰撞检查的必要性，在存在许多障碍物或繁忙通信量的情况下，这可能导致计算复杂性。此外，为了快速探索自由空间，最优性保证常常被忽略。

从图 1.4 中 RRT 算法得到的轨迹可知，快速扩展随机树算法是以状态空间中的一个初始点作为根节点，通过随机采样，当采样点落在安全区域时，选择当前树中离采样点最近的节点，将其与采样点连接；然后通过逐渐增加叶节点，生成一个随机扩展树，当随机树的叶节

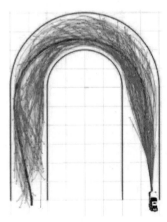

图 1.4　RRT 实现轨迹规划

点中包含了目标点或者目标区域中的点时，从初始点到目标点之间的一条以随机树的叶节点组成的线段就是规划出的一条轨迹。由于算法在进行轨迹规划时是随机采样的，不需要对状态空间进行预处理，因此有着很快的搜索速度，而且还考虑了车辆在运动过程中的动力学约束和运动学约束，该算法也非常适用于智能车辆的运动规划问题。但是 RRT 算法也存在一定的不足之处。例如，虽然 RRT 算法具有概率完备性，但每次搜索的结果随机性较大；标准 RRT 算法均匀随机采样过程中大量的碰撞检测会严重影响效率；车辆构型空间中的度量距离没有闭合形式表达式，计算也困难。

针对传统的 RRT 算法的不足之处，近几年许多学者提出了很多方向进行改进，主要是针对求解效率、最优性、实时性等方面的改进。例如，参考文献[39]与参考文献[40]分别提出 DD-RRT（Dynamic Domain RRT）与 ADD-RRT（Adaptive Dynamic Domain RRT），限制采样区域在当前树所在的局部空间，以防靠近障碍物的节点反复扩展失败，提高算法效率；Anytime RRT 是一种实时性较高的算法，它先快速构建一个 RRT，获得一个可行解并记录其代价，之后算法会继续采样，但仅将有利于降低可行解代价的节点插入树中，从而逐渐获得较优的可行解；Replanning 是另一种实时规划算法，它将整个规划任务分解为若干等时间的子任务序列，在执行当前任务的同时规划下一个任务。

1.4.2　基于搜索的方法

基于图搜索的轨迹规划方法的基本思想是将状态空间通过确定的方式离散成搜索图，并用各种启发式搜索算法计算其可行解。比较经典的最短轨迹搜索算法是 Dijkstra 算法和 A* 算法。Dijkstra 算法是最古老的最短轨迹搜索算法，

但对于给定的一组初始、目标状态，其广度优先的性质将会导致太多无关节点的搜索，效率很低。A^*算法是一种启发式最优搜索算法，其基本框架与Dijkstra算法基本一致，不同点在于引入了对当前节点到目标节点的最低代价的评估函数，使算法的搜索方向朝着目标节点方向搜索，从而大幅提高了算法的效率。

与基于采样的算法相同，这类算法也需要考虑求解效率与求解最优性两方面的平衡。A^*本身属于静态规划的算法，针对A^*算法的延伸有Weighted A^*，通过增加启发式函数的权重进一步引导搜索方向向该目标节点进行，搜索速度很快，但是容易陷入局部极小值，无法保证全局最优解。对于运动的车辆来说，使用A^*的衍生算法D^*（Dynamic A^*）可大幅提高效率。同样，以动态规划为基础的还有LPA*，该算法可以处理状态格子的运动基元的代价是时变的情况，当环境发生变化时可以通过对较少数目节点的重新搜索规划出新的最优路径。在LPA*的基础上开发出的D^*-Lite可以获得与D^*同样的结果，但是效率更高。

以下轨迹规划中搜索空间的几种方法如下。

在进行自动驾驶轨迹规划时，需要以一种能够实现轨迹搜索的方式表达行驶环境。这意味着物理空间必须转换成一个构型或状态空间。当车辆在道路上行驶时，在线感知信息和从数字地图获得的信息被用来将环境的连续体转换为道路网络的数字模型，这是自动驾驶规划的基本空间。这种离散化的空间必须在效率、密度和可描述性等方面进行协调，因为高密度栅格可能会导致高的计算成本和功率。不充分的空间描述虽然可以提高计算速度，但可能会导致自动驾驶空间里面不准确，那么就会有碰撞的风险，因此空间搜寻是自动驾驶非常重要的一步。现有的一些算法仅使用道路边界和障碍物的位置在连续坐标系下进行搜索。例如，可行通道（Driving Corridors），以及分解（Decomposition）或细分曲面（Tessellation）技术以更高的分辨率进行空间解析，包括维诺图（Voronoi Diagram）、占据栅格（Occupancy Grids）、成本地图（Cost Maps）、状态栅格（Lattices）。

维诺图用来计算使车辆和周围障碍物之间的距离最大化的轨迹。由于搜索维诺图的算法是完整的，如果自由空间中存在轨迹，它也会出现在维诺图中，如图1.5（a）所示。实线代表维诺边，即与检测到的障碍物有最大距离的边，并产生一个车辆可以执行其行程的空间。2010年Dolgov等人通过将维诺图与势场相结合，将维诺图用于自动泊车轨迹规划中，这是一种源自移动机器人技术的避障算法。这种被称为维诺图的组合方法是为了克服传统势场在狭窄通道（产生大的势场）中的问题而开发的（这种方法使这些通道实际上不可穿越）。

维诺图通常用于静态环境中的规划（如停车场）。此外，维诺图本身并不适用于道路轨迹规划，因为车辆沿其行驶的维诺边可能是不连续的，不适合非完整约束车辆。

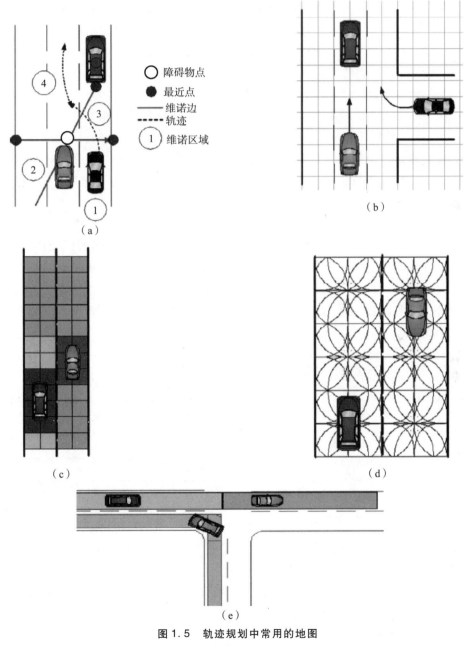

图1.5　轨迹规划中常用的地图
（a）维诺图；（b）占据栅格；（c）成本地图；（d）状态栅格；（e）可行通道

占据栅格与成本地图类似，都将连续状态空间栅格化，并且栅格的每个单元都与单元被障碍物占用的概率相关，或者与穿越的可行性或风险成比例的成本相关。风险或可行性主要通过考虑障碍物、车道和道路边界的存在来计算。基于占据栅格的方法可以快速找到计算能力较低的解决方案，但在障碍物存在的条件下，所获得的轨迹难以满足车辆运动学或动力学约束。如图 1.5（b）和图 1.5（c）所示，占据栅格由一个栅格组成，包含障碍物的位置并（有时）显示其预期运动的附加速度；在成本地图中，某个单元的成本越高，其在地图上的表现就越强烈。

状态栅格可以认为是占据栅格的泛化。占据栅格是通过重复矩形或正方形来离散连续空间，而栅格则是通过有规律地重复基本轨迹来构建的，这些路径连接了车辆的可能状态。如图 1.5（d）所示，规划问题就归结为连接车辆初始状态和最终状态的边值问题。状态栅格在不增加计算量的情况下克服了栅格技术在效率上的局限性。

可行通道代表一个连续的无碰撞空间，以道路和车道边界以及其他障碍物为边界，从而生成可行驶通道。可行通道是基于高精地图给出的车道边界信息，或使用同步定位和制图（SLAM）技术构建的地图。如图 1.5（e）所示，根据驾驶决策为每辆车构建一个可行通道，进而将通道的中心线作为生成的参考轨迹。这种轨迹搜索方法的主要缺点是，由于整个路网坐标范围的规划需要强大的计算能力，道路或车道的描述方法会制约车辆的运动。

需要注意的是，上述用于规划的搜索空间方法通常是相互结合来使用的。例如，Dolgov 等人将维诺图和势场结合起来生成维诺场，以生成安全轨迹。在大多数情况下，将它们结合起来，不仅是为了在单个规划层面提供更好的结果，而且也是为了在 3 个层面（轨迹、驾驶决策和轨迹规划）提供规划能力。表 1.1 总结了这几种方法的优缺点。

表 1.1　搜索空间的优缺点比较

搜索空间	优点	缺点
维诺图	• 完整性； • 可表示距障碍物的最大距离	• 仅限于静态环境； • 边界不连续
占据栅格/成本地图	• 快速离散化； • 计算能力小	• 车辆动力学问题； • 存在障碍时可能发生错误
状态栅格	• 不增加计算时间的效率； • 可以预先计算边缘	• 存在与曲率有关的问题； • 限制运动； • 处理避障策略的困难
可行通道	• 有供车辆移动的连续碰撞自由空间	• 计算代价； • 对运动的约束

1.4.3 基于插值拟合的方法

基于曲线插值的轨迹规划的主要思想是在智能车辆行进的状态空间中进行密集采样，每一个样本代表一个状态值。状态值是一个向量，表示在某一时刻，轨迹规划输出轨迹的位置、速度、加速度、朝向等信息，然后根据这些参数对状态转移的过程进行插值，得到一个连续平滑过渡的曲线。该曲线连接了智能车辆的初始状态和末状态，同时也是运动轨迹的表征。具体方法如下。

Dubins 曲线和 RS（Reeds and Sheep）曲线是连接构型空间中任意两点的最短轨迹，分别对应无倒车和有倒车的情况。它们都是由最大曲率圆弧和直线组成的，在圆弧和直线连接处存在曲率不连续处，实际车辆按照这样的曲线行驶时必须在曲率不连续处停车调整方向轮才能继续行驶。

回旋线的曲率与曲线长度成正比，即轨迹的曲率与曲线长度呈线性关系。它可以用作直线到圆弧之间的过渡曲线，从而改造 Dubins 曲线和 RS 曲线，实现曲率连续性，比较有代表性的是 CC-Steer，适用于低速下的运动规划。

多项式插值曲线是最常用的一种方法。它可以通过满足节点的要求来设定多项式系数，并且获得较好的连续可导性。四阶多项式常用于纵向约束控制；五阶多项式常用于侧向约束控制；三阶多项式也用于超车轨迹中。

样条曲线具有封闭的表达式，容易保证曲率的连续性。B 样条曲线可以实现曲率连续性；三次 Bezier 曲线可以保证曲率的连续性和有界性，并且计算量相对较小。样条曲线有着很好的性质，即曲率连续性和曲率导数的连续性，这对于高速行驶的车辆是很有意义的。

1.4.4 基于数值优化的方法

基于数值优化的方法是在考虑轨迹约束（如位置、速度、加速度和加加速度）下最小化成本函数来找到轨迹。这些方法可以很容易地考量汽车的运动学和动力学约束以及环境的约束。成本函数由一组项组成，使轨迹以指定的速度在通道的中间行驶，对加速度进行惩罚，抑制加速度的快速变化。在智能汽车轨迹规划中，最常见的基于数值优化的方法是函数优化和模型预测。

基于数值优化的方法旨在最小化或最大化受不同约束变量影响的函数。在路径规划中，通常用于平滑先前计算的轨迹，也用于根据运动学约束计算轨迹。基于数值优化的方法相比于其他方法具有如下优势。

①准确性。基于优化算法的规划在连续空间中进行，不需要离散化。

②完备性。无论可行区域多么狭小都能找到解，不像基于搜索的方法等，

它们要求分辨率足够小,而过于精细的分辨率会使得计算量爆炸式增长。

③高效性。在优化中整条轨迹可以同时进行调整,而不是像基于搜索的方法或基于采样的方法那样需要按照时间顺序展开。

但是在智能汽车的应用场景中,优化算法同时也面临诸多挑战。一是非凸可行域问题。对智能汽车来说,由于驾驶环境存在静态或动态障碍物,这使整个可行域呈现高度非凸性。由于优化问题中的大多数求解工具均依赖凸优化方法进行求解,因此这种高度非凸性给数值优化带来了很大困难。二是维度爆炸问题。虽然用来描述一辆车的当前状态 x 的维度并不高,然而当把整条轨迹上的状态叠起来时,就会形成一个高维度的向量 $[x_1 \quad x_2 \quad \cdots \quad x_N]$,这里下标表示时间戳。一般预测步长 N 取 40~50 步,这样整个向量的维度就很高。如果进行多车路径规划问题在线优化,被优化量的维度将成倍增加。

上述挑战使得用基于优化的方法来解决自动驾驶在线运动规划问题变得十分困难,而自动驾驶又对实时性要求极高。事实上,目前已经用的数值优化规划算法都做了较大的妥协,要么是减少了所考虑的轨迹长度,使智能汽车变得短视;要么是进行了大量的线性化,使最终结果不够精确。

1.5 智能车辆轨迹跟踪技术

轨迹跟踪技术的研究是在保持跟踪的精确性和稳定性的前提下,控制器发出转向盘转角、踏板深度等控制指令,控制车辆的执行机构转向盘、油门/制动踏板等,使智能汽车能够按照参考轨迹行驶。汽车的多自由度、汽车底盘的复杂性、轮胎与悬架之间的耦合、悬架和转向系统之间的干扰以及路况的复杂性等因素,都增加了汽车轨迹跟踪过程中的复杂性,诸多算法也都致力于解决这些问题。

1.5.1 经典的自动驾驶轨迹跟踪方法

经典的自动驾驶轨迹跟踪方法主要由基于几何模型算法的纯跟踪(Pure Pursuit)算法、Stanley 算法和基于运动学和动力学的 LQR(Linear Quadratic Regulator)算法。

纯跟踪算法是一种典型的侧向控制方法,最早由 Wallace R 在 1985 年提出。由于该方法对外界的鲁棒性较好,包括 DARPA Grand Challenge 和 DARPA Urban Challenge 在内的 3 辆智能汽车均采用该控制算法对车辆进行侧向控制,并取得了很好的控制效果。算法本质上可以理解为转向曲率 ρ 是关于侧向位移误差 e_y 且增益系数为 $2/l_d^2$ 的比例控制。值得注意的是，纯跟踪算法的核心在于前视距离 l_d 的选取。前视距离过小会使车辆行驶路径产生振荡，而过大则会导致车辆过弯时拐小弯。纯跟踪算法简单实用，对道路曲率扰动具有良好的鲁棒性，但其跟踪性能严重依赖于前视距离的选择，最优值很难获取。此外，纯跟踪算法是基于简单的几何学模型，并未考虑车辆动力学特性和转向执行器动态特性。高速下转向曲率的快速变化易使车辆产生侧滑，系统模型与实际车辆特性相差较大会导致跟踪性能恶化，因此纯跟踪算法多适用于较低车速和小侧向加速度下的轨迹跟踪控制。

2005 年斯坦福大学 Stanley 赛车应用 Stanley 算法取得了美国国防高级研究计划局（DARPA）沙漠挑战赛的冠军，如图 1.6 所示。Stanley 算法根据前轴中心控制点到最近的参考路径目标点（g_x, g_y）的侧向位移误差 e_y 和偏航角误差 e_ψ 设计了 $\delta_f = e_\psi + \arctan(ke_y/v)$ 的非线性前轮转向角反馈控制律。该非线性控制器可以保证侧向位移误差 e_y 收敛到 0。

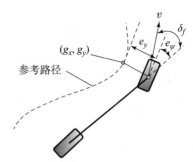

图 1.6　Stanley 算法的几何关系示意图

一般而言，Stanley 算法相比于纯跟踪算法更适用于相对更高车速的行驶工况，但是对期望路径的平滑程度要求较高，在道路曲率光滑性不理想的情况下容易出现车辆响应超调过大的问题。由于忽略了车辆动力学特性和转向执行器动态特性，当车辆侧向加速度较大时跟踪性能较差。

无模型（Model Free）的侧向控制即传统的 PID 控制算法，将车辆当前的路径跟踪偏差作为输入量，对跟踪偏差进行比例（Proportion）、积分（Integration）和微分（Differentiation）控制得到转向控制量，即根据轨迹的纵向/侧向误差、角度/曲率误差或者若干车辆姿态状态变量的综合误差，利用比例、积分、微分参数计算出跟踪已有轨迹所需的转向盘转角，完成车辆的轨迹跟踪。

LQR 即线性二次型调节器，其对象是现代控制理论中以状态空间形式给出的线性系统，而目标函数为对象状态和控制输入的二次函数。Kang J 基于最优预瞄控制理论设计出了线性二次型最优控制系统来完成车辆的侧向控制，并对该控制系统进行实车试验来验证它的控制准确性。2018 年年初，百度无人驾驶平台 Apollo 2.0 发布，其侧向控制的主体是前馈控制器 + 反馈控制器，而反馈控制器的设计依赖于 LQR 模型。目前，工业界主流的传统轨迹跟踪算法仍然是 LQR 算法。

1.5.2 基于模型预测控制的轨迹跟踪

随着最优控制算法在工业界的逐步应用，模型预测控制也被逐步运用到智能汽车轨迹跟踪上。智能汽车在低速时，车辆平台运动约束影响较大，而随着速度的增加，动力学特性对运动规划与控制的影响就越明显，带来多种模型的约束。这正是模型预测控制在智能汽车轨迹跟踪方面的运用优势。

一般线性 MPC 轨迹跟踪控制器的预测模型是经过线性化的模型，未来状态通过当前状态线性迭代预测获得。由于消去了非线性项，所以线性 MPC 轨迹跟踪控制的优化目标函数通常是凸函数，可以化简为标准二次型，因此求解速度快，实时性较好。

2007 年，瑞典查尔姆斯理工大学学者 Paolo Falcone，在其博士论文《Nonlinear Model Predictive Control for Autonomous Vehicles》中对 MPC 控制在轨迹规划中做了开创性研究。

在 2010 年以后，线性 MPC 轨迹跟踪控制的发展日益蓬勃。2011 年 Katriniok 等人发表的论文中采用的方法是目前应用较为普遍的方法。在这种方法中，首先建立车辆的运动学模型或动力学模型，然后通过线性化展开，将非线性的车辆模型转化为线性的预测模型，接着设计优化目标函数，最终通过在线滚动优化获得最优控制输入。

2014 年，北京理工大学的龚建伟教授通过其著作《无人驾驶车辆模型预测控制》，系统地介绍了线性时变 MPC 轨迹跟踪控制方法，有力地推动了国内 MPC 路径跟踪控制的发展。

线性 MPC 轨迹跟踪控制取得的进展十分瞩目，不过由于设计方法的局限，线性 MPC 路径跟踪控制器其实仍然存在先天性的缺陷。Künhe、Oyelere 等人在参考文献［73～74］的研究工作中，发现线性 MPC 轨迹跟踪控制在参考轨迹的曲率发生大幅度变化时容易大幅超调，出现这种现象的原因可能是预测的未来误差和实际的未来误差之间出现了较大差异。这个问题可以通过轨迹规划来解决，当参考轨迹不存在曲率大幅变化的情况时，MPC 轨迹跟踪控制的性能通常较好。

对于高速智能汽车的控制，如无人赛车需要进一步研究对参考轨迹适应性更好的模型预测控制方法——非线性模型预测控制（Nonlinear Model Predictive Control，NMPC）。非线性模型预测控制目前仍然存在诸多问题需要进一步研究，如稳定性问题、鲁棒性问题、跟踪问题、输出反馈问题、滚动时域估计问题和实时性问题等，这些问题目前仍然没有完全解决。以稳定性问题为例，目前以误差模型为预测模型的非线性模型预测控制、线性模型预测控制的稳定性证明和设计工作已经取得很大的进展，但是对于以运动学模型、动力学模型为预测模型的非线性模型预测控制，稳定性证明、设计工作等方面仍然没有进展。

1.5.3 基于数据驱动的模型预测控制

在过去的几年中，机器学习（Machine Learning，ML）技术在不同的应用领域取得了令人瞩目的成绩，这主要归功于大量可获取的数据、更加高效的网络结构和算法设计，以及越来越强大的传感器、芯片和通信技术。ML本质上是基于统计数据来进行预测的。随着有效数据的迭代更新，理论上ML的预测能力可以持续进化。然而目前ML存在一些问题：一是其预测精度非常依赖于训练数据的质量；二是现有的ML模型在现阶段不具有可解释性，因此其安全性难以获得有效保证。这一点对于安全性要求比较高的工程应用是致命的。由此不难看出，MPC能够为ML提供高质量的历史数据和安全性约束，ML能够为MPC提供高质量的预测精度和进化能力，两者优势能够互补。基于学习的模型预测控制方法最早由加利福尼亚大学伯克利分校的学者提出，把MPC和ML两种技术完美地结合起来，并通过理论和试验证明了该方法的有效性和安全性。此后，越来越多的学者开始探索不同的ML方法（如回归、强化学习、深度学习等）在MPC控制问题上的应用。意大利Lucca IMT先进技术研究院的Alberto Bemporad教授指出，ML在MPC控制中有如下3个方面的应用。

①基于ML从历史数据中学习系统未建模动态不确定性和非线性，以提高模型预测精度，进而实现更优的控制，如非线性回归。

②基于ML从历史数据中直接学习并生成MPC控制策略，以及MPC控制参数在线标定，如强化学习。

③基于ML从数据中学习和重构状态观测器，来估计MPC控制所需的状态量，如深度神经网络。

1.6 总结与展望

无模型的PID侧向控制算法参数少，简单易用，但是由于没有考虑车辆动力学特性及轨迹本身的动态变化特性，对外界干扰的鲁棒性较差，在高速或曲率较大的弯道场景时，会出现较大的跟踪误差和"画龙"现象。因此，该方法比较适合应用于低速、曲率较小的轨迹跟踪控制场景中。

基于运动学模型的侧向控制算法中，纯跟踪算法和 Stanley 算法在中低速场景下，他们的轨迹跟踪的性能较好。纯跟踪算法在大的跟踪误差和非连续的路径场景下鲁棒性较好，其控制的关键在于对最佳前向预瞄距离的确定。增大前向预瞄距离将提高车辆控制的稳定性，但随之会带来路径跟踪性能降低及稳态误差增大的后果，出现转弯内切现象。相比于纯跟踪算法，Stanley 算法还额外考虑了横摆角偏差，因此在大多数场景下，跟踪性能更佳。然而，由于没有设置前向预瞄，Stanley 算法会出现转向过度的情况。与纯跟踪算法和 Stanley 算法相比，后轮反馈控制算法计算更加复杂，对路径的平滑性要求更高，在中等速度下的跟踪性能及鲁棒性与 Stanley 算法近似，然而在速度增高时，稳态误差也会变大，从而导致控制效果不佳。

LQR 算法使用二自由度动力学模型来设计侧向控制器。与前述基于运动学模型的几种算法相比，LQR 参数调节更加复杂，其不仅需要获取车辆自身的模型参数，还需要调节 LQR 目标函数的 Q、R 矩阵以获得较优的跟踪性能。LQR 算法的优点在于，通过与转向前馈进行有效结合，能够很好地解决曲线行驶时的稳态跟踪误差，在中等速度曲线行驶时其稳态误差趋近于零，从而极大地提升了跟踪性能。LQR 非常适用于路径平滑的高速公路及城市驾驶场景，具有较好的车辆高速控制性能。但是，由于模型的固有缺陷，LQR 与前馈控制的结合也无法解决所有跟踪控制问题。由于该方法采用基于简化后的二自由度动力学模型，因此当车辆运动不满足二自由度动力学模型转向小角度，或轮胎动力学线性化的假设条件时，LQR 算法的跟踪性能会大幅降低，从而导致控制失效。

由于 MPC 能解决带约束的优化控制问题，故其对外界干扰的鲁棒性较强，能保证车辆在极端工况下的稳定性，且不会超调。但是，由于其存在求解效率较低的问题，故一般采用线性二自由度动力学模型，从而导致车辆在高速、低附着系数等极端工况下跟踪误差较大。为提高动力学模型的精度又不大幅降低求解效率，本书提出了一种基于数据驱动的模型预测控制，较好地解决了上述问题。

本章简要介绍了智能汽车的基本概念、全球总体发展趋势，系统地介绍了运动规划的基础理论知识，运动规划术语的定义、搜索空间的分类等，并概述了智能车辆运动控制的发展现状，分析总结得到以下 5 个方面的结论与展望。

①智能车辆运动控制研究需从常规工况向极限工况拓展，但现有极限工况运动控制研究较少，并且多数停留在仿真验证和典型工况试验验证阶段，对算法在复杂工况下的适用性及鲁棒性尚缺乏足够验证。极限工况下运动控制系统存在着时变不确定性、强非线性和空间域上的多维运动耦合等科学挑战，相关问题尚未得到很好的解决。因而，在分析非线性因素影响以及纵/侧/垂多维运动耦合作用机理，构建高保真且便于控制实现的数学模型，设计鲁棒性优越且

运算成本低的控制律方面还需要进一步深入研究。

②运动规划有可能由于未充分考虑车辆动力学特性输出对实际车辆来说不可行的轨迹，进而引发跟踪控制、车辆稳定性、避障多目标冲突问题，为解决这些问题可以基于模型预测控制进行局部规划和控制的集成设计，但目前涉及场景简单，尚处于起步研究阶段。在城市道路等复杂交通场景，结合实时感知和预测信息，研究考虑环境不确定性的运动规划与控制集成方法，对推动智能车辆落地应用具有重要意义。

③增加控制自由度条件（如直接横摆力矩控制），可以提升车辆在极限工况下的侧向响应速度并扩展控制裕度，但目前对多执行器协调下的无人车极限工况运动控制研究相当有限。一方面如何结合轮胎力耦合和执行器动态响应特性进行冗余执行器系统的控制分配是需要解决的关键科学问题；另一方面需要突破故障诊断与容错控制技术，完善系统的可靠性。

④运动控制执行动作的实现受到路面峰值附着系数约束，同时质心侧偏角、坡度等也是重要的信息输入。如何针对多源异构传感系统的时序混杂和冗余互补特性进行关键状态与参数估计是一大难点，同时需要探讨观测器与控制器组成的闭环系统的稳定性，建立实时估计与控制一体化系统。

⑤尽管目前各种规划算法趋于成熟，但是实际中很少会依赖单一的方法进行规划，而是根据实际使用场景，结合两个甚至更多种规划方法来进行路径规划，而且大多数规划方法更多地侧重行车安全，即避障性能。目前智能汽车运动规划存在的问题是在复杂环境下行驶过于保守且发生规划跳变，从而影响行车效率甚至引发事故。因此，如何设计模拟人类驾驶员实现兼顾效率与安全的长－短期（慎重思考－本能反应）运动规划方法，以及在考虑动态障碍物驾驶行为预测的轨迹规划中，如何凸化非凸集的搜索区域，从而提高规划效率，是亟待解决的问题。

1.7 参考文献

[1] DIETER S, HILLER M, BARDINI R. Vehicle dynamics, modeling and simulation [M]. Berlin: Springer－Verlag, 2018.

[2] 余卓平，李奕姗，熊璐. 无人车运动规划算法综述［J］. 同济大学学报（自然科学版），2017，45（8）：1150－1159.

[3] GONZÁLEZ D, PÉREZ J, MILANÉS V, et al. A review of motion planning

techniques for automated vehicles [J]. IEEE Transactions on Intelligent Transportation Systems, 2016, 17 (4): 1135 – 1145.

[4] BROGGI A, MEDICI P, ZANI P, et al. Autonomous vehicles control in the VisLab intercontinental autonomous challenge [J]. Annual Reviews in Control, 2012, 36 (1): 161 – 171.

[5] PADEN B, ČÁP M, YONG S Z, et al. A survey of motion planning and control techniques for self – driving urban vehicles [J]. IEEE Transactions on Intelligent Vehicles, 2016, 1 (1): 33 – 55.

[6] LIU Q, LI X, YUAN S, et al. Decision – making technology for autonomous vehicles: learning – based methods, applications and future outlook [C]//The 24th International IEEE Intelligent Transportation Systems Conference (ITSC), 2021: 30 – 37.

[7] 熊璐, 康宇宸, 张培志, 等. 无人驾驶车辆行为决策系统研究 [J]. 汽车技术, 2018 (8): 1 – 9.

[8] MOURA N D, CHATILA R, EVANS K, et al. Ethical decision making for autonomous vehicles [C]//2020 IEEE Intelligent Vehicles Symposium (IV), 2020: 2006 – 2013.

[9] XU X, ZUO L, LI X, et al. A reinforcement learning approach to autonomous decision making of intelligent vehicles on highways [J]. IEEE Transactions on Systems, Man, and Cybernetics: Systems, 2018, 50 (10): 3884 – 3897.

[10] HOEL C J, TRAM T, SJÖBERG J. Reinforcement learning with uncertainty estimation for tactical decision – making in intersections [C]//The 23rd International IEEE Conference on Intelligent Transportation Systems (ITSC), 2020: 1 – 7.

[11] ISELE D. Interactive decision making for autonomous vehicles in dense traffic [C]//The 22nd International IEEE Intelligent Transportation Systems Conference (ITSC), 2019: 3981 – 3986.

[12] BUEHLER M, IAGNEMMA K, SINGH S. The DARPA urban challenge: autonomous vehicles in city traffic [M]. Berlin: Springer – Verlag, 2009.

[13] BEY H, DIERKES F, BAYERL S, et al. Optimization – based tactical behavior planning for autonomous freeway driving in favor of the traffic flow [C]//2019 IEEE Intelligent Vehicles Symposium (IV), 2019: 1033 – 1040.

[14] YANG D, REDMILL K, OZGUNER U. A multi – state social force based

framework for vehicle – pedestrian interaction in uncontrolled pedestrian crossing scenarios [C]//2020 IEEE Intelligent Vehicles Symposium (IV), 2020: 1807 – 1812.

[15] SUN L, ZHAN W, CHAN C, et al. Behavior planning of autonomous cars with social perception [C]//2019 IEEE Intelligent Vehicles Symposium (IV), 2019: 207 – 213.

[16] LI N, OYLER D W, ZHANG M, et al. Game theoretic modeling of driver and vehicle interactions for verification and validation of autonomous vehicle control systems [J]. IEEE Transactions on Control Systems Technology, 2018, 26 (5): 1782 – 1797.

[17] CHEN J, ZHAO P, LIANG H, et al. A multiple attribute – based decision making model for autonomous vehicle in urban environment [C]//2014 IEEE Intelligent Vehicles Symposium (IV), 2014: 480 – 485.

[18] DONG C, DOLAN J M, LITKOUHI B. Intention estimation for ramp merging control in autonomous driving [C]//2017 IEEE Intelligent Vehicles Symposium (IV), 2017: 1584 – 1589.

[19] IBERRAKEN D, ADOUANE L, DENIS D. Safe autonomous overtaking maneuver based on inter – vehicular distance prediction and multi – level Bayesian decision – making [C]//The 21st International Conference on Intelligent Transportation Systems (ITSC), 2018: 3259 – 3265.

[20] ZHAN W, SUN L, WANG D, et al. Interaction dataset: an international, adversarial and cooperative motion dataset in interactive driving scenarios with semantic maps [J]. arXiv: 1910.03088, 2019.

[21] BOCK J, KRAJEWSKI R, MOERS T, et al. The inD dataset: a drone dataset of naturalistic road user trajectories at German intersections [C]//2020 IEEE Intelligent Vehicles Symposium (IV), 2019: 1929 – 1934.

[22] LEON F, GAVRILESCU M. A review of tracking, prediction and decision – making methods for autonomous driving [J]. arXiv: 1909.07707, 2019.

[23] HAVLAK F, CAMPBELL M. Discrete and continuous, probabilistic anticipation for autonomous robots in urban environments [J]. IEEE Transactions on Robotics, 2014, 30: 461 – 474.

[24] TRAN Q, FIRL J. Modelling of traffic situations at urban intersections with probabilistic non – parametric regression [C]//2013 Intelligent Vehicles Symposium (IV), 2013: 334 – 339.

[25] MADRIGAL A C. The trick that makes Google's self‑driving cars work [J/OL]. The Atlantic, 2015. http://www.theatlantic.com/technology/archive/2014/05/all‑the‑world‑a‑track‑the‑trick‑that‑makes‑googles‑self‑driving‑cars‑work/370871/.

[26] VERMA R, VECCHIO D D. Semiautonomous multivehicle safety [J]. Robotics & Automation Magazine IEEE, 2011, 18: 44‑54.

[27] YONG S Z, ZHU M, FRAZZOLI E. Generalized innovation and inference algorithms for hidden mode switched linear stochastic systems with unknown inputs [C]//IEEE Annual Conference on Decision and Control, 2014: 3388‑3394.

[28] VALLON C, ERCAN Z, CARVALHO A, et al. A machine learning approach for personalized autonomous lane change initiation and control [C]//2017 IEEE Intelligent Vehicles Symposium (IV), 2017: 1590‑1595.

[29] TAMI R, SOUALMI B, DOUFENE A, et al. Machine learning method to ensure robust decision‑making of AVs [C]//2019 IEEE Intelligent Transportation Systems Conference (ITSC), 2019: 1217‑1222.

[30] CHEN C, SEFF A, KORNHAUSER A, et al. Deep driving: learning affordance for direct perception in autonomous driving [C]//2015 IEEE International Conference on Computer Vision (ICCV), 2015: 2722‑2730.

[31] BOJARSKI M, DEL TESTA D, DWORAKOWSKI D, et al. End to end learning for self‑driving cars [EB/OL]. (2016‑04‑25). https://arxiv.org/abs/1604.07316v1.

[32] HUBSCHNEIDER C, BAUER A, WEBER M, et al. Adding navigation to the equation: turning decisions for end‑to‑end vehicle control [C]//The 20th International Conference on Intelligent Transportation Systems (ITSC), 2017: 1‑8.

[33] CODEVILLA F, MÜLLER M, LÓPEZ A, et al. End‑to‑end driving via conditional imitation learning [C]//2018 IEEE International Conference on Robotics and Automation (ICRA), 2018: 4693‑4700.

[34] MORI K, FUKUI H, MURASE T, et al. Visual explanation by attention branch network for end‑to‑end learning‑based self‑driving [C]//2019 IEEE Intelligent Vehicles Symposium (IV), 2019: 1577‑1582.

[35] CALTAGIRONE L, BELLONE M, SVENSSON L, et al. LIDAR‑based driving path generation using fully convolutional neural networks [C]//The 20th International Conference on Intelligent Transportation Systems (ITSC),

2017: 1-6.

[36] WULFMEIER M, RAO D, WANG D Z, et al. Large-scale cost function learning for path planning using deep inverse reinforcement learning [J]. The International Journal of Robotics Research, 2017, 36 (10): 1073-1087.

[37] SHALEV-SHWARTZ S, SHAMMAH S, SHASHUA A. On a formal model of safe and scalable self-driving cars [EB/OL]. (2017-08-21). https://arxiv.org/abs/1708.06374.

[38] LI B, ZHANG Y M, SHAO Z J, et al. Simultaneous versus joint computing: a case study of multi-vehicle parking motion planning [J]. Journal of Computational Science, 2017: 30-40.

[39] YERSHOVA A, JAILLET L, SIMÉON T, et al. Dynamic domain RRTs: efficient exploration by controlling the sampling domain [C]//Proceedings of the 2005 IEEE International Conference, 2005: 3856-3861.

[40] JAILLET L, YERSHOVA A, LAVALLE S M, et al. Adaptive tuning of the sampling domain for dynamic-domain RRTs [C]//IEEE/RSJ International Conference on Intelligent Robots and Systems, 2005: 2851-2856.

[41] FERGUSON D, STENTZ A. Anytime RRTs [C]//IEEE/RSJ International Conference on Intelligent Robots and Systems, 2006: 5369-5375.

[42] TSIANOS K I, KAVRAKI L E. Replanning: A powerful planning strategy for hard kinodynamic problems [C]//IEEE/RSJ International Conference on Intelligent Robots and Systems, 2008: 1667-1672.

[43] AINE S, SWAMINATHAN S, NARAYANAN V, et al. Multi-heuristic A* [J]. The International Journal of Robotics Research, 2016, 35 (1/3): 224.

[44] FURCY D A. Speeding up the convergence of online heuristic search and scaling up offline heuristic search [D]. Atlanta: Georgia Institute of Technology, 2004.

[45] STENTZ A. Optimal and efficient path planning for partially known environments [C]//Proceedings of 1994 IEEE International Conference on Robotics and Automation, 1994: 3310-3317.

[46] HOWARD T M. Adaptive model—predictive motion planning for navigation in complex environments [D]. Pittsburgh: Carnegie Mellon University, 2009.

[47] JEON J H, COWLAGI R V, PETERS S C, et al. Optimal motion planning with the half-car dynamical model for autonomous high-speed driving [C]// 2013 American Control Conference, 2013: 188-193.

[48] DOLGOV D, THRUN S, MONTEMERLO M, et al. Path planning for autonomous vehicles in unknown semi-structured environments [J]. The International Journal of Robotics Research, 2010, 29 (5): 485-501.

[49] KOLSKI S, D FERGUSON, BELLINO M, et al. Autonomous driving in structured and unstructured environments [C]//2006 IEEE Intelligent Vehicles Symposium (IV): 558-563.

[50] BUEHLER M, LAGNEMMA K, SINGH S. Odin: Team Victor Tango's entry in the DARPA urban challenge [J]. Journal of Field Robotics, 2008, 25 (8): 467-492.

[51] PIVTORAIKO M, KELLY A. Efficient constrained path planning via search in state lattices [C]//International Symposium on Artificial Intelligence, Robotics and Automation in Space, Germany: Munich, 2005: 1-7.

[52] HIDAS P. Modelling lane changing and merging in microscopic traffic simulation [J]. Transportation Research Part C, 2002, 10 (5/6): 351-371.

[53] MCNAUGHTON M, URMSON C, DOLAN J M, et al. Motion planning for autonomous driving with a conformal spatiotemporal lattice [C]//2011 IEEE International Conference on Robotics & Automation, 2011: 1-7.

[54] FLETCHER L, TELLER S, OLSON E, et al. The MIT-Cornell collision and why it happened [J]. Journal of Field Robotics, 2009, 25 (10): 775-807.

[55] CHRISTOS K, MOHAMMED Q, CHEN W H, et al. Real-time motion planning methods for autonomous on-road driving: state-of-the-art and future research directions [J]. Transportation Research, Part C: Emerging Technologies, 2015, 60 (11): 416-442.

[56] KOENIG S, LIKHACHEV M, FURCY D. Lifelong planning* [J]. Artificial Intelligence, 2004, 155 (1/2): 93-146.

[57] KOENIG S, MEMBER S, LIKHACHEV M. Fast replanning for navigation in unknown terrain [J]. IEEE Transactions on Robotics, 2005, 21 (3): 354-363.

[58] DUBINS L E. On curves of minimal length with a constraint on average curvature, and with prescribed initial and terminal positions and tangents [J]. American Journal of Mathematics, 1957, 79 (3): 497-516.

[59] REEDS J, SHEPP L. Optimal paths for a car that goes both forwards and backwards [J]. Pacific Journal of Mathematics, 1990, 145 (2): 367-

393.

[60] WILDE D K. Computing clothoid segments for trajectory generation [C]// IEEE/RSJ International Conference on Intelligent Robots and System, 2009: 2440-2445.

[61] FRAICHARD T, SCHEUER A. From reeds and shepp's to continuous-curvature paths [J]. Robotics, IEEE Transactions on Robotics, 2004, 20 (6): 1025-1035.

[62] SIMON A, BECKER J. Vehicle guidance for an autonomous vehicle [C]// IEEE/IEEJ/JSAI International Conference on Intelligent Transportation Systems, 1999: 429-434.

[63] PETROV P, NASHASHIBI F. Modeling and nonlinear adaptive control for autonomous vehicle overtaking [J]. IEEE Transactions on Intelligent Transportation Systems, 2014, 15 (4): 1643-1656.

[64] KOMORIYA K, TANIE K. Trajectory design and control of a wheel-type mobile robot using B-spline curve [C]//Proceedings of the '89 IEEE/RSJ International Workshop on Intelligent Robots and Systems, 1989: 398-405.

[65] YANG K, SUKKARIEH S. 3D smooth path planning for a UAV in cluttered natural environments [C]//Intelligent Robots and Systems, Iros, IEEE/RSJ International Conference, 2008: 794-800.

[66] WALLACE R, STENTZ A, THORPE C E, et al. First results in robot road-following [C]//International Joint Conference on Artificial Intelligence, 1985: 1089-1095.

[67] KIM D, KANG J, YI K. Control strategy for high-speed autonomous driving in structured road [C]//The 14th International IEEE Conference on Intelligent Transportation Systems (ITSC), 2011: 186-191.

[68] FAN L, LIU P, TENG H, et al. Design of LQR tracking controller combined with orthogonal collocation state planning for process optimal control [J]. IEEE Access, 2020, 8 (99): 223905-223917.

[69] 邹涛, 丁宝苍, 张端. 模型预测控制工程应用导论 [M]. 北京: 化学工业出版社, 2010.

[70] FALCONE P. Nonlinear model predictive control for autonomous vehicles [D]. Gothenburg: Chalmers University of Technology, 2007.

[71] KATRINIOK A, ABEL D. LTV-MPC approach for lateral vehicle guidance by front steering at the limits of vehicle dynamics [C]//2011 50th IEEE

Conference on Decision and Control and European Control Conference,2011:6828-6833.

[72] 龚建伟,刘凯,齐建永. 无人驾驶车辆模型预测控制[M]. 2版. 北京:北京理工大学出版社,2020.

[73] KÜNHE F,GOMES J,FETTER W. Mobile robot trajectory tracking using model predictive control[C]//II IEEE Latin-American Robotics Symposium,2005:1-7.

[74] OYELERE S S. The application of model predictive control (MPC) to fast systems such as autonomous ground vehicle (AG)[J]. IOSR Journal of Computer Engineering (IOSR-JCE),2014,16(3):27-37.

[75] BAI G,LIU L,MENG Y,et al. Path tracking of mining vehicles based on nonlinear model predictive control[J]. Applied Sciences,2019,9(7):1372.

[76] BAI G,MENG Y,LIU L,et al. Review and comparison of path tracking based on model predictive control[J]. Electronics,2019,8(10):1077.

[77] ASWANI A,GONZALEZ H,SASTRY S S,et al. Provably safe and robust learning-based model predictive control[J]. Automatica,2013,49(5):1216-1226.

[78] BEMPORAD A. Machine learning:a new ICE (identification,control,estimation) age[R]. IFAC 2020 Workshop on Machine Learning Meets Model-Based Control,2020.

[79] 刘全,翟建伟,章宗长,等. 深度强化学习综述[J]. 计算机学报,2018,41(1):27.

[80] DUAN J,LI S E,GUAN Y,et al. Hierarchical reinforcement learning for self-driving decision-making without reliance on labeled driving data[J]. IET Intelligent Transport Systems,2020,14(5):297-305.

[81] YU L,SHAO X,YAN X. Autonomous overtaking decision making of driverless bus based on deep Q-learning method[C]//2017 IEEE International Conference on Robotics and Biomimetics (ROBIO),2017:2267-2272.

[82] GLOMSRUD J A,DEGRDSTUEN A,CLAIR A,et al. Trustworthy versus explainable AI in autonomous vessels[C]//Proceedings of the International Seminar on Safety and Security of Autonomous Vessels (ISSAV) and European STAMP Workshop and Conference (ESWC),2019:1-11.

第二章

车辆动力学系统

2.1 车辆动力学系统发展历史

车辆动力学是车辆力学的一个分支，主要分析道路车辆在驾驶员输入或者外部扰动下的运动行为和受力情况，并分析车辆性能的内在联系和规律。在车辆系统、车辆控制及其零部件设计开发等多个领域都涉及车辆动力学。在汽车技术领域，经过一百多年的发展，工程师们已经取得惊人的进步，车辆动力学在汽车设计和开发过程中，也扮演着越来越重要的角色。随着计算机仿真技术的迅猛发展，多体动力学和多学科系统仿真与分析技术日渐成熟，大大推动了车辆动力学的进一步发展。

车辆动力学的发展是人们对汽车品质需求的不断提高，以及对车辆动力学不断深入探索和认识的过程。早期的汽车行驶速度较低，转弯半径完全取决于前轮转角，因此汽车转向符合阿克曼转向几何原理。随着汽车行驶速度的提高，人们发现装有充气轮胎的汽车，其转向行为并不严格满足阿克曼关系。直到1930年德国的Fromm和法国的Broulhiet分别发现了汽车轮胎的侧偏现象，才使人们的认识有了新的突破。考虑"侧偏现象"的汽车转向运动系统，实质上是一个以无侧偏转向为基本系统并加入侧偏反馈回路的闭环系统。

1934年，一位对车辆动力学发展有卓越贡献的人物Maurice Olley，对前人研究成果加以补充，第一次给出了汽车过度转向和不足转向特性的定义。当汽车质心处作用有侧向力时，如果顺着力的方向转向则认为是过度转向，反之则认为是不足转向。这为今天车辆动力学的深入研究奠定了基础。

20 世纪 50 年代，道路硬件设施的发展和大能量发动机的出现，使得汽车的行驶速度有了大幅的提高，车辆动力学发展进入黄金时期。其中值得一提的是，1956 年由美国 Milliken、Whitcomb 和 Segel 在《汽车稳定性和控制以及轮胎性能的研究》中总结了汽车在稳态和非稳态运行时的稳定性。为研究稳定性，在 Riekert 和 Schunck 提出的二自由度数学模型基础上建立了包含侧倾自由度的三自由度汽车模型，汽车侧倾轴假设固定并且轮胎侧向力与侧偏角成正比，该模型能够在轮胎线性区域对汽车动态响应进行定性分析。

在人们对车辆动力学理解的进程中，理论和试验两方面因素均发挥了作用。其一，有关飞机稳定性及其控制理论被有效地运用于汽车，当时不少车辆动力学先驱者原先从事的是航空工程领域的工作；其二，轮胎的重要性被肯定，人们开始用轮胎试验来测定轮胎的力学特性。正是由于 Gough 等人为轮胎特性提供了全面的认识，Olley、Milliken、Segel、Whitcomb 等人才能对操纵稳定性进行定性分析。随后，关于悬架和转向对于操纵稳定性能的影响的研究开始逐渐深入。Ellis、Bundorf、Hiroshi Harada 等人对此做了大量的研究工作，得到很多重要成果。其中，轴等效侧偏刚度概念的提出，使除了轮胎侧偏现象以外，汽车转向运动其他因素的反馈得到更深入的理解和重视。即使今天，利用轴等效侧偏刚度也可以进行汽车的高精度仿真分析。考虑各种反馈的综合效果才可以理解为什么一辆具有过度转向特性的汽车，如果在设计悬架转向系统时使它具有很强的"侧倾不足转向"特性，其综合效果仍可以是具有一定不足转向的汽车。

20 世纪 60—80 年代，随着计算机技术的发展，各国学者开始建立复杂的车辆动力学模型，其中最为经典的就是基于侧倾中心的悬架建模理论。复杂的模型可以描述汽车的非线性特性和更精确的整车运动动态响应。这类模型都是基于总成特性的模型，通过试验或人为的方法进行简化，用一组拟合参数来代替总成特性，获得的参数都是系统的静态和准静态试验参数，因此与汽车运动状态中的动态特性参数有一定的误差，也影响了模型仿真的准确度。

DARPA 挑战赛极大地推动了侧向控制技术的发展。2005 年，美国斯坦福大学参赛的智能汽车 Stanley 基于车辆－道路几何关系设计了自动转向控制器。该控制器的输入由前轴处的方向偏差和侧向位置偏差两部分组成，并通过比例增益来调节不同车速下的控制律。

近年来，随着系统仿真的快速发展，汽车建模方法也出现了新的改变。由于对汽车模型精确度要求越来越高，而且机电液系统耦合程度也越来越高，大型的系统动力学方程推导十分困难，因而通用的商业仿真软件开始逐渐被应用，比较流行的商用分析软件主要有 MSC. ADAMS、Carsim、Amesim、SimulationX、MATLAB、VeDyna、CarMaker、RecurDyn 等。以 MSC Adams 为代表的多体仿真软件建立的汽车仿真模型是将汽车每一部件看作刚性体或弹性体，它们的连接通过各种约束来描述，可以从整车或总成的运动学和动力学出发，对零部件进行几何拓扑和材料特性的优化，真正实现汽车的虚拟设计；以 Amesim 为代表的系统仿真软件能够快速完成被控对象的高精度模型的搭建，并自动编译生成描述系统的微分方程，利用软件内部的数学求解器进行微分方程的数值迭代求解。这种基于总成结构的系统仿真模型，可以更全面地描述汽车各个子系统的运动和相互耦合作用。目前许多著名汽车厂家、汽车研究所、高等院校的科研人员大都采用多体动力学软件建立面向结构的汽车模型，研究汽车的各种特性。

2.2 车辆坐标系的定义

2.2.1 伽利略坐标系

在进行车辆运动学或者动力学分析时，通常将车身和底盘视为刚体，而不考虑其扭转或者弯曲变形所产生的影响。为了描述车辆在自由空间中的位置和航向信息，引入了伽利略坐标系（Galilean Frame，R_0），也称为绝对坐标系或者大地坐标系。其坐标原点在汽车质心 G 的正下方，X 轴指向驾驶员前方，Y 轴指向驾驶员左边，Z 轴垂直于大地指向上方。该坐标系主要用来描述车辆运动轨迹，相当于上帝视角下的车辆运动信息，在智能车辆轨迹描述与规划等方面应用比较多。在进行车辆运动轨迹描述时，初始参考点的选取，车辆初始 X、Y、Z 坐标点以及偏航角等状态量的正确赋值对于车辆场景仿真分析十分重要。

2.2.2 车体坐标系

为了方便描述车辆自身的垂向跳动、侧向瞬态位移或速度，需要引入车体坐标系（Car Body Frame，R_1）。这里车体坐标系固结于车身且随着车身运动。为了方便动力学模型的推导，一般人为地选择坐标原点与车身或前轴中心重合。为了描述车身俯仰、侧倾运动，这里还需要引入另外一个坐标系——R'_1（鬼影坐标系），该坐标系 x_1 方向指向驾驶员正前方，y_1 方向指向驾驶员正左边，z_1 方向指向车辆上方，即 R'_1 坐标系的 $x_1 y_1$ 平面与大地平面保持平行。车体坐标系如图 2.1 所示。

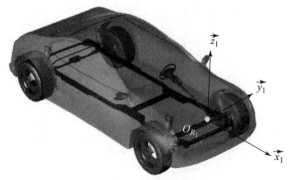

图 2.1 车体坐标系

其坐标系转换关系如式（2.1）所示：

$$R_0 \xrightarrow{(\psi)} R'_1 \xrightarrow{(\theta, \varphi)} R_1 \quad (2.1)$$

伽利略坐标系　　鬼影坐标系　　车体坐标系

如图 2.2 所示，点 A 在不同坐标系中的坐标转换过程，由坐标系 R'_1 到坐标系 R_0 的坐标转换矩阵为 $\boldsymbol{R}_\psi$。

$$A(x, y, z)|_{R_0} = \boldsymbol{R}_\psi A(x, y, z)|_{R'_1} \quad (2.2)$$

$$\boldsymbol{R}_\psi = \begin{bmatrix} \cos\psi & -\sin\psi & 0 \\ \sin\psi & \cos\psi & 0 \\ 0 & 0 & 1 \end{bmatrix} \quad (2.3)$$

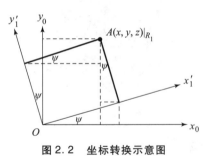

图 2.2 坐标转换示意图

同样，可以很容易得到另外两次旋转所对应的坐标转换矩阵为 $\boldsymbol{R}_\theta = \begin{bmatrix} \cos\theta & 0 & \sin\theta \\ 0 & 1 & 0 \\ -\sin\theta & 0 & \cos\theta \end{bmatrix}$，$\boldsymbol{R}_\varphi = \begin{bmatrix} 1 & 0 & 0 \\ 0 & \cos\varphi & -\sin\varphi \\ 0 & \sin\varphi & \cos\varphi \end{bmatrix}$。这 3 个矩阵的逆都等于自身的转置。

这里需要指出的是，一般所说的侧倾、俯仰、横摆角 (φ, θ, ψ) 是在 R_0 坐标系下对车辆方位的描述，也是参考坐标系旋转角度，即车体坐标系 R_1 和伽利略坐标系 R_0 之间的欧拉角。但车身俯仰、侧倾、横摆速率 (p, q, r) 指的是车身绕车体坐标系 R_1 的角度变化速率。因此严格意义上讲，参考坐标旋转角速度 $(\dot{\varphi}, \dot{\theta}, \dot{\psi})$ 与 (p, q, r) 并不相等。根据两坐标之间的旋转顺序，两者关系如下：

$$\begin{bmatrix} p \\ q \\ r \end{bmatrix} = \begin{bmatrix} \dot{\varphi} \\ 0 \\ 0 \end{bmatrix} + \boldsymbol{R}_{\varphi}^{\mathrm{T}} \begin{bmatrix} 0 \\ \dot{\theta} \\ 0 \end{bmatrix} + (\boldsymbol{R}_{\theta} \boldsymbol{R}_{\varphi})^{\mathrm{T}} \begin{bmatrix} 0 \\ 0 \\ \dot{\psi} \end{bmatrix} = \begin{bmatrix} \dot{\varphi} - \dot{\psi}\sin\theta \\ \dot{\theta}\cos\varphi + \dot{\psi}\sin\varphi\cos\theta \\ \dot{\psi}\cos\varphi\cos\theta - \dot{\theta}\sin\varphi \end{bmatrix} \quad (2.4)$$

在车身侧倾、俯仰小角度假设下，可以近似认为 $\begin{bmatrix} p & q & r \end{bmatrix} \approx \begin{bmatrix} \dot{\varphi} & \dot{\theta} & \dot{\psi} \end{bmatrix}$。

2.2.3 车轴坐标系

车轴坐标系（Spindle Frame，R_2）原点位于每个车轮轴系的中心，如图 2.3 中的 A 点。车轴坐标系的 y 方向与车轮平面的法向量相同；z 方向与车轮和地面的接触中心 B 和原点 A 组成的 BA 线重合；xyz 坐标系满足右手法则。

图 2.3 车轴坐标系与悬架硬点

车轴坐标系 R_2 和车体坐标系 R_1 之间的欧拉角分别是车轮定位角度外倾角、前束角和主销后倾角。坐标系的平动变化分别是轴距变化 $\mathrm{d}x$、轮距变化 $\mathrm{d}y$ 和轮跳变化 $\mathrm{d}z$；转动变化则用来描述车轮定位角度变化量，即悬架的 K&C 特性是通过该坐标系来描述的。

$$R_1 \xrightarrow{(\varepsilon, \eta, \delta)} R_2 \xrightarrow{(\theta_{\mathrm{rel}})} R_3 \quad (2.5)$$

车体坐标系　　车轴坐标系　　车轮坐标系

2.2.4 车轮坐标系

车轮坐标系（Wheel Frame，R_3）是车轮旋转部分的坐标系，原点和 R_2 重合，y_3 与 y_2 重合，如图 2.4 所示。R_3 坐标系和 R_2 坐标系之间的欧拉角只有一个，就是车轮转角。车轮坐标系是描述车轮旋转

图 2.4 车轮坐标系

运动，如加速、制动过程车轮轮速变化的坐标系。

2.3 轮胎模型

车辆的充气轮胎具有支撑车辆质量、在车辆驶过不平地面时进行缓冲、为驱动和制动提供足够附着力、提供足够的转向操纵与方向稳定性等作用。除空气的作用力和重力外，影响地面车辆的加速、制动、抵抗侧风干扰等运动的力和力矩皆由轮胎与地面接触而产生。因此，车辆动力学模型的精度很大程度上依赖于所计算的轮胎力的准确性。

车辆动力学模型通过轮胎和路面之间的复杂相互作用来描述车辆的运动。在一个动力学模型中，需要考虑多种力的作用，它们可以大致分为两类：纵向力（Longitudinal Force）和侧向力（Lateral Force）。纵向力就是使车辆前后移动的力量，而侧向力则促使车辆侧向移动。在力的相互作用过程中，轮胎起着决定性作用。

车辆运动依赖于轮胎所受的力，如纵向制动力和驱动力、侧向力和侧倾力、回正力矩和侧翻力矩等。所有这些力都是滑转率、侧偏角、外倾角、垂直载荷、道路摩擦系数和车辆运动状态的函数。如何有效地表达这种函数关系，即建立精确的轮胎动力学数学模型，一直是轮胎动力学研究人员所关心的问题。轮胎的动力学特性对车辆的动力学特性起着至关重要的作用，特别是对车辆的操纵稳定性、制动安全性、行驶平顺性具有重要影响。

轮胎模型对车辆动力学仿真技术的发展及仿真计算结果有很大影响，轮胎模型的精度必须与车辆模型精度匹配。因此，轮胎模型的选用是至关重要的。由于轮胎的复杂性和力学性能的非线性，选择符合实际又便于使用的轮胎模型是建立虚拟样车模型的关键。

2.3.1 轮胎模型概述

轮胎动力学建模方法有理论方法、经验和半经验方法，建立的模型有物理模型、经验和半经验模型、有限元模型。

1. 物理模型

物理模型是根据轮胎的力学特性，用物理结构去代替轮胎结构，将物理结构变形看作是轮胎的变形。比较复杂的物理模型有梁、弦模型，如有代表性的

Fiala 模型。其优点是具有解析表达式，能探讨轮胎特性的形成机理；缺点是精确度较经验和半经验模型差，且梁、弦模型的计算较繁复。

Fiala 模型是弹性基础上的梁模型，不考虑外倾和松弛长度。当不把内倾角作为主要因素且把纵向滑移和侧向滑移分开对待的情况下，进行简单的操纵性分析可得到合理的结果。

2. 经验和半经验模型

经验和半经验模型是针对具体轮胎的某一具体特性建立的。目前广泛应用的有经验模型——荷兰 Delft 理工大学 Pacejka 教授提出的魔术公式轮胎模型（Magic Formula Tire Model）和吉林大学郭孔辉院士利用指数函数建立的描述轮胎六分力特性的统一轮胎半经验模型——UniTire 模型。UniTire 主要用于车辆动力学的研究。

魔术公式轮胎模型根据仿真工况的不同可在稳态和非稳态之间切换模型，考虑了轮胎高速旋转时陀螺耦合、侧偏和纵滑的相互影响，外倾对侧偏和纵滑的影响。该模型适用于有效频率小于 8 Hz 的点接触模型，只能用于平路面（路面起伏的波长必须大于轮胎的周长）。魔术公式轮胎模型 Pacejka89、Pacejka97 由提出者 Pacejka 教授根据模型的发布年命名，是稳态侧偏模型，不能用于非稳态工况，且只适用于低频操稳分析，对于低速工况（车速小于 5 km/h），如自动泊车等同样不适用。

目前大多数的操纵稳定性仿真主要使用一定条件下取得的试验数据。这种做法虽有其方便之处，但由于试验条件的限制和路面附着系数的多变性，不可能用有限的试验曲线来表达轮胎在各种路面和各种垂直载荷下的全面特性。若在整车模拟时直接采用纯理论模型，其不少参数难以通过试验获得，即使能够得到，也由于模型不可避免地简化，计算结果容易出现较大的误差。轮胎的半经验模型较好地解决了纯理论模型工程应用的局限性和试验数据片面性之间的矛盾，因为半经验模型可以通过试验拟合来弥补某些纯理论模型的不得已简化带来的误差。

常用的轮胎测试台架如图 2.5 所示，有固定台架测试和实际场地测试两种。固定台架测试通常只能获得理想的纯纵向或者纯侧向滑动的高附着系数轮胎模型，进而通过耦合工况经验公式，以及低附高附模型缩放得到完整的轮胎模型。实际场地测试能够更为全面地模拟实际工况和不同附着路面下的轮胎特性，如可以在真实的冬季冰面上进行轮胎测试，也能够考虑温度和速度对轮胎的影响。轮胎模型拟合流程和方法如图 2.6 所示。

MTS 轮胎测试台架

Tass 轮胎测试台拖车

图 2.5　常用的轮胎测试台架

图 2.6　轮胎模型拟合流程和方法

3. 有限元模型

有限元模型基于对轮胎结构的详细描述，包括几何和材料特性，精确的建模能较准确地计算出轮胎的稳态和动态响应。但是其与地面的接触模型很复杂，占用计算机资源太大，主要用于轮胎的设计与制造以及胎噪、整车 NVH 等高频仿真。

具有代表性的有限元模型有 FTire、SWIFT – Tire 和 CD Tire。FTire 模型（Flexible Ring Tire Modle）是由德国 Esslingen 大学的 Michael Gipser 领导小组开发的，是基于柔性环模型的物理模型，是一个 2.5 维非线性轮胎模型。它的主要特征如下：

①弹性环不仅能描述面内振动，也能描述面外特性（侧偏特性）。胎体沿圆周方向离散，也可在胎体宽度方向离散；胎体单元间用弹簧相连，在胎体单元上有一定数量的胎面单元。

②轮辋与轮胎用径、切、侧 3 个方向的分布弹簧相连。轮辋可在面内平移和转动，也可在面外运动。胎面与轮辋间采用了多个并联弹簧 – 阻尼单元的形式来描述周布轮胎力学特性。

③轮胎自由半径和弹簧刚度随轮胎转速的变化而变化。

④采用了复杂非线性的摩擦模型描述胎面橡胶的摩擦特性，即摩擦系数为压力和滑移速度的函数。

FTire 具有完全的非线性，频率可达 120～150 Hz 甚至更高；对波长降到轮胎接地尺寸一半的小障碍物，能够得出有效的结果；具有高精度的轮胎稳态特性；当通过凹凸不平的路面时，能提供很高的精度，但计算时间为实时的 5～20 倍。不同复杂度的轮胎模型如图 2.7 所示。

综上所述，轮胎模型的复杂度决定了轮胎模型能够描述的频率范围。半经验魔术轮胎模型为低频稳态模型，能够满足车辆动力学对轮胎力的描述需求，而有限元模型主要用于轮胎噪声等方面的研究。

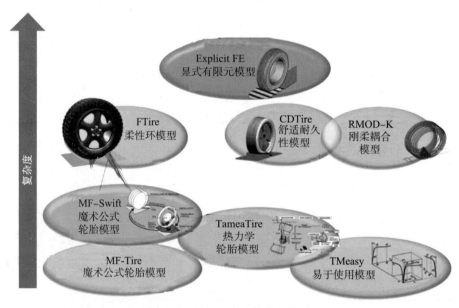

图 2.7　不同复杂度的轮胎模型

2.3.2　轮胎坐标系

为了精确描述轮胎运动学特性及其轮胎力，这里引入两个轮胎坐标系。同时，为了容易理解，这里把轮胎平面圆盘称之为轮胎平面。一个是非外倾轮胎坐标系（Non-camber Tire Frame, R_t），另一个是外倾轮胎坐标系（Camber Wheel Frame, R_w）。

如图 2.8 所示，规定 R_t 的坐标原点为轮胎印迹接地点（图 2.9 中 B 点），z_t 总是垂直于地面且朝上为正方向，x_t 在轮胎平面内。因此，R_t 坐标系相当于车

体坐标系 R_1 绕着 z_1 轴旋转过一个前束角（转向角），即 $R_1 \xrightarrow{\delta} R_t$（注意：为了方便描述，这里的 R_1 为车体坐标系 R_1 平移到轮胎接地点 B 的坐标）。外倾轮胎坐标系 R_w，则由 R_t 绕着 x_t 轴转过一个外倾角 γ，即 $R_t \xrightarrow{\gamma} R_w$，但 R_w 坐标原点位于车轮旋转中心。图 2.9 解释了这几个坐标系之间的转换关系。

需要说明的是，这里定义的外倾轮胎坐标系 R_w，绕着 y_w 旋转过一个自旋角 η（Self – rotating Angle）即得到 2.2.3 节中定义的车轴坐标系 R_2，即 $R_w \xrightarrow{\eta} R_2$，如图 2.9 所示。

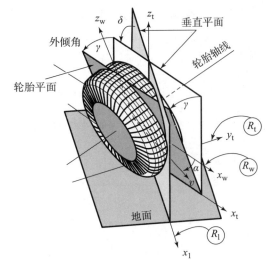

图 2.8　R_1、R_w、R_t 坐标系以及外倾角、侧偏角

2.3.3　轮胎运动学

轮胎运动状态量主要包括滑移率 s、侧偏角 α、外倾角 γ、轮胎动态半径 R_d。这些都是轮胎动力学模型的输入量。

1. 滑移率

当轮胎发出牵引力或制动力时，在轮胎与地面之间会发生相对运动。汽车从纯滚动到抱死拖滑的制动过程是一个渐进的过程，经历了纯滚动、边滚边滑和纯滑动 3 个阶段。为了评价汽车车轮滑移成分所占比例的多少，常用滑移（转）率 s 来表示。在 R_w 坐标系下，轮胎纵向滑移率为

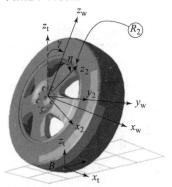

图 2.9　R_w、R_t、R_2 坐标系之间的转换关系

$$s = \frac{R_d \omega_w - u_w}{\max(R_d \omega_w, u_w)} \quad (2.6)$$

式中，ω_w 为车轮的旋转速度，可通过装在车轮的轮速传感器获得；u_w 为车轮质心处的平动速度。

当 $s > 0$ 时，称之为驱动滑转率，是地面附着力不足以平衡驱动力，造成轮胎滑转；当 $s < 0$ 时，称之为制动滑移率。轮胎纵向力 F_x/F_z 是 s 的函数。

F_x/F_z 在 $|s|=0.1$ 附近达到滑移率极值点,如图 2.10 所示,此时对应的滑移率 s_p 也是 ABS 或者 ASR 进行轮速调节的目标点。当 $|s|>0.1$ 时,F_x/F_z 达到饱和,并有所下降。在 $|s|<0.1$ 的区域里,F_x/F_z 与 s 呈近似线性关系,即

$$\frac{F_x}{F_z} = C_x s, \quad |s| < 0.1 \tag{2.7}$$

式中,C_x 称为轮胎纵向刚度或纵向滑移系数。

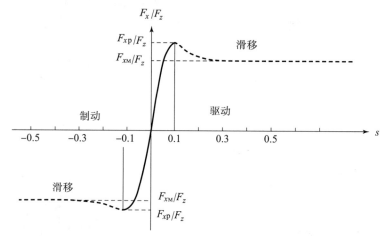

图 2.10 归一化的轮胎纵向力与滑移率的关系

2. 轮胎侧偏角

橡胶轮胎的优点之一就是能够产生克服车辆离心力的轮胎侧向力。轮胎侧向力的产生与轮胎侧偏角 α 和外倾角 γ 有直接关系。

轮胎与地面接触点 B 的纵向和侧向瞬时速度为

$$\begin{cases} u_{\text{wfl}} = (v_x - rB/2)\cos\delta_{\text{fl}} + (v_y + ar)\sin\delta_{\text{fl}} \\ u_{\text{wfr}} = (v_x + rB/2)\cos\delta_{\text{fr}} + (v_y + ar)\sin\delta_{\text{fr}} \\ u_{\text{wrl}} = v_x - rB/2 \\ u_{\text{wrr}} = v_x + rB/2 \end{cases} \tag{2.8}$$

$$\begin{cases} v_{\text{wfl}} = -(v_x - Br/2)\sin\delta_{\text{fl}} + (v_y + ar)\cos\delta_{\text{fl}} \\ v_{\text{wfr}} = -(v_x + Br/2)\sin\delta_{\text{fr}} + (v_y + ar)\cos\delta_{\text{fr}} \\ v_{\text{wrl}} = v_y + ar \\ v_{\text{wrr}} = v_y - br \end{cases} \tag{2.9}$$

以左前轮为例,轮胎侧偏角 $\alpha_{\text{wlf}} = \arctan(v_{\text{wfl}}/u_{\text{wfl}})$,即

$$\alpha_{\text{wfl}} = \arctan\left(\frac{v_{\text{wlf}}}{u_{\text{wlf}}}\right) = \arctan\left(\frac{-(v_x - 0.5B_f r)\sin\delta_{\text{fl}} + (v_y + ar)\cos\delta_{\text{fl}}}{(v_x - 0.5B_f r)\cos\delta_{\text{fl}} + (v_y + ar)\sin\delta_{\text{fl}}}\right)$$

$$= \arctan\left(\frac{-\tan\delta_{\text{fl}} + \dfrac{v_y + ar}{v_x - 0.5B_f r}}{1 + \dfrac{v_y + ar}{v_x - 0.5B_f r}\tan\delta_{\text{fl}}}\right)$$

$$= \arctan\left(\tan\left(\arctan\left(\frac{v_y + ar}{v_x - 0.5B_f r}\right) - \delta_{\text{fl}}\right)\right)$$

$$= \arctan\left(\frac{v_y + ar}{v_x - 0.5B_f r}\right) - \delta_{\text{fl}} \tag{2.10}$$

轮胎侧偏角定义为在 R_t 坐标系下，轮胎与地面接触点瞬时纵向速度（轮胎印迹）和轮胎平面的夹角。假设轮胎侧偏角值很小（一般小于5°），且 $u \gg 0.5B_f r$，则上述公式可以近似表示为

$$\alpha_{\text{fi}} = \frac{v_y + ar}{v_x} - \delta_f \quad (i = l, r) \tag{2.11}$$

后轮的轮胎侧偏角可近似表示为

$$\alpha_{\text{ri}} = \frac{v_y - br}{v_x} \quad (i = l, r) \tag{2.12}$$

式中，α 为车轮接地点瞬时速度在 R_1 坐标系下的偏移角，也称为轮胎瞬时速度侧偏角，如图2.11所示；δ_f 为前轮转向角，即 R_1 坐标系 x_1 轴与 R_w 坐标系 x_w 轴的夹角。因此，轮胎侧偏角 α 为轮胎接地点速度侧偏角与转向角之差，而对于后轮则与轮胎速度侧偏角相等。

由图2.11可知，由于轮胎形变，在转向过程中，轮胎接地点瞬时速度的侧偏角 α 总是滞后于转向角 δ 的，即 $\alpha < \delta$。因此，正向的转向角能够产生负的轮胎侧偏角，而负的轮胎侧偏角则能够产生正的轮胎侧向力，车辆绕 z 轴正向回转。

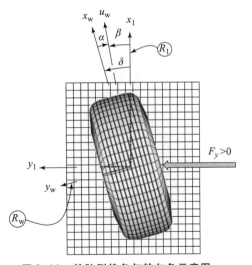

图2.11 轮胎侧偏角与转向角示意图

与轮胎纵向力类似，当轮胎侧偏角比较小时（$\alpha < 5°$），轮胎侧向力与侧偏角近似呈线性关系，如图 2.12 所示。

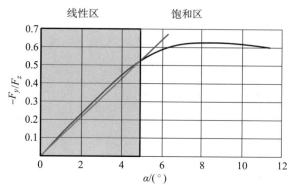

图 2.12　轮胎侧偏特性

定义轮胎侧向力线性区域的斜率为轮胎侧偏刚度（式（2.13））。轮胎侧偏刚度的大小与垂向载荷、车速以及路面附着系数均有关。垂向载荷越大，轮胎侧偏刚度越大；车速越低，轮胎侧偏刚度越大；路面附着情况越好，轮胎抵抗侧滑能力越好，即侧偏刚度越大。

$$C_{y\alpha} = -\partial F_{y\alpha}/\partial \alpha \tag{2.13}$$

3. 轮胎动态半径

对于确定规格型号的车轮来说，影响轮胎动态半径的因素主要有载荷和胎压。载荷和胎压不同，动态半径也不一样。在标称胎压下，轮胎动态半径与垂向载荷的关系可由式（2.14）计算得到

$$R_d = R_{\text{free}} - \rho_{F_{z0}}(D\arctan(B\rho/\rho_{F_{z0}}) + F\rho/\rho_{F_{z0}}) \tag{2.14}$$

式中，$\rho_{F_{z0}} = F_{z0}/K_{\text{tire}}$，$F_{z0}$ 为轮胎标称垂向载荷，K_{tire} 为轮胎垂向刚度；R_{free} 为轮胎自由半径；D 为有效滚动半径极值；B 和 F 分别为轮胎在小载荷和大载荷下的垂向刚度；$\rho_{F_{z0}}$ 为轮胎垂向标称变形量；ρ 为轮胎垂向压缩量，$\rho = F_z/K_{\text{tire}}$。

2.3.4　轮胎动力学

地面与轮胎产生的轮胎力可以在 R_t 坐标系下进行解耦，得到 3 个沿着坐标轴的平动力和 3 个绕着坐标轴的转动力矩，如图 2.13 所示。F_x 为轮胎纵向力，$F_x > 0$ 为加速工况，$F_x < 0$ 为制动工况；F_y 为轮胎侧向力，用来进行转向和抵抗转向过程中的离心力或者侧风扰动；F_z 为轮胎垂向载荷，当车辆发生严重侧倾或者轮胎离地时，F_z 可能小于 0；M_x 为绕 x_t 轴的轮胎纵倾力矩，该纵倾力

矩也称为车轮倾覆力矩；M_y 为绕 y_t 轴的轮胎力矩，也称为轮胎滚动阻力矩；M_z 为绕 z_t 轴的轮胎力矩，称为轮胎回正力矩。这里的轮胎力指的是地面给轮胎的力或力矩，而车轴给车轮的力矩则为驱动/制动力矩。

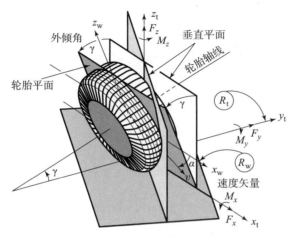

图 2.13　R_t 坐标系下的轮胎力解耦

1. 轮胎垂向载荷

轮胎纵向力与侧向力正比于垂向载荷。假设车辆关于纵向平面是对称的，那么在静平衡状态下，左右两侧车轮垂向载荷是相等的。车辆在俯仰、侧倾运动过程中，由于簧载质量受到纵向、侧向加速度的作用，从而引起前后左右轮胎载荷转移。如果不考虑路面坡度，且假设簧载质量与非簧载质量刚性连接，那么车辆 4 个车轮的垂向载荷为

$$\begin{cases} F_{zfl} = \dfrac{mgb}{2(a+b)} - \dfrac{ma_x h_{cg}}{2(a+b)} + \dfrac{ma_y h_{cg}}{B}\dfrac{b}{a+b} \\ F_{zfr} = \dfrac{mgb}{2(a+b)} - \dfrac{ma_x h_{cg}}{2(a+b)} - \dfrac{ma_y h_{cg}}{B}\dfrac{b}{a+b} \\ F_{zrl} = \dfrac{mga}{2(a+b)} + \dfrac{ma_x h_{cg}}{2(a+b)} + \dfrac{ma_y h_{cg}}{B}\dfrac{a}{a+b} \\ F_{zrr} = \dfrac{mga}{2(a+b)} + \dfrac{ma_x h_{cg}}{2(a+b)} - \dfrac{ma_y h_{cg}}{B}\dfrac{a}{a+b} \end{cases} \quad (2.15)$$

式中，m 为整车质量；a_x 为车辆纵向加速度；a_y 为车辆侧向加速度；h_{cg} 为车身质心高度，如图 2.14 所示。

在 R_1 坐标系下，车身纵向加速度和侧向加速度为

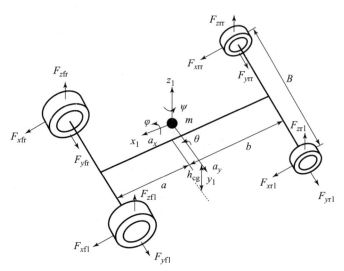

图2.14 考虑纵向加速度和侧向加速度的轮胎载荷

$$\begin{cases} a_x = \dot{v}_x - rv_y \\ a_y = \dot{v}_y + rv_x \end{cases} \quad (2.16)$$

如图2.15所示，侧向载荷转移会削弱轮胎提供侧偏力的能力，即 $F_{ext} + F_{int} < 2F$，且载荷转移越严重，这种削弱效应越大。也就是说，过大的载荷转移会削弱车辆抗侧偏能力，这也是大多数侧翻事故先侧滑后侧翻，且绊倒性侧翻的原因。

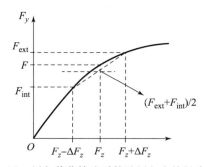

图2.15 侧向载荷转移对轮胎侧向力的影响特性

2. 魔术公式轮胎模型

Pacejka 92 和 Pacejka 97 魔术公式轮胎模型是以魔术公式的主要提出者 Pacejka 教授命名的，并根据其发布的年限命名。魔术公式是用三角函数的组合公式拟合轮胎试验数据，用一套形式相同的公式就可以完整地表达轮胎的纵向力 F_x、侧向力 F_y、回正力矩 M_z、翻转力矩 M_x、阻力矩 M_y 以及纵向力、侧向力的联合作用工况，故称为"魔术公式"，即

$$Y(x) = D\sin(C\arctan(Bx - E(Bx - \arctan(Bx)))) \quad (2.17)$$

式中，$Y(x)$ 可以是侧向力，也可以是回正力矩或者纵向力；自变量 x 可以在不同的情况下分别表示轮胎的侧偏角或纵向滑移率；系数 B、C、D 依次由轮胎的垂直载荷和外倾角确定。

以轮胎纵向力为例，介绍魔术公式的物理意义，轮胎纵向力计算公式为

$$F_x = (D\sin(C\arctan(BX_1 - E(BX_1 - \arctan(BX_1))))) + S_v \quad (2.18)$$

式中，X_1 为纵向力组合自变量，$X_1 = (\kappa + S_h)$，κ 为纵向滑移率（负值出现在制动态）；C 为曲线形状因子，纵向力计算时取 B_0 值，$C = B_0$；D 为峰值因子，表示曲线的最大值，$D = B_1 F_z^2 + B_2 F_z$；BCD 为纵向力零点处的纵向刚度，$BCD = (B_3 F_z^2 + B_4 F_z) \times \exp(-B_5 F_z)$；$B$ 为刚度因子，$B = BCD/(C \times D)$；S_h 为曲线的水平方向漂移，$S_h = B_9 F_z + B_{10}$；S_v 为曲线的垂直方向漂移，$S_v = 0$；E 为曲线曲率因子，表示曲线最大值附近的形状，$E = B_6 F_z^2 + B_7 F_z + B_8$。

对于侧向力、回正力矩的描述与纵向力类似，这里不再赘述，具体可见参考文献［14］。

绕 x 轴的翻转力矩 M_x 为

$$M_x = (q_{x1} F_y + q_{x2} \gamma) F_z \lambda_{Mx} \quad (2.19)$$

绕 y 轴的滚动阻力矩 M_y 为

$$M_y = \frac{2}{\pi}(q_{y1} + q_{y2} F_x) F_z \arctan(V_x) \lambda_{My} \quad (2.20)$$

式中，q_x、q_y、λ 均为对应公式的半经验拟合系数。为了处理低速不连续造成数值仿真不收敛问题，式（2.20）引入反正切函数。

在实际工作中，轮胎在提供纵向驱动或者制动力的同时，也会提供一定的侧向力，也就是转向过程中加速或制动工况。如图 2.16 所示，在一定侧偏角下，轮胎纵向力增加时，轮胎所能提供的侧向力会有所减小，这是由轮胎材料弹性特性决定的，这种现象称为轮胎的摩擦圆现象。另外，轮胎花纹和结构具有明显的方向性，这导致了轮胎实际上在纵向和侧向能提供的最大静摩擦力是不同的。因此，轮胎的摩擦圆并不是一个正圆而是一个椭圆，如图 2.17 所示。轮胎的摩擦力一定不会超出通过模拟计算得到的那个轮胎摩擦椭圆。这就是轮胎的极限，也是车辆操控性的极限。

轮胎滑移率越大，说明轮胎在运动中滑动成分所占的比例越大，随着滑移率的增大，回正力矩会趋于 0，而轮胎侧偏角则会使回正力矩增大，也就是适

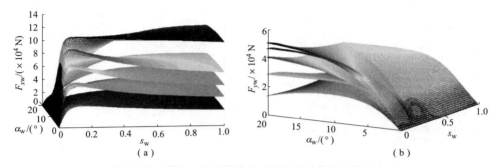

图 2.16 联合工况下魔术公式不同垂向载荷的轮胎力

(a) 轮胎纵向力；(b) 轮胎侧向力

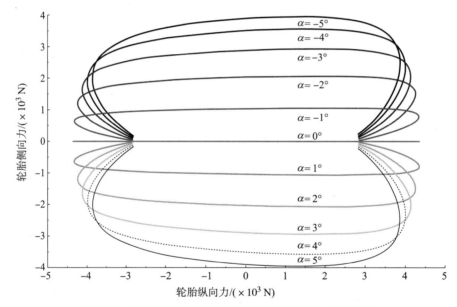

图 2.17 轮胎纵向力对轮胎侧向力的影响（$F_z = 4\,000$ N）

当的轮胎侧向力会增加回正力矩，如图 2.18 所示。

　　Pacejka 92 魔术公式轮胎模型认为轮胎在纵向、侧向上是线性的。阻尼为常量在侧向加速度常见范围 $\leqslant 0.4g$、侧偏角 $\leqslant 5°$ 的情景下对常规轮胎具有很高的拟合精度。此外，由于魔术公式基于试验数据，除在试验范围的高精度外，甚至在极限值以外一定程度仍可使用，可以对有限工况进行外推且具有较好的置信度。魔术公式正在成为行业标准，即轮胎制造商向整车厂提供魔术公式系数表示的轮胎数据，而不再是表格或图形。基于魔术公式的轮胎模型还有较好的健壮性，即如果没有某一轮胎的试验数据，而使用同类轮胎数据替代仍可取得很好的效果。

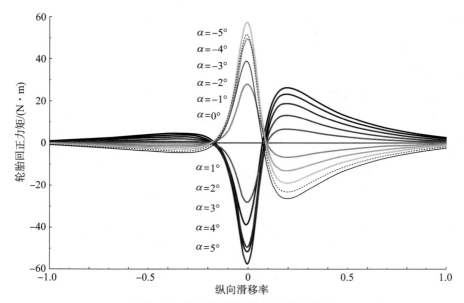

图 2.18　纵向滑移率对回正力矩的影响

Pacejka 92 不考虑轮胎滚阻,且回正力矩不考虑与其他轮胎力的耦合特性;Pacejka 97 轮胎纵向力、侧向力以及回正力矩都考虑耦合,且考虑轮胎滚阻。

3. 分段线性轮胎模型

1) 轮胎纯纵向滑动工况

车辆在加速或制动过程中,地面与轮胎之间产生一个纵向力。当车轮受到驱动或制动力矩时,轮胎与地面之间会产生相对滑动,即纵向滑移率。轮胎在纯纵向滑移或者滑转工况下,轮胎纵向力为

$$F_{x0} = \begin{cases} C_x s, & |s| < s_1 \\ C_x s_1 \cdot \operatorname{sgn}(s), & s_1 \leqslant |s| < s_2 \\ (C_x s_1 - (C_x s_1 - F_{end})(|s| - s_2)/(s_2 - 1))\operatorname{sgn}(s), & |s| \geqslant s_2 \end{cases}$$

(2.21)

式中,$F_{end} = \left(\dfrac{F_{end\_nom}}{F_{znom}} + \dfrac{F_z - F_{znom}}{4F_{znom}}\right)^{0.8} \mu F_z$,$F_{end\_nom} = 3\,000\left(1 + \dfrac{F_z - F_{znom}}{6F_{znom}}\right)$;$s_1 = 7s_{1nom}$;$C_x = C_{xnom}\left(1 + \dfrac{F_z - F_{znom}}{F_{znom}}\right)$;$s_2 = s_{2nom}\left(1 + \dfrac{F_z - F_{znom}}{6F_{znom}}\right)^{-2}$。

2) 轮胎纯侧向滑动工况

橡胶轮胎最主要的优点之一就是能够产生侧向力,而侧向力对于车辆的转

向特性是十分重要的。轮胎在纯侧向滑移或者滑转工况下，轮胎侧向力为

$$F_{y0} = \begin{cases} -C_y\alpha, & |\alpha| < 0.85\alpha_0 \\ -C_y/6(|\alpha| + 4.25\alpha_0)\text{sgn}(\alpha), & 0.85\alpha_0 \le |\alpha| < 1.75\alpha_0 \\ F_{\text{peak}}\text{sgn}(\alpha), & |\alpha| > 1.75\alpha_0 \end{cases} \quad (2.22)$$

式中，$C_y = \dfrac{5}{2}C_{\text{ynom}}\left(1 + \dfrac{F_z}{F_{\text{znom}}}\right)$；$F_{\text{peak}} = \left(0.9 - 0.182\left(\dfrac{F_z}{F_{\text{znom}}} - 1\right)\right)^{0.5}$；$\alpha_0 = \dfrac{F_{\text{peak}}}{C_y}$。

3）纵向和侧向滑移联合工况

轮胎在加速转向或者制动转向等联合工况下，等效滑移率和等效侧偏角可以由以下公式获得：

$$\sigma_x = -\frac{s}{s+1} \qquad \sigma_x^* = \frac{\sigma_x}{\sigma_{x\max}} \quad (2.23)$$

$$\sigma_y = \frac{\tan\alpha}{s+1} \qquad \sigma_y^* = \frac{\sigma_y}{\sigma_{y\max}} \quad (2.24)$$

$$\sigma_{\text{total}} = \sqrt{\sigma_x^2 + \sigma_y^2} \qquad \sigma_{\text{total}}^* = \sqrt{\sigma_x^{*2} + \sigma_y^{*2}} \quad (2.25)$$

$$s' = \frac{\sigma_{\text{total}}^* \sigma_{x\max}\text{sgn}(\sigma_x)}{1 + \sigma_{\text{total}}^* \sigma_{x\max}\text{sgn}(\sigma_x)}\frac{\mu_0}{\mu} \qquad \alpha' = \arctan(\sigma_{\text{total}}^* \sigma_{y\max}\text{sgn}(\sigma_x))\frac{\mu_0}{\mu} \quad (2.26)$$

根据摩擦圆理论，轮胎所能提供的纵向、侧向合力的最大值受到轮胎垂向载荷、路面附着系数的限制，则在联合工况下实际的纵向和侧向轮胎力可以由以下公式获得

$$\begin{cases} F_{xw} = \dfrac{\mu}{\mu_0}\dfrac{\sigma_x}{\sigma_{\text{total}}}F_{x0}\left(\dfrac{\mu_0}{\mu}s', F_z\right) \\ F_{yw} = \dfrac{\mu}{\mu_0}\dfrac{\sigma_y}{\sigma_{\text{total}}}F_{y0}\left(\dfrac{\mu_0}{\mu}\alpha', F_z\right) \end{cases} \quad (2.27)$$

式中，μ_0 为参考路面附着系数；μ 为实际路面附着系数。

表 2.1 所示为不同路面附着系数。

表 2.1 不同路面附着系数

路面	峰值附着系数	滑动附着系数
干燥沥青路面	0.8~0.9	0.75
干燥水泥路面	0.8~0.9	0.76
湿滑沥青路面	0.5~0.7	0.45
湿滑水泥路面	0.8	0.7

续表

路面	峰值附着系数	滑动附着系数
砂石路面	0.6	0.55
压实雪地路面	0.2	0.15
冰路面	0.1	0.07

图 2.19 和图 2.20 所示分别为轮胎在纯纵向滑动和纯侧向滑动工况下分段

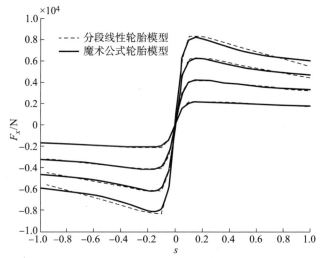

图 2.19 纯纵向滑动工况下轮胎纵向力（F_z = 2 000 N, 4 000 N, 6 000 N, 8 000 N）

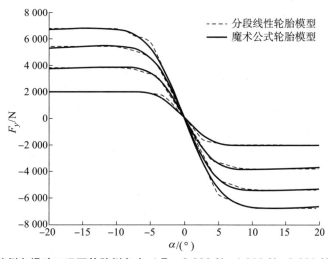

图 2.20 纯侧向滑动工况下轮胎侧向力（F_z = 2 000 N, 4 000 N, 6 000 N, 8 000 N）

线性轮胎模型与魔术公式轮胎模型的拟合对比图；图 2.21 和图 2.22 所示分别为联合工况下分段线性轮胎模型与魔术公式轮胎模型的拟合对比图；表 2.2 所示为分段线性轮胎模型参数。由此可以看出，分段线性轮胎模型的拟合效果可以很接近魔术公式轮胎模型，但分段线性轮胎模型只需要很少的轮胎参数。

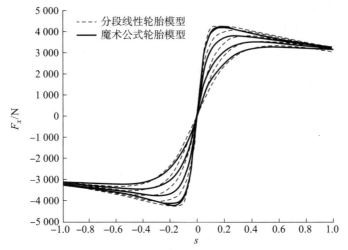

图 2.21　联合工况下轮胎纵向力（$\alpha=0°$，4°，8°，12°，16°；$F_z=4\,000$ N）

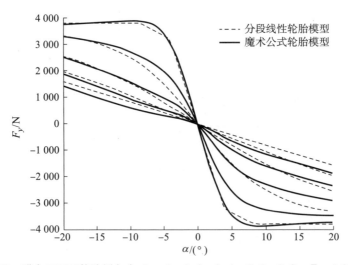

图 2.22　联合工况下轮胎侧向力（$s=0$，0.2，0.4，0.6，0.8；$F_z=4\,000$ N）

表2.2 分段线性轮胎模型参数

名义垂向载荷	F_{znom}	4 000 N
名义滑移率1	s_{1nom}	0.01
名义滑移率2	s_{2nom}	0.25
名义纵向轮胎刚度	C_{xnom}	400 000 N/rad
名义侧向轮胎刚度	C_{ynom}	420 000 N/rad

4. 静态轮胎模型

Pacejka 轮胎模型只有在车轮转速高到一定值时才有效（车速 > 15 km/h）。在计算车辆泊车过程时，需要考虑由于轮胎回正和停车过程引起的绕 z_w 轴的转向阻力矩，也就是 Van Der Jagt 效应。泊车过程中的扭矩迟滞计算基于 Dahl 摩擦模型，基本原理就是使用刚度来计算迟滞模型：

$$K_\Psi = b_2 F_z^2 + b_1 F_z \tag{2.28}$$

采用如下公式计算绕 Z_w 的扭矩：

$$\dot{\Psi} = \begin{cases} (1 - |M_z/M_{zmax}|^c)\omega^2, & \mathrm{sgn}\Psi = \mathrm{sgn}\omega^2 \\ \Omega_{wheel}^2, & 其他 \end{cases} \tag{2.29}$$

$$M_z = K_\Psi \Psi \tag{2.30}$$

式（2.28 ~ 2.30）中，c 为待拟合系数；Ω_{wheel}^2 为车轮绕 z_w 轴转过的角度；$M_{zmax} = a_2 F_z^2 + a_1 F_z$；$a_1, a_2, b_1, b_2$ 为半经验拟合系数；ω 为车轮旋转速度。

如图 2.23 所示，Dahl 摩擦模型的不同表达式是从材料的弹塑性行为研究

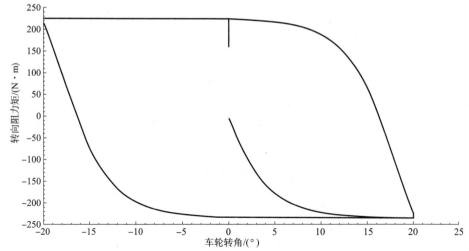

图2.23 原地转向车轮转角与转向阻力矩（F_z = 4 800 N）

中得到启发的。在迟滞算子的基础上，Dahl 摩擦模型可以考虑动态现象。在表达式函数中用相对位置来替代速度，这就是所谓的独立于速率，是一种非常重要的特性。

2.4 车辆动力学系统

2.4.1 车辆运动学模型

运动学是从几何学的角度研究物体的运动规律，包括物体在空间的位置、速度等随时间的变化，而不考虑车辆的受力分析。因此，车辆运动学模型从车辆空间几何的角度反映车辆位置、速度、加速度等与时间的关系。在低速车辆或者移动机器人轨迹规划过程中应用运动学模型，可以使其规划出切合实际的轨迹，满足行驶过程中的运动学几何约束。由于其数学公式简单，因此基于运动学模型设计出的控制器也能具有更可靠的控制性能。

如图 2.24 所示，建立车辆运动学模型需作如下假设。

① 不考虑车辆在垂向方向的运动，只考虑 xy 水平面的运动。

② 左右侧车轮转角一致，这样可将左右侧轮胎合并为一个，搭建单轨车辆模型。

③ 车辆行驶速度变化缓慢，忽略载荷的转移。

④ 车身及悬架系统是刚性的。

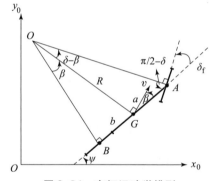

图 2.24 车辆运动学模型

图 2.24 中，O 点是车辆的瞬时滚动中心；线段 OA、OB 分别垂直于前后车轮滚动方向；β 为车辆质心侧偏角；ψ 为车身横摆角，指车身与大地坐标 x 轴的夹角。

分析图中几何关系，在三角形 OGA 和 OGB 中，由正弦定理可得到如下关系：

$$\frac{\sin(\delta-\beta)}{a} = \frac{\sin(\pi/2-\delta)}{R} \tag{2.31}$$

$$\frac{\sin\beta}{b} = \frac{1}{R} \tag{2.32}$$

于是有

$$\frac{\sin\delta\cos\beta - \sin\beta\cos\delta}{a} = \frac{\cos\delta}{R} \tag{2.33}$$

将式(2.32)和式(2.33)可以得到

$$\tan\delta\cos\beta = \frac{a+b}{R} \tag{2.34}$$

在低速情况下，车辆行驶路径的转弯半径变化缓慢，此时可以假设车辆的方向变化率等于车辆的角速度，则车辆的角速度为

$$\dot{\psi} = \frac{v}{R} \tag{2.35}$$

由式(2.34)、式(2.35)联立可得

$$\dot{\psi} = \frac{v}{a+b}\tan\delta\cos\beta \tag{2.36}$$

于是有车辆运动学方程：

$$\begin{cases} \dot{x} = v\cos(\psi+\beta) \\ \dot{y} = v\sin(\psi+\beta) \\ \dot{\psi} = v\tan\delta\cos(\beta/l) \end{cases} \tag{2.37}$$

式中，l 为轴距，$l = a + b$；v, δ 为控制输入。

假设车辆低速运行时，质心侧偏角很小，即 $\cos\beta \approx 1$，于是有

$$\begin{cases} \dot{x} = v\cos\psi \\ \dot{y} = v\sin\psi \\ \dot{\psi} = v/l\tan\delta \end{cases} \tag{2.38}$$

当选择状态量为 $X = \begin{bmatrix} x & y & \psi \end{bmatrix}$ 时，上述公式可以进一步写为

$$\begin{bmatrix} \dot{x} \\ \dot{y} \\ \dot{\psi} \end{bmatrix} = \begin{bmatrix} \cos\psi \\ \sin\psi \\ 1/l\tan\delta \end{bmatrix} v \tag{2.39}$$

对于无人小车或者移动机器人，一般选择控制量为车速和偏航角速度，如图 2.25 所示，于是有

$$\begin{bmatrix} \dot{x} \\ \dot{y} \\ \dot{\psi} \end{bmatrix} = \begin{bmatrix} \cos\psi & 0 \\ \sin\psi & 0 \\ 0 & 1 \end{bmatrix} \begin{bmatrix} v \\ w \end{bmatrix} \tag{2.40}$$

智能车辆规划与控制技术

图 2.25 车辆运动学模型控制输入与输出

2.4.2 车辆动力学模型

1. 自由运动的刚体

如果刚体可以在空间任意运动而不受约束，则这个刚体就称为自由运动的刚体。飞机、火箭、人造卫星等在空间的运动就属于这种运动。如图 2.26 所示，为了确定自由刚体在空间的位置，可以在空间作一固定坐标系 $O_0X_0Y_0Z_0$（即伽利略坐标系 R_0），再在刚体上选取任意一点（如刚体质心）为基点，通过基点 O_1 作平行于固定坐标系 $O_0X_0Y_0Z_0$ 的平移坐标系 $O_1'X_1'Y_1'Z_1'$ 和固结于刚体上的随动坐标系 $O_1X_1Y_1Z_1$（即车体坐标系 R_1）。这样刚体在空间中的运动可以通过随动坐标系 $O_1X_1Y_1Z_1$ 在惯性坐标系中的位置来确定。由此可见，随动坐标系的位置可以通过随动坐标系基点 O_1 在惯性坐标系中的 3 个坐标 (x_0, y_0, z_0) 和随动坐标系相对于平移坐标系的 3 个欧拉角 (φ, θ, ψ) 来表示，如图 2.27 所示。这样自由刚体在空间上的任一点的空间位置可以用 6 个独立的参数 $(x_0, y_0, z_0, \varphi, \theta, \psi)$ 确定，即自由刚体的 6 个自由度。

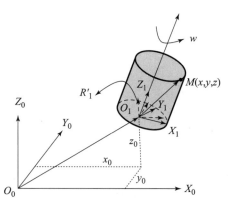

图 2.26 自由刚体运动描述

当刚体运动时，这 6 个参数都是时间的单值连续函数，即

$$\begin{cases} x = f_1(t), y = f_2(t), z = f_3(t) \\ \psi = f_4(t), \theta = f_5(t), \varphi = f_6(t) \end{cases} \tag{2.41}$$

式（2.41）称为自由刚体的运动方程。

自由刚体内任一点 $M(x, y, z)$ 的位移可以描述为

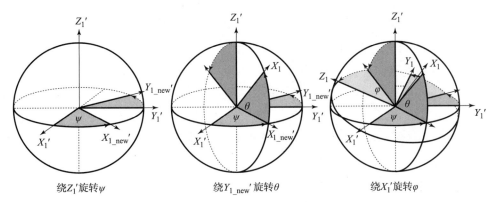

图 2.27 $O_1'X_1'Y_1'Z_1'$ 到 $O_1X_1Y_1Z_1$ 坐标系的欧拉角

$$\vec{r}_{OOM} = \vec{r}_{OO_1} + \vec{r}_{O1M} \quad (2.42)$$

对上述方程求导，可以得到 M 点的速度方程，即

$$\frac{d\vec{r}_{OOM}}{dt} = \frac{d\vec{r}_{OO_1}}{dt} + \frac{d\vec{r}_{O1M}}{dt} \quad (2.43)$$

式（2.43）可以简写为

$$\vec{v}_a = \vec{v}_e + \vec{v}_r \quad (2.44)$$

式中，$\vec{v}_a$ 为绝对速度；$\vec{v}_e$ 为牵连速度；$\vec{v}_r$ 为相对速度；$\vec{v}_e = \vec{v}_{O1}$ 为基点 O_1 的平动速度。

记动点 M 在随动坐标系 R_1 中的矢径 $\vec{r}_{O1M}$ 为 $\vec{r}$，即 $\vec{r} = x\vec{i} + y\vec{j} + z\vec{k}$。刚体绕基点 O_1 转动的瞬时角速度矢径为 $\vec{\omega}$，则 $\vec{v}_r = \vec{\omega} \times \vec{r}$。于是，自由刚体内任一点的速度公式为

$$\vec{v}_a = \vec{v}_e + \vec{v}_r \Rightarrow \vec{v}_M = \vec{v}_{O1} + \vec{\omega} \times \vec{r} \quad (2.45)$$

这里 $\vec{\omega}$ 为相对角速度，即刚体在随动坐标系 R_1 投影，其 3 个坐标角速度分量为 p、q、r，即 $\vec{\omega} = p\vec{i} + q\vec{j} + r\vec{k}$，对于车辆运动描述，此 3 个角速度分别对应汽车的侧倾、俯仰和横摆运动，则

$$\begin{aligned}
\vec{v}_r &= \vec{\omega}_r \times \vec{r}' \\
&= (p\vec{i} + q\vec{j} + r\vec{k}) \times (x\vec{i} + y\vec{j} + z\vec{k}) \\
&= \begin{vmatrix} \vec{i} & \vec{j} & \vec{k} \\ p & q & r \\ x & y & z \end{vmatrix} \\
&= (qz - ry)\vec{i} + (xr - pz)\vec{j} + (py - qx)\vec{k}
\end{aligned} \quad (2.46)$$

自由刚体内任一点的加速度合成公式为

$$\vec{a}_a = \vec{a}_e + \vec{a}_r \quad (2.47)$$

式中，$\vec{a}_e = \vec{a}_{O1}$，为基点 O_1 的平动加速度。

$$\vec{a}_{\mathrm{r}}=\frac{\mathrm{d}(\vec{\omega}\times\vec{r})}{\mathrm{d}t}=\frac{\mathrm{d}\vec{\omega}}{\mathrm{d}t}\times\vec{r}+\vec{\omega}\times\frac{\mathrm{d}\vec{r}}{\mathrm{d}t} \tag{2.48}$$

式中，a_{r} 为刚体绕基点 O_1 转动的瞬时角加速度。

于是自由刚体内任一点的加速度公式为

$$\vec{a}_M=\vec{a}'_o+\frac{\mathrm{d}\vec{\omega}}{\mathrm{d}t}\times\vec{r}+\vec{\omega}\times\frac{\mathrm{d}\vec{r}}{\mathrm{d}t} \tag{2.49}$$

$$\frac{\mathrm{d}\vec{\omega}}{\mathrm{d}t}=\frac{\mathrm{d}}{\mathrm{d}t}(p\vec{i}+q\vec{j}+r\vec{k})=\dot{p}\vec{i}+p\frac{\mathrm{d}\vec{i}}{\mathrm{d}t}+\dot{q}\vec{j}+q\frac{\mathrm{d}\vec{j}}{\mathrm{d}t}+\dot{r}\vec{k}+r\frac{\mathrm{d}\vec{k}}{\mathrm{d}t} \tag{2.50}$$

下面介绍泊松公式。

如图 2.28 所示，$|\vec{b}|$ 为固结于定轴转动的刚体上的任一固定矢量，角速度为 $\vec{\omega}$，则有 $\frac{\mathrm{d}\vec{b}}{\mathrm{d}t}=\vec{\omega}\times\vec{b}$。

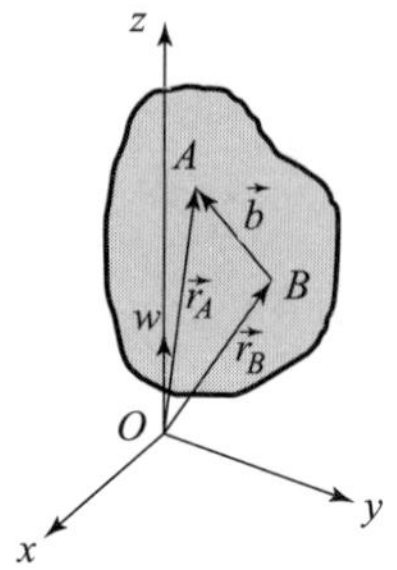

图 2.28　定轴转动的刚体

证明：

$$\vec{b}=\vec{r}_A-\vec{r}_B$$

因为 $\vec{b}$ 固结于刚体上，所以 $\vec{r}_A$ 和 $\vec{r}_B$ 的模均为常量，所以有

$$\begin{aligned}\frac{\mathrm{d}\vec{b}}{\mathrm{d}t}&=\frac{\mathrm{d}\vec{r}_A}{\mathrm{d}t}-\frac{\mathrm{d}\vec{r}_B}{\mathrm{d}t}=\vec{w}\times\vec{r}_A-\vec{w}\times\vec{r}_B\\&=\vec{w}\times(\vec{r}_A-\vec{r}_B)=\vec{w}\times\vec{b}\end{aligned}$$

泊松公式亦称常模矢量求导公式，即转动刚体上任一连体矢量对时间的导数等于刚体的角速度矢量与该矢量的矢积（叉乘）。

设刚体以角速度 ω 绕固定轴转动，坐标系 $O_1X_1Y_1Z_1$ 固连在刚体上，随刚体一起转动。可以证明泊松公式为

$$\frac{\mathrm{d}\vec{i}}{\mathrm{d}t}=\vec{\Omega}\times\vec{i}=\begin{vmatrix}\vec{i}&\vec{j}&\vec{k}\\p&q&r\\1&0&0\end{vmatrix}=r\vec{j}-q\vec{k} \tag{2.51}$$

同理可得

$$\begin{cases}\dfrac{\mathrm{d}\vec{j}}{\mathrm{d}t}=\vec{w}\times\vec{j}=p\vec{k}-r\vec{i}\\[2ex]\dfrac{\mathrm{d}\vec{k}}{\mathrm{d}t}=\vec{w}\times\vec{k}=q\vec{i}-p\vec{j}\end{cases} \tag{2.52}$$

于是式（2.50）可以进一步简化为

$$\frac{\mathrm{d}\vec{\omega}}{\mathrm{d}t}=\frac{\mathrm{d}}{\mathrm{d}t}(p\vec{i}+q\vec{j}+r\vec{k})$$

$$= (\dot{p} - rq + qr)\vec{i} + (\dot{q} - pr + rp)\vec{j} + (\dot{r} - qp + pq)\vec{k}$$
$$= \dot{p}\vec{i} + \dot{q}\vec{j} + \dot{r}\vec{k} \tag{2.53}$$

于是有

$$\frac{d\vec{\omega}}{dt} \times \vec{r} = \begin{vmatrix} \vec{i} & \vec{j} & \vec{k} \\ \dot{p} & \dot{q} & \dot{r} \\ x & y & z \end{vmatrix} = (\dot{q}z - \dot{r}y)\vec{i} + (\dot{r}x - \dot{p}z)\vec{j} + (\dot{p}y - \dot{q}x)\vec{k}$$
$$\tag{2.54}$$

$$\vec{\omega} \times \vec{v}_r = \begin{vmatrix} \vec{i} & \vec{j} & \vec{k} \\ p & q & r \\ qz - ry & xr - pz & py - qx \end{vmatrix}$$
$$= [q(py - qx) - r(xr - pz)]\vec{i} + [r(qz - ry) - p(py - qx)]\vec{j} + [p(xr - pz) - q(qz - ry)]\vec{k} \tag{2.55}$$

所以将式（2.54）、式（2.55）代入式（2.48）可得

$$\vec{a}_r = \frac{d\vec{\omega}}{dt} \times \vec{r} + \vec{\omega} \times \frac{d\vec{r}}{dt} = (\dot{q}z - \dot{r}y)\vec{i} + (\dot{r}x - \dot{p}z)\vec{j} + (\dot{p}y - \dot{q}x)\vec{k} +$$
$$[q(py - qx) - r(xr - pz)]\vec{i} + [r(qz - ry) - p(py - qx)]\vec{j} +$$
$$[p(xr - pz) - q(qz - ry)]\vec{k}$$
$$= [-(q^2 + r^2)x + (qp - \dot{r})y + (pr + \dot{q})z]\vec{i} + [-(p^2 + r^2)y + (rq - \dot{p})z + (pq + \dot{r})x]\vec{j} + [-(p^2 + r^2)z + (pr - \dot{q})x + (qr + \dot{p})y]\vec{k} \tag{2.56}$$

设随动坐标系 $O_1X_1Y_1Z_1$ 基点 O_1 的绝对速度为 $\vec{v_{O1}}$，$\vec{v_{O1}}$ 在随动坐标系上的投影为

$$\vec{v_{O1}} = v_x\vec{i} + v_y\vec{j} + v_z\vec{k} \tag{2.57}$$

基点 O_1 的加速度为

$$\vec{a}_{O1} = \frac{d\vec{v_{O1}}}{dt} = \frac{d(v_x\vec{i} + v_y\vec{j} + v_z\vec{k})}{dt} = \dot{v}_x\vec{i} + v_x\frac{d\vec{i}}{dt} + \dot{v}_y\vec{j} + v_y\frac{d\vec{j}}{dt} + \dot{v}_z\vec{k} + v_z\frac{d\vec{k}}{dt}$$
$$\tag{2.58}$$

将泊松公式代入式（2.58）可得基点 O_1 的加速度表达式为

$$\vec{a}_e = (\dot{v}_x - rv_y + qv_z)\vec{i} + (\dot{v}_y - pv_z + rv_x)\vec{j} + (\dot{v}_z - qv_x + pv_y)\vec{k} \tag{2.59}$$

则刚体上任意一点 $M(x, y, z)$ 的绝对加速度方程为

$$\vec{a}_a = \vec{a}_e + \vec{a}_r = a_x\vec{i} + a_y\vec{j} + a_z\vec{k} \tag{2.60}$$

其在随动坐标系 $O_1X_1Y_1Z_1$ 上的投影分别为

$$\begin{cases} a_x = \dot{v}_x - rv + qv_z - (q^2 + r^2)x + (qp - \dot{r})y + (pr + \dot{q})z \\ a_y = \dot{v}_y - pw + rv_x - (p^2 + r^2)y + (rq - \dot{p})z + (pq + \dot{r})x \\ a_z = \dot{v}_z - qv_x + pv_y - (p^2 + r^2)z + (pr - \dot{q})x + (qr + \dot{p})y \end{cases} \tag{2.61}$$

如果随动坐标系原点与刚体质心重合，则有 $x = 0, y = 0, z = 0$，则刚体质

心处的加速度为

$$\begin{cases} a_x = \dot{v}_x - rv_y + qv_z \\ a_y = \dot{v}_y - pv_z + rv_x \\ a_z = \dot{v}_z - qu_x + pv_y \end{cases} \quad (2.62)$$

2. 偏航角与航向角

偏航角和航向角是智能汽车控制系统中的重要概念。为了术语规范和理解方便，这里分别对这两个概念进行解释。

偏航角是描述被控车辆姿态信息，是质心沿车头方向（记为 x_1 轴）与惯性参考系横轴方向（记为 x_0 轴）的夹角，用符号 ψ 表示。偏航角是车头指向的方向角度（Heading Angle），因此偏航角也称为横摆角（Yaw Angle）。

航向角是描述被控车辆速度方向的角度，是质心沿速度方向与惯性参考系横轴方向的夹角，用符号 ψ_s 表示。如图 2.29 所示，行驶轨迹的切线方向是合成速度 v 所指的方向。

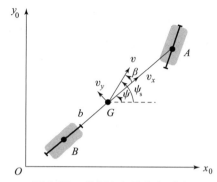

图 2.29 横摆角与航向角对比

偏航角与航向角，二者相减即车辆质心侧偏角。结合前文质心侧偏角 β 的定义，三者有如下关系：

$$\psi_s = \psi + \beta \quad (2.63)$$

将质心处速度 v 沿车辆纵向及侧向分解，得到车辆侧向和纵向速度 v_x, v_y，可得

$$\beta = \arctan(v_y/v_x) \quad (2.64)$$

在车辆低速行驶时，认为车辆不会发生侧向滑动，即 $v_y = 0$，因此 $\beta = 0$，这种情况下偏航角近似等于航向角。

3. 线性二自由度自行车模型

当车辆或轮式移动机器人低速过弯时产生的离心力比较小，因此所需要的侧向力也比较小，此时轮胎力呈现线性特性。此时采用运动学模型描述低速车辆的行为是一个很好的选择。随着行驶速度的提高，由于轮胎的非线性特性，运动学模型将失去保真度，无法较为精确地描述车辆行为状态。线性二自由度自行车模型（图 2.30）在车辆运动控

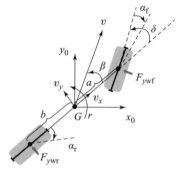

图 2.30 线性二自由度自行车模型

制和运动规划中得到了广泛的应用,并且自行车模型是数学上描述车辆状态最为简单的模型,它也能很好地预测车辆的动态特性。通过使用低自由度运动方程可以对侧向、纵向和偏航运动进行解耦。假设纵向车速恒定不变,只考虑车辆横摆和侧向两个自由度,即经典的自行车模型,则

$$\begin{cases} \sum F_y = M(\dot{v}_y + rv_x) \\ \sum M_z = I_z \dot{r} \end{cases} \quad (2.65)$$

自行车模型广泛应用于车辆稳定性分析和控制,如轨迹跟踪、驾驶员模型、稳定性控制模型。假设车辆质心的纵向速度为常数,即忽略轮胎纵向力;车辆在二维平面内运动,忽略车辆的举升、侧倾和俯仰运动;车辆左右对称,即前轮和后轮各用其车桥上的一个轮胎表示,忽略由轮胎侧偏角引起的轮胎拖距和回正力矩。这种假设在侧向加速度小于 $0.4g$ 时是可以代替整车模型进行车辆稳定性分析的。基于上述假设,车身刚体的 6 个自由度有 4 个受到约束(纵向、垂向、侧倾、俯仰),所以车身只有侧向和横摆两个自由度。横摆自由度描述车身偏航大小,而侧向运动用质心侧偏角 β 或车身侧向速度 v_y 来描述,用来表征质心偏离车辆转向轴线的程度。这种非常理想化的车辆模型能够进行高附着路面上行驶动力学关系的基本研究。

线性二自由度自行车模型的两个运动方程为

$$\begin{cases} mv_x\dot{\beta} + (C_f + C_r)\beta + \left(mv_x + \dfrac{aC_f - bC_r}{v_x}\right)r - C_f\delta = 0 \\ I_z\dot{r} + \left(\dfrac{a^2C_f + b^2C_r}{v_x}\right)r + (aC_f - bC_r)\beta - aC_f\delta = 0 \end{cases} \quad (2.66)$$

式中,v_x、β 和 r 分别表示车辆质心处的纵向速度、质心侧偏角速度和横摆速度;m 是车辆的总质量;I_z 是车辆围绕其 z 轴的转动惯量,这里假设被控对象为前轮驱动、前轮转向的车辆;δ 是车轮的转向角度;而 a 和 b 分别是质心到前后轴的距离。

上述公式可以进一步整理成状态空间的形式,即

$$\begin{bmatrix} \dot{\beta} \\ \dot{r} \end{bmatrix} = \begin{bmatrix} -\dfrac{C_f + C_r}{mv_x} & -v_x - \dfrac{aC_f - bC_r}{mv_x} \\ -\dfrac{aC_f - bC_r}{I_zv_x} & -\dfrac{a^2C_f + b^2C_r}{I_zv_x} \end{bmatrix} \begin{bmatrix} \beta \\ r \end{bmatrix} + \begin{bmatrix} C_f/(mv_x) & aC_f/I_z \end{bmatrix}^T \delta$$

$$(2.67)$$

如果状态变量一直保持不变,则系统称为稳态过程。对于上述线性自行车模型,可以认为质心侧偏角和横摆角速率保持不变,则系统进入稳态,即 $\dot{\beta} = 0$,$\dot{r} = 0$,这时车辆进行等速圆周运动,于是上述方程可以进一步简化为

$$\begin{bmatrix} \dfrac{C_f + C_r}{mv_x} & v_x + \dfrac{aC_f - bC_r}{mv_x} \\ \dfrac{aC_f - bC_r}{I_z v_x} & \dfrac{a^2 C_f + b^2 C_r}{I_z v_x} \end{bmatrix} \begin{bmatrix} \beta \\ r \end{bmatrix} = \begin{bmatrix} C_f/(mv_x) & aC_f/I_z \end{bmatrix}^T \delta \quad (2.68)$$

联立式（2.66）中两个状态方程求解可得稳态横摆角速度传递函数为

$$\frac{r}{\delta} = \frac{1}{a+b} \frac{v_x}{1 + Kv_x^2} \quad (2.69)$$

式中，K 为稳定性因子，$K = \dfrac{m}{(a+b)^2}\left(\dfrac{a}{C_r} - \dfrac{b}{C_f}\right)$。

当 $K > 0$ 时为不足转向；当 $K = 0$ 时为中性转向；当 $K < 0$ 时为过度转向。转向不足的车辆倾向于直向前进，这对于大多数驾驶员来说为安全状态；驾驶狂热者倾向于过度转向，因为它可以使车辆对转向盘体现出更快的反应，从而使驾驶更具挑战性。

由转向稳定性因子可知，减小前轮侧偏刚度、增大后轮侧偏刚度，车辆倾向于不足转向，通常可以通过调节车轮定位参数实现，如调节外倾角或前束角；质心越靠前，车辆越倾向于不足转向，这通常可以通过整车质量的布置实现整车重心前移。

车轮转角恒定为 1°，车速在 100 s 内从 0 加速到 30 m/s，得到车辆轨迹如图 2.31 所示。对于不足转向的车辆，转弯半径会不断增大；对于中性转向则能够以固定转弯半径绕圈；对于过度转向，转弯半径不断减小。

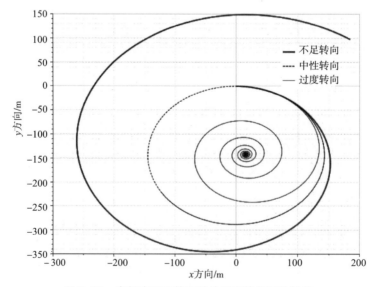

图 2.31 车辆在不同转向特性固定转角下的轨迹

当车辆转向不足时意味着前部侧向偏移角大于后部侧向偏移角,当沿着一个固定半径的圆圈以不断增加的速度行进时,需要转向盘转角不断增大。

阿克曼角只能在非常低速和零侧偏角时才能实现,真实情况下总存在侧偏角。低速时转弯,转向中心在后轴中心线延长线上,如图 2.32 所示;高速时转弯,转向中心比后轴中心线延长线靠前,由后轮侧偏角决定,如图 2.33 所示。

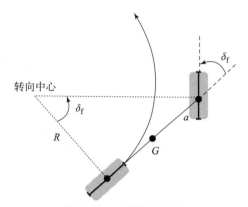

图 2.32 理想阿克曼角

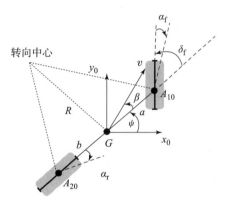

图 2.33 实际转向几何关系

4. 非线性三自由度自行车模型

在线性二自由度自行车模型中,车辆质心的纵向速度为常数,即忽略轮胎纵向力。但实际行车过程中车速是动态变化的,因此三自由度自行车模型(图 2.34)引入了纵向自由度。为了提高线性自行车模型的工况适用范围,将非线性轮胎模型引入自行车模型中,从而能够考虑轮胎饱和特性,即突破线性自行车模型侧向加速度 $0.4g$ 的约束。

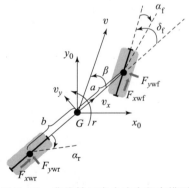

图 2.34 非线性三自由度自行车模型

其微分方程如下:

$$m(\dot{v}_x - v_y r) = \sum F_{xi} \quad (i = f, r) \tag{2.70}$$

$$m(\dot{v}_y + v_x r) = \sum F_{yi} \quad (i = f, r) \tag{2.71}$$

$$I_z \dot{r} = \sum M_z \tag{2.72}$$

这里 F_x、F_y 分别为纵向、侧向轮胎力的分量，可由式（2.73）获得

$$\begin{cases} F_{xi} = F_{xwi}\cos\delta_i - F_{ywi}\sin\delta_i \\ F_{yi} = F_{xwi}\sin\delta_i + F_{ywi}\cos\delta_i \end{cases} \quad (i = f, r) \quad (2.73)$$

对于前轮转向车辆，$\delta_f = \delta$，$\delta_r = 0$，而轮胎力则由非线性轮胎模型计算得到。

车辆的运动轨迹可以通过式（2.74）积分获得

$$\begin{cases} \dot{X} = v_x\cos\psi - v_y\sin\psi \\ \dot{Y} = v_x\sin\psi + v_y\cos\psi \end{cases} \quad (2.74)$$

式中，X 和 Y 分别为车身质心的绝对位置；ψ 为车辆偏航角。

采用急转向 J-turn 工况，来验证非线性三自由度自行车模型在轮胎线性区和非线性区的模型精度，初始车速为 60 km/h。转向盘转角如图 2.35 所示。仿真结果与线性自行车模型和商业软件 Carsim 仿真结果来进行对比分析，具体结果如下。

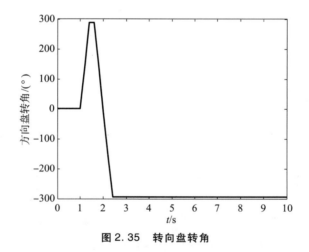

图 2.35 转向盘转角

图 2.36 对比了线性自行车模型、非线性自行车模型与 Carsim 仿真结果。可以发现非线性自行车模型的轨迹与 Carsim 仿真结果非常接近，而线性自行车模型由于采用理想的线性轮胎模型，因此不能反映车辆真实轨迹信息。图 2.37 和图 2.38 对比了车辆状态信息，可知非线性自行车模型可以非常精确地估计车辆状态信息，随着仿真时间的增加，误差也会累积，但是误差是可以接受的。从以上仿真结果可以得出，线性自行车模型在定性分析车辆转向特性上具有相当大的优势，但是在实际应用中，需要考虑纵向车速及其轮胎力饱和特性等问题。

第二章 车辆动力学系统

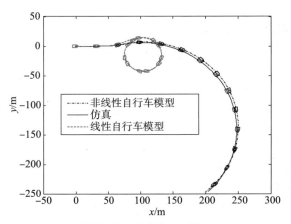

图 2.36 车辆轨迹对比

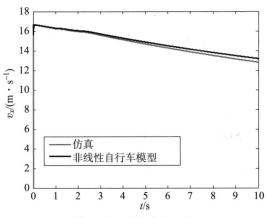

图 2.37 纵向车速对比

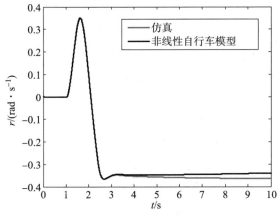

图 2.38 横摆角速度对比

5. 整车十四自由度动力学方程

达朗贝尔原理：作用在质点的主动力、约束力和虚加的惯性力在形式上组成平衡力系，即

$$\begin{cases} \vec{R}_F + \vec{R}_S = 0 \\ \vec{L}_{FO} + \vec{L}_{SO} = 0 \end{cases} \quad (2.75)$$

式中，$\vec{R}_F$ 为质点受到的外力合力；$\vec{R}_S$ 为惯性力合力；$\vec{L}_{FO}$ 为外力对质点原点的合力矩；$\vec{L}_{SO}$ 为惯性力对质点原点的合力矩。

$$\vec{R}_F = \sum F_x \vec{i} + \sum F_y \vec{j} + \sum F_z \vec{k} \quad (2.76)$$

$$\vec{R}_S = -\sum \delta m \cdot \vec{a} = -\left(\sum \delta m \cdot a_x \vec{i} + \sum \delta m \cdot a_y \vec{j} + \sum \delta m \cdot a_z \vec{k}\right) \quad (2.77)$$

$$\vec{L}_{FO} = \sum L \vec{i} + \sum M \vec{j} + \sum N \vec{k} \quad (2.78)$$

式中，$\vec{a}$ 为刚体微元质量的加速度。

惯性力对 x 轴取力矩得

$$L_{Sx} = \sum (\delta m \cdot za_y - \delta m \cdot ya_z) = -\sum \delta m (ya_z - za_y) \quad (2.79)$$

同理可得惯性力对 y 轴和对 z 轴的力矩为

$$L_{Sy} = -\sum \delta m (za_x - xa_z) \quad (2.80)$$

$$L_{Sz} = -\sum \delta m (xa_y - ya_x) \quad (2.81)$$

所以有

$$\vec{L}_{SO} = -\left[\sum \delta m (ya_z - za_y)\vec{i} + \sum \delta m (za_x - xa_z)\vec{j} + \sum \delta m (xa_y - ya_x)\vec{k}\right] \quad (2.82)$$

$$\begin{cases} \sum X = \sum \delta m \cdot a_x \\ \sum Y = \sum \delta m \cdot a_y \\ \sum Z = \sum \delta m \cdot a_z \\ \sum L = \sum \delta m (ya_z - za_y) \\ \sum M = \sum \delta m (za_x - xa_z) \\ \sum N = \sum \delta m (xa_y - ya_x) \end{cases} \quad (2.83)$$

$$\sum \delta m \cdot x = 0, \sum \delta m \cdot y = 0, \sum \delta m \cdot z = 0$$

式中，$\sum X, \sum Y, \sum Z$ 为全部外力在 x, y, z 方向投影的代数和；$\sum L, \sum M,$ $\sum N$ 为全部外力在 x, y, z 方向力矩的代数和；δm 为微元质量；a_x, a_y, a_z 为刚体微元质量加速度在 x, y, z 方向的投影；x, y, z 为微元质量 δm 的位置。

设刚体的全部质量为 m，则 $m = \sum \delta m$。

此外刚体的转动惯量可由式（2.84）计算得到

$$\begin{cases} I_x = \sum \delta m(y^2 + z^2) \text{——刚体对 } ox \text{ 轴的转动惯量} \\ I_y = \sum \delta m(x^2 + z^2) \text{——刚体对 } oy \text{ 轴的转动惯量} \\ I_z = \sum \delta m(x^2 + y^2) \text{——刚体对 } oz \text{ 轴的转动惯量} \\ I_{yz} = \sum \delta m \cdot yz \text{——刚体对 } oy \text{ 与 } oz \text{ 轴的惯性积} \\ I_{xz} = \sum \delta m \cdot xz \text{——刚体对 } ox \text{ 与 } oz \text{ 轴的惯性积} \\ I_{xy} = \sum \delta m \cdot xy \text{——刚体对 } ox \text{ 与 } oy \text{ 轴的惯性积} \end{cases} \quad (2.84)$$

将加速度表达式（2.62）代入式（2.83），可得刚体运动六自由度微分方程式：

$$\begin{cases} \sum X = m(\dot{v}_x - rv_y + qv_z) \\ \sum Y = m(\dot{v}_y - pv_z + rv_x) \\ \sum Z = m(\dot{v}_z - qv_x + pv_y) \\ \sum L = I_x \dot{p} - (I_y - I_z)rq + I_{yz}(r^2 - q^2) - I_{xz}(pq + \dot{r}) + I_{xy}(pr - \dot{q}) \\ \sum M = I_y \dot{q} - (I_z - I_x)rp + I_{xz}(p^2 - r^2) - I_{xy}(qr + \dot{p}) + I_{yz}(qp - \dot{r}) \\ \sum N = I_z \dot{r} - (I_x - I_y)qp + I_{xy}(q^2 - p^2) - I_{yz}(rp + \dot{q}) + I_{xz}(rq - \dot{p}) \end{cases} \quad (2.85)$$

假设车体对称于 XOZ 平面，于是惯性积 $I_{xy} = I_{yz} = 0$，则运动微分方程变为

$$\begin{cases} \sum X = m(\dot{v}_x - rv_y + qv_z) \\ \sum Y = m(\dot{v}_y - pv_z + rv_x) \\ \sum Z = m(\dot{v}_z - qv_x + pv_y) \\ \sum L = I_x \dot{p} - (I_y - I_z)rq - I_{xz}(pq + \dot{r}) \\ \sum M = I_y \dot{q} - (I_z - I_x)rp + I_{xz}(p^2 - r^2) \\ \sum N = I_z \dot{r} - (I_x - I_y)qp + I_{xz}(rq - \dot{p}) \end{cases} \quad (2.86)$$

整车动力学模型如图 2.39 所示，假设车身为刚体，车身与车轮之间由悬架系统连接。考虑车辆纵向、垂向、侧倾、俯仰和横摆运动，则根据上述公式整车动力学方程可表示为

$$m(\dot{v}_x - rv_y + qv_z) = \sum F_{xij} \quad (i = fl, fr, rl, rr) \tag{2.87}$$

$$m(\dot{v}_y - pv_z + rv_x) = \sum F_{yij} \quad (i = fl, fr, rl, rr) \tag{2.88}$$

$$I_z \dot{r} = \sum F_{yf} a - \sum F_{yr} b \tag{2.89}$$

$$r = \dot{\psi} \tag{2.90}$$

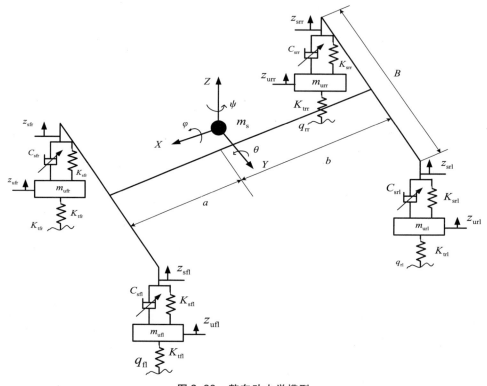

图 2.39　整车动力学模型

式中，m 为车辆整备质量，$m = m_s + m_{ufl} + m_{ufr} + m_{url} + m_{rr}$；$v_x$ 为车辆纵向车速；v_y 为车辆侧向车速；r 为车辆横摆角速度；F_{xij}，F_{yij} 为轮胎力沿车辆坐标纵向、侧向的分力。

可以由纵向、侧向轮胎力 F_{xwij}，F_{ywij} 以及转向角 δ 计算得到

$$\begin{cases} F_{xij} = F_{xwi}\cos\delta_i - F_{ywi}\sin\delta_i \\ F_{yij} = F_{xwi}\sin\delta_i + F_{ywi}\cos\delta_i \end{cases} \quad (i = fl, fr, rl, rr) \tag{2.91}$$

车身垂向、俯仰和侧倾动力学方程可以表达为

$$m_s(\dot{v}_z - qv_x + pv_y) + \sum F_{susij} = 0 \quad (ij = fl, fr, rl, rr) \tag{2.92}$$

$$I_y\ddot{\theta} + a(F_{susfl} + F_{susfr}) - b(F_{susrl} + F_{susrr}) = 0 \tag{2.93}$$

$$I_x\ddot{\varphi} + 0.5B(F_{susfl} + F_{susrl} - F_{susfr} - F_{susrr}) = 0 \tag{2.94}$$

式中,F_{sus}是悬架力,由阻尼力和弹性力组成,可以表达为

$$F_{susij} = F_{sij} + F_{dij} \quad (ij = fl, fr, rl, rr) \tag{2.95}$$

车轮垂向动力学方程为

$$m_{uij}\ddot{z}_{uij} - F_{susij} + k_{tij}(z_{uij} - q_{ij}) = 0 \quad (ij = fl, fr, rl, rr) \tag{2.96}$$

假设车身为刚体,且侧倾角和俯仰角都很小,那么左前、右前、左后、右后4个悬架处的车身垂向位移变化量为

$$\begin{aligned} \Delta z_{sfl} &= z_s - a\sin\theta + B/2\sin\varphi - z_{ufl} \\ \Delta z_{srl} &= z_s + b\sin\theta + B/2\sin\varphi - z_{url} \\ \Delta z_{sfr} &= z_s - a\sin\theta - B/2\sin\varphi - z_{ufr} \\ \Delta z_{srr} &= z_s + b\sin\theta - B/2\sin\varphi - z_{urr} \end{aligned} \tag{2.97}$$

图2.40所示为车轮旋转动力学,考虑车辆加速制动等工况,可以得到车轮旋转动力学方程如下:

$$I_w\dot{\omega}_{wi} = T_{di} - F_{xi}R_w - T_{bi} \quad (i = f, r) \tag{2.98}$$

式中,T_{di}和T_{bi}分别为施加在车轮的驱动、制动力矩;I_w为轮胎回转惯量。

如图2.41所示,车辆质心运动轨迹可以由下式获得

$$\begin{cases} \dot{X} = v_x\cos\psi - v_y\sin\psi \\ \dot{Y} = v_x\sin\psi + v_y\cos\psi \end{cases} \tag{2.99}$$

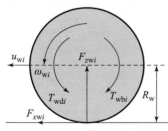

图2.40 车轮旋转动力学

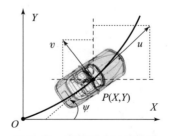

图2.41 车辆质心运动轨迹

2.5 参考文献

[1] OLLEY M. National influence on American passenger car design [J]. Proceedings of the Institution of Automobile Engineers, 1938, 32: 509-572.

[2] OLLEY M. Road manners of the modern car [J]. Proceedings of the Institution of Automobile Engineers, 1946, 51: 147-182.

[3] MILLIKEN W F, WHITCOMB D W. General introduction to a program of dynamic research [J]. Proceedings of the Institution of Mechanical Engineers: Automobile Division, 1956, 10 (1): 287-309.

[4] RIECKERT P, SCHUNK T E. Zur fahrmechanik des gummibereiften kraftfahrzeugs [J]. Ingenieur Archiv, 1940, 11 (3): 210-224.

[5] SEGEL L. Research in the fundamentals of automobile control and stability [C]// SAE National Summer Meeting, 1956, 65: 527-540.

[6] SEGEL L. Theoretical prediction and experimental substantiation of the response of the automobile to steering control [J]. Proceedings of the Institution of Mechanical Engineers: Automobile Division, 1956-1957 (7): 310-330.

[7] WHITCOMB D W, MILLIKEN W F. Design implications of a general theory of automobile stability and control [J]. Proceedings of the Institution of Mechanical Engineers: Automobile Division, 1956, 10 (1): 367-425.

[8] ELLIS J. Vehicle dynamics [M]. London: London Business Books Limited, 1969.

[9] BUNDORF R T, LEFFERT R L. The cornering compliance concept for description of vehicle directional control properties [J]. SAE Technical Paper, 1976: 760-713.

[10] HARADA H. A theory of steering stability considering compliance with suspension and steering systems [J]. Toyota Technical Review, 1977, 27 (3): 134-143.

[11] THRUN S, MONTEMERLO M, DAHLKAMP H, et al. Stanley: the robot that won the DARPA grand challenge [J]. Journal of Field Robotics, 2006, 23 (9): 661-692.

[12] PACEJKA H B, BAKKER E. The magic formula tire model [C]//Proceedings

of the 1st Int. Colloquium on Tyre Models for Vehicle Dynamics Analysis, 1991: 1 – 18.

[13] PACEJKA H B, BESSELINK I J M. Magic formula tire model with transient properties [C]//Proceeding of the 2nd Int. Colloquium on Tire Models for Vehicle Dynamic Analysis, 1997: 234 – 249.

[14] PACEJKA H B. Tire and vehicle dynamics [M]. Oxford: Butterworth – Heinemann, 2006.

[15] VAN DER JAGT P. Prediction of steering efforts during stationary or slow rolling parking maneuvers [C]//ADAMS Users Conference, 1999: 1 – 20.

[16] REN H, SHIM T, RYU J, et al. Development of effective bicycle model for wide ranges of vehicle operations [J]. SAE Technical Paper, 2014.

第三章
智能车辆全局路径规划方法

全局路径规划是区分于局部路径规划而定义的，两者是根据对环境信息的掌握程度不同而区别的。全局路径规划是在环境已知的情况下规划出一条智能汽车从起始点至目标点的路径，它是一种事前规划。当环境发生变化，如出现未知障碍物时，会导致全局路径规划失效，因此全局路径规划对实时性要求不高。

全局路径规划出的路径不需要考虑车辆周围的环境约束以及车辆系统的非完整性约束。尤其是在大型越野环境下,若仅依靠局部路径规划的环境探索能力,很容易陷入局部最优,甚至引导车辆驶入环境死角,最终导致任务失败。因此需要全局路径规划系统可以为智能汽车系统提供更多的先验地图信息,如推荐限速、当前任务状态等,使智能汽车更高效地完成任务。图3.1所示为全局路径规划框架。

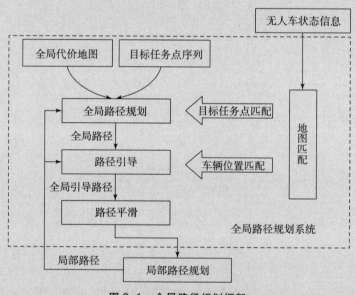

图 3.1 全局路径规划框架

全局路径利用先验地图、车辆状态信息以及其他相关模块信息规划一条全局引导路径。由于车载传感器识别能力有限,局部路径很容易根据已知车身周围信息规划出局部最优解,从而陷入规划困境,这时需要全局引导路径为智能汽车提供方向,防止车辆陷入局部最优解,也可以将全局路径理解为局部路径提供全局引导信息。

3.1 拓扑地图的建立

本节主要讲述环境模型的建立，使用自行采集的 GNSS 路径位置信息或者是第三方的已知地图信息。本书为了方便读者获取相关工具资源，采用开放街道图（OpenStreetMap，OSM）地图协作工具提供的已知公开地图信息，同时结合 OpenCV 显示界面建立拓扑地图。与传统地图不同的是，拓扑地图每个节点都存储了相应的 GNSS 导航信息，为车辆定位与导航提供了基础。

智能汽车路径规划环境包括度量地图模型和拓扑地图模型的建立。图 3.2 的拓扑地图表征了道路上关键节点间的连接关系。节点与节点之间的连线近似地表达了相应道路，这些道路连线为智能汽车行驶提供了近似行驶路径。在存储拓扑地图时，只需要记录这张地图所包含的节点位置信息，以及每个节点的子节点和父节点。生成地图时，按照对每个节点信息的遍历就可以得到

图 3.2 拓扑地图实例

如图 3.2 所示的地图。

3.1.1 OpenStreetMap 与 XML 文档

OpenStreetMap 是一个网上地图协作计划，目标是创造一个内容自由且能让所有人编辑的世界地图，是一种开源地图信息资源。从表面上来看，OpenStreetMap 与百度地图无大的差异，但事实上 OpenStreetMap 是一幅数字地图，由用户根据手提 GNSS 装置、航空摄影照片绘制。目前包括苹果和微软在内的许多企业也都在使用 OpenStreetMap。2010 年海地大地震中，OpenStreetMap 极大地提高了地面搜救小队的工作效率。这个地图以 GeoEye 等公司提供的最新卫星照片为基础，又加入了很多最新的情况——工作人员和志愿者可以随时用随身的电脑或手机在地图上即时标注救护站、帐篷和倒塌的大桥。它绘制出的海地灾区地图，几乎每一秒都是最新的，因此它包含的信息覆盖范围很广。

OpenStreetMap 存储的地图格式是可扩展标记语言（Extensible Markup Language，XML）。XML 语言被设计用来结构化、存储以及传输信息，它具有开放性、简单性、数据结构和内容分离及具有可扩展的功能，因此 XML 文件非常方便地运行于数据读取与存储。本书中路网拓扑地图各道路信息的存储采用了 XML 文档，并利用 DOM 解析器，对 XML 文件进行解析与存储。

图 3.3 所示为一个 XML 文档的实例。在这个文档中，只记录了北京肖家河桥的道路信息，解析起来比较方便。从图 3.3 第 6 行开始以 node 开头，记录的是节点的信息。在每个节点信息标签中，需要关注的是 lat、lon 和 id。lat 记录了这个节点的纬度信息，lon 记录了这个节点的经度信息，这两个信息组合表示了这个点在地图中的位置。对于每个节点，都有一个独一无二的 id，相当于这个节点的身份证。第 21 行以 way 开头，表示这个信息记录的是一条道路，在行末尾，没有"/>"的关闭标签，所以下面的 nd 和 tag 仍然表示的是这一条道路的信息，直到到达关闭标签 </way>。

从图 3.3 的信息中，能读到这条道路的 id = 26953570，这条道路包含 5 个节点。第一个 tag 标签 k = "bridge" 表示这是个桥；第二个 tag 标签 k = "highway" 表示这是机动车道；第三个 tag 标签 k = "layer" 并不需要关注，表示这个道路在地图中所属的图层；第四个 tag 标签 v = "肖家河桥" 代表了这条道路，但在程序中不需要这个信息，这个信息只是方便大家读这个文档时更清晰。第五行 k = "oneway" 代表这条路是单行道，节点间连线只能单方向进行，不能折返。

```xml
<?xml version="1.0" encoding="UTF-8"?>
<osm license="http://opendatacommons.org/licenses/odbl/1-0/"
    attribution="http://www.openstreetmap.org/copyright"
    copyright="OpenStreetMap and contributors" generator="OpenStreetMap server"
    version="0.6">
    <node version="3" timestamp="2012-08-02T17:00:35Z" visible="true"
        uid="376715" user="bj-transit" lon="116.2805515" lat="40.0148997"
        changeset="12588256" id="1420909691"/>
    <node version="7" timestamp="2012-08-02T17:00:38Z" visible="true"
        uid="376715" user="bj-transit" lon="116.2808165" lat="40.0143434"
        changeset="12588256" id="268388724"/>
    <node version="5" timestamp="2011-09-03T13:30:06Z" visible="true"
        uid="376715" user="bj-transit" lon="116.2809954" lat="40.0137726"
        changeset="9200677" id="268388725"/>
    <node version="3" timestamp="2012-08-02T17:00:34Z" visible="true"
        uid="376715" user="bj-transit" lon="116.2811209" lat="40.0131486"
        changeset="12588256" id="1420909665"/>
    <node version="9" timestamp="2011-09-03T13:30:06Z" visible="true"
        uid="376715" user="bj-transit" lon="116.2813396" lat="40.0115792"
        changeset="9200677" id="268388726"/>
    <way version="4" timestamp="2012-08-02T17:00:32Z" visible="true"
        uid="376715" user="bj-transit" changeset="12588256" id="26953570">
        <nd ref="1420909691"/>
        <nd ref="268388724"/>
        <nd ref="268388725"/>
        <nd ref="1420909665"/>
        <nd ref="268388726"/>
        <tag v="yes" k="bridge"/>
        <tag v="secondary" k="highway"/>
        <tag v="1" k="layer"/>
        <tag v="肖家河桥" k="name"/>
        <tag v="yes" k="oneway"/>
    </way>
</osm>
```

图 3.3　XML 文档实例

　　以上说明了 XML 文档存储信息的格式。图 3.3 中有很多信息没有用，只是为了生成地图时渲染效果，把需要的信息分层次提取出来，形成了图 3.4 所示 XML 的文档的树结构。根元素 osm 表示这个文档来自 OpenStreetMap 这个网站，它的子元素有两类，分别是元素 node 和元素 way。对于每个元素 node，它又有 3 个属性：属性 lon 和属性 lat 结合在一起表示了这个节点的经纬度信息，属性 id 构成了这个节点独一无二的身份。对于元素 way，需要它的属性 id。除此之外，每个 way 节点又含有一系列子节点 tag 和 nd。tag 信息从不同方面反映了这条路的性质，如是否是桥（bridge）、是否是单行道（oneway）、是否是机动车道（highway）等。nd 信息表明了这条道路所包含的节点，按照这个信息中的 id 号码对应到上面的节点信息 id 中，就能得到这个节点的具体位置信息。由于不同的道路可能存储相同的节点，所以这种存储方式避免了多次存储同一个节点的情况。

图 3.4　XML 文档的树结构

3.1.2　基于 XML 文档建立拓扑地图

3.1.1 节介绍了 XML 文档的基本格式，这一节解释如何利用 XML 文档生成拓扑地图，为智能汽车提供路径规划的环境模型。

首先定义两个布尔量 way 和 noway 以及 char 型数组 cway_version，通过 way 元素下 tag 标签的记录判断这个 way 元素是否是所需要的机动车道信息。如果在标签中找到了 highway 信息则 way 变量置 1，表示初步判断是公路。如果在标签中找到了 footway（人行路）或者 steps（过街天桥）或者 platform（公交车站）则 noway 标签置 1，表示这些量是公路的附属设施，但不是机动车行驶的道路。如果在 tag 标签中读到了 oneway，则数组 cway_version 中存储 oneway，否则存储 not_oneway，记录这条道路的方向。

完成对一条道路下 tag 标签的读取后，进行判断，如果 way = = 1&&noway = = 0，表示这条道路的确是公路。接下来定义类 ref，如图 3.5 所示。nroad_id 表示这条道路的 id 号，nref 表示包含的节点的 id 号，version 表示这条道路的单双向信息。都读取完后，把这些信息加入一个链表中。

```
class ref
{
public:
    int nroad_id;
    char* nref;
    char version[20];
};
```

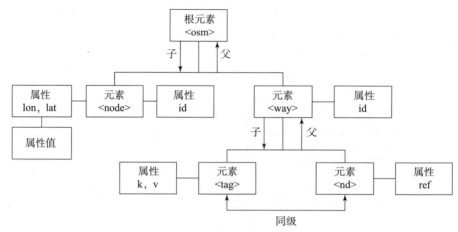

图 3.5　定义类 ref

接下来读取相应的节点信息。由于节点的标签无法表示这个点是否属于道路点，所以借助所存储的 ref 生成的链表判断。如果当前节点能够在链表中找到，表示它属于公路点，否则不属于公路点。记录节点信息的类如图 3.6 所示。float x，y 记录的是当前节点的经纬度坐标转换成为 UTM 坐标系下的位置信息，单位为 m。road_count 表示这个点从属于几条道路。布尔量 intersection 表示这个点是否是路口。successorNum 和 parentNum 记录了这个节点的子节点和父节点数目，successorList 和 parentList 表示这个节点的子父节点分别是谁。节点间的连接关系是通过对 ref 的链表建立的。如果相邻的两个点具有相同的道路 id，则把它们连接起来形成一条路。如果不是双向路，则允许反向建立节点关系。

```
class MapSearchNode
{
public:
    ~MapSearchNode(void);

public:
    float x,y,theta,s;//x,y是当前点的坐标,theta是当前点下一段路的方向,s是当前点到起点的距离
    float dis,u;
    unsigned int road_count;//该节点属于几条道路,roadcount>1的原因有可能是一条道路的不同段,
    int road_id;
    char* node_id;
    bool intersection;//是否是路口点,以后该属性还需要丰富,比如是否是匝道
    bool bConnection;
    int successorNum;
    int parentNum;
    CPtrList successorList;//子节点链表,即MapSearchNode性质的点中从此链表找出此子节点
    CPtrList parentList;//父节点链表,从此链表中找到父节点
```

图 3.6　记录节点信息的类

图 3.7 所示为利用 OpenStreetMap 建立的道路拓扑地图。图 3.7（a）是从谷歌地图中截图的北京理工大学校园周边的道路信息；图 3.7（b）是从 OpenStreetMap 中截图后编写 XML 解析文档后得到的电子地图，图中每个节点都包含了可以引导车辆行驶的经纬度坐标。在图 3.7（a）、图 3.7（b）中都可以找到北京理工大学的标志性建筑物——中心教学楼，如图中圆圈圈出的部分。图 3.7（c）是进一步在程序中去除了非机动车道、建筑物等，得到的拓扑地图。对比图 3.7（a）、图 3.7（c）中左上角圆圈部分，可以看出 XML 文档的信息能够精确到复杂路口时的不同车道线、主辅路。但是网站提供的 XML 文档也存在一定的缺陷，如图 3.7（a）～图 3.7（c）右侧圆圈所示部分，

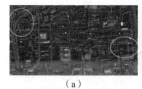 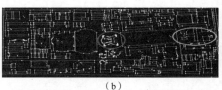 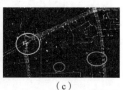

　　（a）　　　　　　　　　　　　（b）　　　　　　　　　　　　（c）

图 3.7　利用 OpenStreetMap 建立的道路拓扑地图

并没有提供这条道路的经纬度信息，导致这一部分缺失。

3.1.3 XML 文档未知的拓扑地图的采集

建立拓扑地图使用 OpenStreetMap 直接提供的 XML 文档。这种方式的优点是交通要道的道路信息完善、主要路口建立得较好，缺点是对于一些社区内可通车的小路缺乏相关信息。为此，需要建立一个程序来采集 GNSS 点，通过 OpenCV 显示界面显示、人工取点，建立与网站提供的格式一致的 XML 文档，便于两种文档的兼容性，互相弥补建立拓扑地图。

首先需要采集 GNSS 点的信息，将其存储为 TXT 文档；然后调用程序显示所有的点。由于 GNSS 的采样频率太高，需要手动选择需要的点，最终生成 XML 文档，如图 3.8 所示。

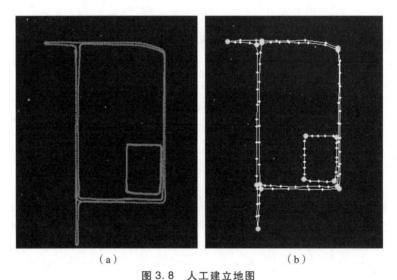

图 3.8 人工建立地图

（a）对 GNSS 采样的点进行坐标变换得到的点；（b）手动选择后建立的 XML 地图

3.2 行驶环境占据栅格地图构建与更新

环境的离散化描述通常通过建立基于栅格地图的占据栅格地图（Occupancy Grid Map）模型来实现。占据栅格地图是一种经典的后验环境地图，它利用有噪声的环境感知数据和含时间序列的一段不确定的测量数据生成一个实时更新的一致性地图。占据栅格地图模型构建的基本思想是利用一些二值化数据来表示各个栅格的占据状态，即占据或空闲。在对环境进行感知时，随着时间的推移，激光雷达会以 10 帧/s 的速度持续对环境中大部分栅格多次测量。由于传感器存在误检或漏检等不可避免的测量误差，利用对环境中划分的各栅格多次测量的后验数据，结合贝叶斯概率更新方法将各栅格的占据概率进行更新，通过二值贝叶斯滤波器来对每一个栅格的占据概率进行计算，从而获得对环境的准确实时的后验估计。

占据栅格地图的形成主要分为两步：首先分别将各帧实时三维环境点云数据投影至二维栅格地图形成单帧实时栅格地图；然后将当前时刻 t 单帧实时栅格地图 M_t 与 $(t-1)$ 帧单帧栅格地图 $M_1 M_2 \cdots M_{t-1}$ 通过贝叶斯概率更新形成的占据栅格地图 G^{t-1} 进行栅格概率更新，形成 t 时刻的占据栅格地图 G^t。3.2.1 节和 3.2.2 节会分别对当前时刻 t 单帧实时栅格地图 M_t 和占据栅格地图 G^t 两种地图模型进行详细说明。

占据栅格地图使用的前提：一是各栅格占据状态是独立的；二是环境是静态的。因为动态障碍物在占据地图使用的贝叶斯概率更新方法中难以与误检漏检情况进行区分，因此，在使用占据栅格地图对环境进行描述之前，会先从栅格地图中将动态障碍物去除，以免对占据栅格地图的静态障碍物的概率更新造成影响。

3.2.1 二维栅格地图模型定义

t 时刻获得激光雷达在环境中测量获取的原始点云，是丰富海量但无序的。激光雷达获得的原始数据已经标定至车体坐标系（激光雷达坐标系和车体坐标系方向相同，只需要标定偏移量）。栅格地图后续需要与二值化图像转化，且栅格地图坐标均为正，这样便于对其的使用，因此栅格地图坐标以图像像素坐标系为参考建立栅格地图 M_t，以车辆行驶方向的左上角为坐标原点，如图 3.9 所示，建立 $L_m \times R_m$（行×列）的栅格地图。

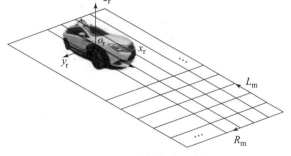

图 3.9 二维栅格地图定义

先对原始点云进行预处理。去掉噪声点及不关注的点云部分，将剩余感兴趣的点云根据 x, y 坐标投影至栅格地图中。t 时刻车体坐标系某点 $P_v(x_v, y_v, z_v)$ 转换至栅格坐标系的坐标原点和方向时，点的坐标为 $P_m(x_m, y_m, z_v)$，投影至栅格地图 M_t 的 l 行 r 列：

$$\begin{cases} l = [x_m/x_1], & l \in [0, L_m] \\ r = [y_m/y_1], & r \in [0, R_m] \end{cases} \tag{3.1}$$

由于一帧点云量多达 13 万，遍历一次就有一定的计算量，因此在将各点投影至地图各栅格时，仅遍历一次并同时将各栅格属性更新完成，就能高效地完成建图过程。M_t 栅格地图的 l 行 r 列的栅格单元 C_i 的编号来源为 $i = lR_m + r$。当发现点云中某点属于栅格单元 C_i 时，除了将该点在原始点云中的序列号记录和计数外，还需对其高程信息与 C_i 的高程统计信息比较，以及时更新 C_i 中的最高/低点和两者的高度差。因此，建立二维栅格地图时，各 C_i 包含的栅格属性信息如下：

$$C_i = \{N_i, \{P_c^i\}, \{H_i\}\} \tag{3.2}$$

式中，N_i 为该栅格单元包含的点云数量；$\{H_i\}$ 为该栅格单元包含的点云高程信息统计，包含点云最低/高值、均值；$\{P_c^i\}$ 为投影在 C_i 的点云序列号的数组，此数组以极小的空间存储点云，又可用于各 C_i 三维原始点云的快速还原。

上述描述中，利用 t 时刻对原始点云的遍历建立环境二维栅格地图 M_t 和前 $(t-1)$ 时刻建立的占据栅格地图 G^{t-1}，共同建立传感器测量误差和传感器检测边缘的不确定性的占据栅格地图 G^t。

3.2.2 占据栅格地图模型定义和概率更新

占据栅格地图描述客观环境中划分的各栅格的静态环境特征状态——占据或者非占据。真实的状态信息在实际应用中无法直接获得，而是需要结合多种信息近似各栅格单元的状态概率，各栅格单元之间是离散的，独立进行状态的概率更新。栅格地图存储的是传感器实时测量结果划分成栅格后存储的传感器测量信息，而占据栅格地图的栅格只存储各独立栅格单元的真实占据状态 O_i，它描述的是该栅格状态客观事实的真实值。由于只描述静态部分，因此各栅格真实占据状态是一个与时间无关的值。被占据状态 O_i 只有两种状态：若 O_i 为 1 则该栅格单元存在障碍，否则记为 0。占据概率 $P(O_i)$ 的取值在 $[0, 1]$ 范围内，概率值越高该栅格单元存在障碍物的可能性越大，反之该单元为无障碍物的可能性越大。占据栅格地图的各栅格单元的概率由式（3.3）表达：

$$P(O_i) \begin{cases} > I_{non}, & 占据 \\ = I_{non}, & 未知 \\ < I_{non}, & 空闲 \end{cases} \tag{3.3}$$

式中，I_{non} 是设定的栅格单元初始未知状态下的概率值，在占据为 1、非占据为

0 时，一般设该值为 0.5。当 $P(O_i) > I_{non}$ 时，认为该栅格单元被障碍物占据；当 $P(O_i) < I_{non}$ 时，认为该栅格单元不存在障碍物，为空闲状态；当 $P(O_i) = I_{non}$ 时，表示未知。一般栅格单元区域尚未被探索时，该栅格单元的状态为占据的概率值会被初始化为 I_{non}。

占据栅格地图各个栅格单元的实际占据状态 O_i 是环境中固有的客观事实，但是在实际工程中，需要通过传感器的测量来近似该栅格单元的实际占据状态，测量获得的实际占据状态只能得到状态的概率值。各栅格单元在 t 时刻的状态概率 $P(O_i)$ 与该栅格单元 C_i 在 $1 \sim (t-1)$ 时刻的测量数据 $z_{i;t-1}^t$、传感器的测量模型 $p(z_i^i|O_i)$ 和 t 时刻的测量数据 z_t^i 相关。其中，传感器测量模型 $p(z_t^i|O_i)$ 为客观世界中传感器的测量过程。该模型与传感器的特性相关，它描述的是传感器的测量噪声概率模型。在 t 时刻的测量数据 z_t^i 即在栅格地图 G^t 中获得的对栅格单元 C_i 占据状态的描述。因为各栅格单元的实际占据状态模型和更新模型是等价和独立的，因此本节后文对各栅格不做区分，即用 O 表示某栅格单元实际占据状态，用 z_t 表示某栅格单元占据状态的测量值。

状态 O 的置信度定义 $B_{bel}(O)$ 为状态 O 发生的概率除以不发生的概率，即

$$B_{bel}(O) = \frac{p(O)}{p(\bar{O})} = \frac{p(O)}{1-p(O)} \quad (3.4)$$

利用测量结果 z_t 推断状态 O 的模型，即

$$p(O|z_{1:t}) = \frac{p(z_t|O,z_{1:t-1})p(O|z_{1:t-1})}{p(z_t|z_{1:t-1})} = \frac{p(z_t|O)p(O|z_{1:t-1})}{p(z_t|z_{1:t-1})} \quad (3.5)$$

应用贝叶斯准则测量模型 $p(z_t|O)$，则

$$p(z_t|O) = \frac{p(O|z_t)p(z_t)}{p(O)} \quad (3.6)$$

同时得到

$$p(O|z_{1:t}) = \frac{p(O|z_t)p(z_t)p(O|z_{1:t-1})}{p(O)p(z_t|z_{1:t-1})} \quad (3.7)$$

同理，

$$p(\bar{O}|z_{1:t}) = \frac{p(\bar{O}|z_t)p(z_t)p(\bar{O}|z_{1:t-1})}{p(\bar{O})p(z_t|z_{1:t-1})} \quad (3.8)$$

用式（3.7）除以式（3.8），得

$$\frac{p(O|z_{1:t})}{p(\bar{O}|z_{1:t})} = \frac{p(O|z_t)}{p(\bar{O}|z_t)} \frac{p(O|z_{1:t-1})}{p(\bar{O}|z_{1:t-1})} \frac{p(\bar{O})}{p(O)}$$

$$= \frac{p(O|z_t)}{1-p(O|z_t)} \frac{p(O|z_{1:t-1})}{1-p(O|z_{1:t-1})} \frac{1-p(O)}{p(O)} \quad (3.9)$$

对状态 O 置信度 $B_{\text{bel}}(O)$ 取对数获得 $l_t(O)$，即

$$l_t(O) = \log\frac{p(O|z_t)}{1-p(O|z_t)} + \log\frac{p(O|z_{1:t-1})}{1-p(O|z_{1:t-1})} + \log\frac{1-p(O)}{p(O)}$$

$$= \log\frac{p(O|z_t)}{1-p(O|z_t)} - \log\frac{p(O)}{1-p(O)} + l_{t-1}(O) \quad (3.10)$$

式中，$p(O)$ 是状态 O 的先验概率，定义先验初始置信度 $p(O) = 0.5$，从而获得栅格单元状态 O 置信度对数的更新模型：

$$l_t(O) = \log\frac{p(O|z_t)}{1-p(O|z_t)} + l_{t-1}(O) \quad (3.11)$$

则对应栅格单元状态 O 的置信度 $B_{\text{bel}}(O)$ 为

$$B_{\text{bel}}(O) = 1 - \frac{1}{1+\exp(l_t)} \quad (3.12)$$

通常使用式（3.11）对各栅格单元进行状态概率的更新，通过对数计算，将复杂的更新公式简化成易于编程的形式。

3.2.3 动态环境地图建立与更新模型

智能车辆在驾驶环境中，通过传感器获得的环境信息建立动态环境下的地图，将环境信息传递给规划与控制模块。在构建实时更新的环境地图时，既要保证动静态障碍物的位置与形状尽可能准确，又要考虑动态障碍物运动对智能车辆未来可通行区域的显著影响，因此在构建环境地图时考虑动态障碍物的跟踪与危险区域预测是至关重要的。二维栅格地图对环境中任意形状的障碍物表达能力都很强，且对环境进行离散化的表示，可以独立对各栅格的占据情况进行更新，更新和表达能力强。动态环境地图采用基于二维栅格地图的形式，分别从静态和动态对地图进行建立与更新。动态环境地图的建立与更新模型如图 3.10 所示。

上一节中已说明了对车辆行驶环境静态障碍物建立占据栅格地图的构建与更新模型，根据该模型对环境中的静态障碍物部分进行建图。在建立静态栅格地图之前，先将属于动态目标的点云去除，只留下除地面外的环境静态点云。智能汽车驾驶过程中，车辆本身是运动的，因此 t 时刻建立的静态栅格地图 M_t 和 $(t+1)$ 时刻建立的静态栅格地图 M_{t+1} 坐标绝对位置发生变化，因此不能直接按模型进行贝叶斯概率更新的步骤。使用 GNSS 信息作为智能汽车的位置信息，将点云的坐标值都根据智能汽车 GNSS 转化到 UTM 坐标系下，栅格地图仍然以左上角为坐标原点，但各帧获得的栅格地图保留转换到 UTM 坐标系的旋转和平移矩阵，用于栅格地图多帧之间相对位置的关系和栅格的状态更新，此

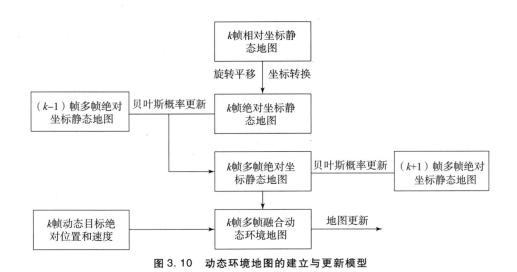

图 3.10　动态环境地图的建立与更新模型

时建立的栅格地图 M_t 和 M_{t+1} 栅格单元在绝对坐标系下可以对应，再进行贝叶斯概率更新完成多帧融合地图的建立，以获得环境中静态障碍物的占据栅格地图。

　　动态目标在当前帧在地图中的位置可以直接通过该帧栅格地图的旋转和平移矩阵，转换到绝对坐标系中，获得动态目标的绝对位置，再将动态目标更新在动态环境地图中。动态环境地图静态部分的更新利用的是贝叶斯概率更新。根据最新的静态障碍物测量结果，将各栅格单元的占据情况进行概率更新，并根据概率判断是否更新该栅格单元的占据状态。动态环境地图动态部分的更新，是利用结合了卡尔曼滤波和运动模型输出的最优运动状态，将动态目标在栅格地图中的占据情况更新在动态环境地图中。动态目标在动态环境地图中所占据的栅格单元里，不仅更新该栅格单元属于的目标标识属性，还会更新该目标的运动状态属性，如运动速度和运动趋势。当传感器输入新的一帧数据时，将会去除动态目标占据情况的动态环境地图作为地图更新的输入，根据传感器输入数据的数据处理结果，分别对动态部分与静态部分进行更新。

　　动态环境地图的建立与更新模型，将环境中的静态障碍物信息与动态环境信息进行了统一的表达，方便对静态环境与环境中存在的动态目标之间的关系进行深入的分析与研究。该地图既根据多帧测量信息提供了最优接近真实栅格单元占据情况的环境静态障碍物部分，也表征了基于多帧信息融合的动态目标的状态信息，对驾驶环境这一动态的环境进行完整准确地表述，对提高动态目标检测与跟踪的准确性和稳定性等提供了可能性。

3.3 路网创建和地图搜索方法

为了使智能汽车在未知越野环境下迅速开始执行任务,需要确定地图数据来源、路网快速创建方法和文件存储结构,最终在拓扑地图上完成基于多任务点的图搜索得到全局路径。

拓扑地图最终以文件的形式进行存储,拓扑文件结构应该能够还原根据图论原理确定的导航地图数学模型,清晰地表达路段内和路段间的连接关系。拓扑地图文件还应具有简单、可扩展的特点,以便程序的读取并根据需要进行路段和路点的属性添加操作。通过拓扑地图文件中路段内和路段间的连接信息,可以得到用于全局路径搜索的拓扑图,完成全局规划得到全局路径;通过地图文件中的属性信息,可以指导局部平滑轨迹的生成,使车辆平稳地跟踪行驶。

3.3.1 地理数据采集

本节介绍地理位置信息采集方式。可以通过两种方式收集越野环境中具有地理位置信息的路点:一种是通过谷歌地球卫星和航空图片获取;另一种是通过实车采集。使用谷歌地图采集路点节约人力、财力,但需要对其精度进行评价;实车采集的数据准确,但路口处的路点非常杂乱,需要人工进行修正。如果不能提前进入大范围的越野环境,非常适合使用卫星和航空图片完成地理位置信息采集工作。

1. 谷歌地球精度评价方法

下面将对谷歌地球的精度进行评估。谷歌地球专业版(Google Earth Pro)最初是 Google Earth 的商业版,在 2015 年成为免费软件。这里提到的"谷歌地球"指 Google Earth Pro。谷歌地球使用 WGS84(也称作 WGS 1984、EPSG:4326)大地测量系统,它把地球描述为一个椭球体,比球体模型更为精确。谷歌地球制作虚拟地球仪的图片来自卫星照片和航空照片。大量照片通过位置匹配形成了一个可视的虚拟地球。匹配时,矩形照片必须在各个方向进行弯曲才能贴合在地球表面。在 2009 年谷歌地球的论坛上,工作人员声称不能保证谷歌地球中坐标的准确性,谷歌地球仅供娱乐使用,不得用于任何需要准确性的导航或其他用途①。然而研究表明，谷歌地球的确在为提高准确度不懈地努力。一些研究使用均方根误差（Root Mean Square Error，RMSE）来表示谷歌地球的精度，如式（3.13）所示：

$$\text{RMSE} = \sqrt{\frac{1}{m}\sum_{i=1}^{m}(y_i - \hat{y}_i)^2} \qquad (3.13)$$

Benker 使用不同时间的谷歌地球数据计算了美国大弯国家公园（Big Bend National Park）的地形误差，2008 年水平 RMSE 为 39.7 m，2011 年水平 RMSE 为 2.64 m、高度 RMSE 为 1.73 m。Mohammed 使用不同时间的谷歌地球数据对苏丹喀土穆地区的误差进行评估，2012 年 9 月的 RMSE 为 3.63 m，同年 10 月的 RMSE 为 1.80 m。可以看到，谷歌地球地理位置信息准确度在同类软件中较好，且随着时间推移精度越来越高。

为了方便快捷评估谷歌地球精度，可以使用带有实时差分定位（Real-Time Kinematic，RTK）技术的车载卫星导航系统采集试验区域的已知点。已知点之间的距离称为"已知距离"，将"已知距离"和谷歌地球卫星图上的"测量距离"进行比较可以得到谷歌地球地理数据的准确度。

地面两点间的距离即大圆距离（Great Circle Distance），指的是从球面的一点 A 出发到达球面上另一点 B 所经过的最短路径。因为地球为椭球体，因此大圆距离将带来约 0.5% 的误差。半正矢公式是一种根据两点的经度和纬度来确定大圆上两点之间距离的计算方法，使用半正矢公式（3.14）计算"已知距离"。

$$\text{Dis} = 2r\arcsin\left(\sqrt{\sin^2\left(\frac{\varphi_2 - \varphi_1}{2}\right) + \cos\varphi_1\cos\varphi_2\sin^2\left(\frac{\lambda_2 - \lambda_1}{2}\right)}\right) \qquad (3.14)$$

式中，φ_1，φ_2 为路点 1 和路点 2 的纬度；λ_1，λ_2 为路点 1 和路点 2 的经度。

2. 地理数据采集方法

在谷歌地球中单击添加路径按钮，在感兴趣区域中把道路路径绘制出来即完成地理数据标记工作。谷歌地球采用 Keyhole 标记语言（Keyhole Markup Language，KML）文件格式来存储地理数据，KML 文件包含嵌套的元素和属性结构，并符合可扩展标记语言标准。KML 用于显示地理数据的信息，包含点、线、面、多边形、多面体以及模型等。

---

① 2009 年谷歌员工在论坛中关于谷歌地球精度的说明：https://support.google.com/earth/forum/AAAA_9IoRZw64HUcbWqk/?hl=en&gpf=d/categorytopic/earth/imagerydatalayers/64HUcbWqk。

```
1  <?xml version="1.0" encoding="UTF-8"?>
2  <kml xmlns="http://www.opengis.net/kml/2.2">
3      <Placemark>
4          <name>Simple placemark</name>
5          <description> BIT </description>
6          <LineString>
7              <coordinates>
8                  116.3146,39.9570,0 116.3147,39.9561,0
9              </coordinates>
10         </LineString>
11     </Placemark>
12 </kml>
```

KML 文件包含以下信息。

①XML 标头。这是每个 KML 文件的第一行。该行前面不能有空格或其他字符，KML 文件符合 XML 标准。

②KML 命名空间声明。这是每个 KML 文件的第二行，包含以下元素的地标对象：用作地标标签的名称；指定地标在地球表面的路径位置，包含经度、纬度和海拔（可选）信息。

在 KML 文件中，< Placemark > 可包含一个或多个几何元素，如 LineString、Point 多边形或模型，但只有具有点的 < Placemark > 可以有图标和标签。路径在 KML 文件使用 LineString 表示，点使用 Point 表示。

pyKML 是 Python 的第三方库，用来创建、解析和处理 KML 文件。可以使用 pyKML 来读取 KML 文件中包含地理位置信息的点，即所标记的路径。可以使用以下示例代码找到所有 < Placemark > 中的 LineString。

```
1  # !/usr/bin/env python
2  # find all <Palcemark> in KML file
3  with open(KML_FILE, 'r') as f:
4  kml = parser.parse(f).getroot()
5  for each in kml.Placemark:
6      print(each.LineString.coordinates)
```

图 3.11（a）为在谷歌地图中按照道路形状绘制的路径。图 3.11（b）中，细实线路径为实车采集路径，车辆在路口处采集的路径有时不能正确描述路口处道路的连接关系，可以将其转为 KML 文件在谷歌地球中进行修正；粗实线路径为添加的路径。正确的路口处路径示意图如图 3.11（b）中实线部分所示，虚线部分路径不再使用。

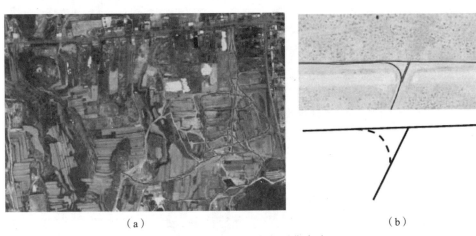

图 3.11　地理位置数据采集方法
（a）谷歌地球采集路点；（b）实车采集和修正

3. 地理坐标系与投影坐标系

地理坐标系由 3 个参数来定义：角度单位（Angular Unit）、本初子午线（Prime Meridian）和大地测量系统（Datum）。谷歌地球中地理坐标系为"WGS84"，需要对包含经纬度的地理数据进行投影转换方可使用。地图投影（Map Projection）是按照一定的数学法则将地球椭球面上点的经纬度坐标转换到平面上的直角坐标。

投影坐标系有多种，常用的投影方法是通用横轴墨卡托（Universal Transverse Mercator，UTM）投影。UTM 投影把地球放入一个横放的圆柱中，地球沿着经线方向与圆柱相切，随后将地球表面投影到圆柱表面上。与圆柱相切的经线称为中央经线，在中央经线上投影失真的程度最小，距离中央经线越远，投影失真的程度也就越大。

从南纬 80°到赤道，每 8°被划分为一个纬度区间，而最北的纬度区间（北纬 74°以北的区间）则被延伸至北纬 84°，以覆盖世界上大部分陆地。经度上，每 6°被划分为一个经度区间。可以将地理坐标系"WGS84"投影在"UTM_

Zone_50N"投影坐标系统中,其投影带为北半球第 50 带。

Python 第三方库 pyproj 可以快速进行坐标系统转换,转换示例如下:

```
1  # WGS84,卫星导航系统使用的地理坐标系统,EPSG Code 为 4326
2  p1 = pyproj.Proj(proj='latlong',datum='WGS84')
3  # 投影坐标系统 WGS 84 / UTM zone 50N,EPSG Code 为 32650
4  p2 = pyproj.Proj(proj="utm",zone=50,datum='WGS84')
5  # 输入 x1=116.314651, y1=39.957059
6  x2, y2 = pyproj.transform(p1, p2, x1, y1)
7  # 输出 x2=441461.94, y2=4423216.05
```

也可以直接指定 EPSG Code 进行坐标系统转换,EPSG Code 可以在 EPSG 网站中查询得到,如下所示:

```
1  # 指定 EPSG Code
2  p1 = pyproj.Proj(init='epsg:4326')
3  p2 = pyproj.Proj(init='epsg:32650')
4  x2, y2 = pyproj.transform(p1, p2, x1, y1)
```

4. 路段选取准则

在谷歌地球中绘制路径时会产生如下问题:路径没有切成路段、路段不相连或路段过头,如图 3.12 所示。这里需要对路径进行预处理,即对路径进行路段选择。在路段选择的过程中,会为每一个点分配一个独一无二的初始 id(序号)。

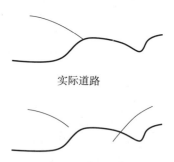

图 3.12 绘制路径时的问题

图 3.13 展示了路段选择准则。已选择过的路段(路段 3、4、5)为空心圆圈,半径为 R 的提示圆以已选择路段端点为圆心。当选择路段为 6 时,左侧端点应该在范围 3 中。路段长度 L 和半径 R 应该满足 $R < L$,定义 R 为捕获距离。

第三章 智能车辆全局路径规划方法

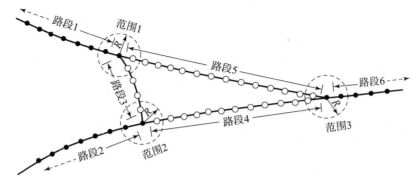

图 3.13　路段选取准则

3.3.2　地图文件结构和构建算法

1. 路网文件结构

根据图论原理建立的路网数学模型，可以使用共享端点的线段来描述越野环境中的拓扑路网。线元素即路网中的路段，由一系列的点元素构成，可以用可扩展标记语言 XML 表示，如图 3.14 所示。最终生成一系列 XML 文件来表示越野环境中的拓扑路网，拓扑路网的每个路段描述为一个 XML 文件。路网 XML 文件包含以下几个要素。

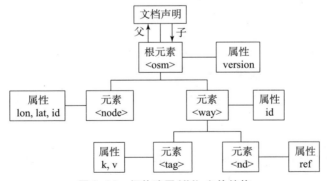

图 3.14　拓扑路网 XML 文件结构

①文档声明。

②注释。通过文档对象模型（Document Object Model，DOM）在 Python 中可以使用标准库中的 xml.dom.minidom 模块生成 XML 文件。此外，还有 SAX 和 ElementTree 接口用于处理 XML 文件。

③元素。有且只有一个根元素，每个元素可以包含若干子元素。每个文件包含一个 < osm > 根元素，每个 < osm > 根元素包含若干个 < node > 和一个 < way > 子元素。首尾 < node > 元素还包含 < tag > 子元素，标识该点为此路段的端点。< way > 元素包含若干个 < nd > 和一个 < tag > 子元素，< nd > 中的 ref 属性标识路段上所有点的 id，< tag > 标识此路段的属性。

④属性。一个元素可以有多个属性。每个 < node > 元素包含经纬度（还可包含海拔高度）、该点的 id 及其他属性，可以用来描述丰富的道路特征。< way > 元素包含路段 id 属性。

在建立完成的拓扑路网中，除了路段端点，其他点都有一个独一无二的 id。不同路段上，具有相同 id 的端点表示路段的连接关系。图 3.15 中两条路径相交于两个端点，形成 3 个路段。分别位于路段 1、路段 2 和路段 3 的点 13、点 21 和点 36 具有相同的 id，位于路段 2 和路段 3 的点 26 和点 31 具有相同的 id。

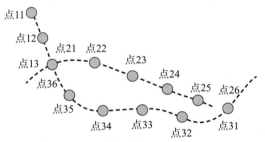

图 3.15　路段中路点 id 与连接关系

2. 拓扑地图构建算法

构建拓扑地图的过程即判断路段连接关系的过程。算法 1 根据捕获距离找到相连接的路段，并重新设置路段端点 id，表示拓扑路网中道路间的连接关系。每个路段内包含的路点是有序的，根据单向路、双向路规则建立道路内路点的连接关系。

算法1: 判断路段连接关系

Input: $\{S_1, S_2, \cdots, S_m\}$
Output: $\{S_1^{new}, S_2^{new}, \cdots, S_m^{new}\}$
1　init: $X = \{p_{11}\ p_{1n}\}$;
2　for $i = 2$ to m, step 1 do
3　　$p_{i1}, p_{in} \leftarrow S_i$; for $p_{in}\ X$ do
4　　　$L(x_k) \leftarrow \min[\text{Haversine}(p, X)]$
5　　　if $L < r$ then
6　　　　Change(p, x_k)
7　　　else
8　　　　X=Add(p, X)

在拓扑地图构建算法中，$S_m = \{p_1, p_2, \cdots, p_n\}$，$n$ 为路段中路点的个数，m 为路段的个数。$p_{ij} = \{\text{lon}, \text{lat}, \text{id}\}$ 代表在路段 i 上的路点 j，在预处理时路段选择的过程中会为每个路点分配一个独一无二的 id。$i \in [1, m]$，$j \in [1, n]$，p_{i1} 和 p_{in} 代表路段 i 的端点。S^{new} 为重新分配端点 id 的路段，路段的端点 p_1 和 p_n 根据路段连接关系分配新的 id。r 为根据路段选取准则确立的捕获距离。$X = \{x_1, x_2, \cdots, x_k\}$ 为已知路口点序列，$x_k \in \{p_{i1}, p_{in}\}$。$L(x_k)$ 为最短大圆距离，x_k 为相距最近的路点。

代码中函数 Haversine 计算点 p 和序列 set$\{X\}$ 中每个点之间的大圆距离。函数 Add 添加点 p 到序列 set$\{X\}$ 中。函数 Change 把路点 2 的 id 和位置信息传递给路点 1。

3. 先验属性添加

根据拓扑地图数学模型，地图数据对象包含两类信息，即空间信息和属性信息。初步建立的拓扑路网，除去路点 id，仅包含经度、纬度和海拔高度（可选）空间信息。属性信息是对空间数据的补充说明，如限速信息、单双向路信息、任务区域车辆运行状态调整等。越野环境下，同一道路上各处地面平整度、道路宽度不同，可以在路网属性中进行描述，也可以对车辆特性进行补充说明。路网属性的作用可以总结如下。

①单双向路信息根据道路通行规则添加在路段属性中，是拓扑图构建的依据，也是全局规划生成全局路径的依据。

②任务情况可以添加到路网属性中，以方便智能汽车进行软件模块切换。

③可以根据路网属性对道路条件的描述改变基本预瞄距离，从而影响局部路径的采样长度。

④路网属性中的限速属性和车辆加速度特性影响局部路径中速度曲线的生成。

配置文件中标签内文本能被 10 000 整除的为路段名。例如，10 000 和 70 000 分别表示路段 1 和路段 7，10 002 表示路段 1 上 id 为 10 002 的路点。

每个 XML 文件只有唯一一个根节点，根节点 < attr > 代表这是一个属性配置文件，用于文件校验。

二级节点可以自行随意添加，示例文件中为路段添加属性 vel，为路点添加属性 smoke。速度属性 vel 为局部路径规划提供限速值，任务属性 smoke 告知智能汽车区域内的任务内容，需要做好软件模块的切换工作。每个二级节点必须含有 default 值，代表除指定路段或路点外，按照 default 值添加。

三级节点为 < node > 或 < seg >，数量不限，每个二级节点下只能全部为

<node> 或全部为 <seg>，不能混合指定。三级节点的 value 值可以任意指定，将按照标签内的文本值对指定的路段或路点进行属性添加。

3.3.3 多任务点地图搜索算法

1. 多任务点全局路径规划

地图搜索，即在拓扑路网中搜索出全局路径。全局路径规划得到从车辆当前位置，经过任务点到达目标位置的全局路径，也称为任务规划（Mission Planner），是运动规划问题中最高级别的规划器。通过路网文件可以得到一个以距离为权重的有向图 G。在有向图 G 中的最短路径全局规划问题可以通过 Dijkstra 和 A^* 算法求解。

从当前位置 T_0 经过任务点 $[T_1, T_2, \cdots, T_n]$ 到达目标点 T_{n+1} 的最短路径问题，可以划分为查找两个任务点间的最短路径，即查找 $[T_0, T_1]$，$[T_1, T_2]$，$\cdots$，$[T_n, T_{n+1}]$ 之间的最短路径。在智能汽车行驶的过程中，有两种情况会触发重规划：第一种是任务点引导进入没有出口的道路；第二种是感知模块不稳定带入了错误道路。重规划触发时，车辆会进行倒车或掉头行驶，然后全局规划模块重新规划出从当前位置，通过未经过的任务点，到达目标点的全局路径。在发布全局路径时，为路径添加拓扑路网中对相应路段和路点的属性描述。

2. Dijkstra 算法

在以距离为权重的有向图中，起点称为初始顶点，终点称为目标顶点。顶点 Y 的距离为从初始顶点到 Y 的距离。Dijkstra 算法会为每个顶点分配初始距离值，并通过不断迭代更新距离值，找到最短距离。步骤如下。

①将所有顶点标记为未访问顶点，标记未访问顶点为集合 Q。

②为每个顶点分配一个暂定距离值，对于初始顶点，将其设置为零，将所有其他顶点设置为无穷大，当前顶点是初始顶点。

③遍历与当前顶点相邻的未访问顶点，并计算当前顶点的距离，将计算得到的暂定距离值与之前分配的暂定距离值相比较，分配较小的值给该相邻的顶点。例如，顶点 A 的距离是 6，顶点 B 通过距离为 2 的边与 A 相连，那么 B 通过 A 的距离为 $6+2=8$，如果之前 B 被分配的暂定距离值大于 8，那么顶点 B 的暂定距离值更改为 8，否则保留原来分配的暂定距离值。

④遍历完当前顶点所有相邻的未访问顶点之后，将当前顶点标记为已访问顶点，从集合 Q 中删除，将其加入已访问顶点集合 S。集合 S 保留所有已知实

际最短距离值的顶点，已访问顶点将不再被检查。

⑤如果目标顶点被标记为已访问顶点而被加入集合 S 中，此时目标顶点和初始顶点相连，算法停止。如果所有相邻的未访问顶点被遍历之后，未访问顶点中的最小距离仍为无穷大，那么目标顶点与初始顶点不相连，算法停止。

⑥否则从集合 Q 中选择暂定距离值最小的未访问顶点，将其设置为新的当前顶点，返回步骤③。

实际上没有必要等到目标顶点被标记已访问时停止算法，一旦目标顶点在所有未访问的顶点中具有最小的暂定距离，算法就可以停止。可以用图 3.16 来描述 Dijkstra 算法。

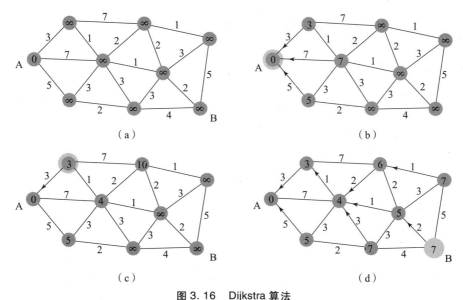

图 3.16 Dijkstra 算法

（a）初始化距离；（b）选择初始顶点计算相邻顶点距离；
（c）选择距离最小的未访问顶点；（d）生成最短路径树

使用 Dijkstra 找到最短路径树的伪代码，如算法 2 所示。代码 u←vertex in Q with min dist[u] 表示找到未访问顶点集合 Q 中暂定距离最小的 u。length(u, v) 表示返回相邻顶点 u 和 v 边上的距离权重。alt 表示顶点 v 经过顶点 u 到达初始顶点的距离。

如果不需要最短路径树，只需要初始顶点到目标顶点的距离最短，则可以设置一个终止条件，如算法 3 所示。

```
算法 2: Dijkstra 最短路径树
   Input: 以距离为权重的有向图 Graph, 初始顶点 source
   Output: dist[], prev[]
1  create vertex set Q
2  for each vertex v in graph do
3  |    dist[v] ← INFINITY
4  |    prev[v] ← UNDEFINED
5  |    add v to Q
6  dist[source] ← 0
7  while Q is not empty
8  |    u ← vertex in Q with min dist[u]
9  |    remove u from Q
10 |    // only v that are still in Q
11 |    for each neighbor v of u
12 |    |    alt ← dist[u] + length(u, v)
13 |    |    if alt < dist[v] then
14 |    |    |    dist[v] ← alt
15 |    |    |    prev[v] ← u
```

```
算法 3: Dijkstra 最短路径终止条件
1  S ← empty sequence
2  u ← target
3  if prev[u] is defined or u=source then
4  |    while u is defined do
5  |    |    insert u at the beginning of S
6  |    |    u ← prev[u]
```

3. A* 算法

A* 算法将启发项引入常规的图搜索算法中，在每个步骤中都有一个搜索计划，因此可以做出更优化的决策。和 Dijkstra 算法一样，A* 算法可以找到从起始顶点到目标顶点距离最小的路径树。A* 算法与其他搜索算法不同点在于使用成本函数 $f(n)$ 来估计路径总距离，如式（3.15）所示。A* 算法是一个包含启发项的启发式函数，启发项是一个估计值。A* 算法将在第五章进行详细介绍。

$$f(n) = g(n) + h(n) \qquad (3.15)$$

式中，$f(n)$ 表示从初始顶点经过顶点 n 到达目标顶点的估计距离；$g(n)$ 表示到达顶点 n 的距离；$h(n)$ 表示顶点 n 到达目标顶点的估计距离，是代价方程中的启发项。

A* 算法选择总的估计距离 $f(n)$ 最小的未访问顶点为当前顶点进行下一次循环。计算 $h(n)$ 有以下几种方式。

①曼哈顿距离或欧氏距离。曼哈顿距离常用在栅格地图中，而欧氏距离常用于点线连接的拓扑地图中。

②如果$h(n) = 0$，则A^*算法变为Dijkstra算法。

A^*算法代价方程$f(n)$中的启发项$h(n)$必须是可接受的，否则不能保证找到最短路径。估值函数算出的两点间的距离必须小于等于实际距离，因此曼哈顿距离和欧氏距离都是可接受的。

曼哈顿启发项（Manhattan Distance Heuristic）通过计算曼哈顿距离得到$h(n)$值。如图3.17（a）所示，曼哈顿距离是计算从当前栅格到达目标栅格水平和垂直移动的栅格总数，忽略对角线移动方式和障碍物的阻挡，计算方法为式（3.16），曼哈顿距离也称为城市街区距离（City Block Distance）。欧氏距离启发项（Euclidean Distance Heuristic）通过计算欧氏距离得到$h(n)$值。如图3.17（b）所示，欧氏距离是在欧几里得空间的固定直角坐标系上两顶点间的直线距离，计算方法为式（3.17）。

$$h = |x_{\text{start}} - x_{\text{destination}}| + |y_{\text{start}} - y_{\text{destination}}| \tag{3.16}$$

$$h = \sqrt{(x_{\text{start}} - x_{\text{destination}})^2 + (y_{\text{start}} - y_{\text{destination}})^2} \tag{3.17}$$

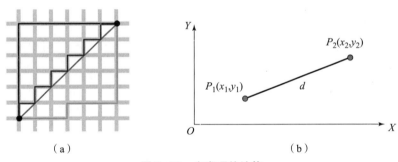

图3.17　启发项的计算

（a）曼哈顿距离；（b）欧氏距离

3.4　基于路网属性的平滑路径生成

根据从拓扑地图中得到的全局路径，结合车辆相关的路网属性描述求解适合车辆跟踪行驶的平滑路径。全局路径稀疏的路点会带来道路方向的大幅跳变，影响局部规划中心目标点的选取。局部路径的质量会影响智能汽车跟踪行驶的效果，在生成局部路径时需要综合考虑车辆自身约束和路网属性。

在曲线平滑的过程中经常用到曲线模型，全局路径规划需要合适的曲线模型进行插值平滑处理。局部路径规划也需要合适的曲线模型表达考虑车辆非完整性约束的局部路径。选择合适的曲线模型对路径规划至关重要，曲线模型的选择也会影响求解速度、路径的连续性和可控性等。

3.4.1 全局路径的平滑处理方法

曲线的表示可以分为显式、隐式和参数这 3 种形式。

① 显式形式 $y = f(x)$。例如，$y = x^2$，每个 x 值对应一个 y 值。

② 隐式形式 $F = (x, y)$。例如，$x^2 - y^2 - r^2 = 0$，这种形式中一个 x 可能对应多个 y 值，难以将多段组合的曲线平滑地连接在一起，修改和控制较难。

③ 参数形式 $(x(t), y(t) = f(t), g(t))$。例如，$(x(t), y(t) = \cos t, \sin t)$，这种形式便于修改和控制曲线形状，比较容易控制多段组合曲线平滑连接。

曲线的连续性通常用两种方式描述，即参数连续性（Parametric Continuity）和几何连续性（Geometric Continuity）。参数连续性将曲线视为函数，仅给出曲线的形状，无法定义参数连续性，需要对其进行参数化。利用参数方程的可微性，多段组合参数曲线在连接处具有直到 n 阶的连续导数，这类连续性称为 C^n 或 n 阶参数连续，如图 3.18 所示，定义如下：

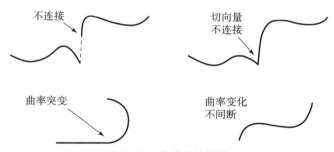

图 3.18　曲线的连续性

① 若组合曲线连接处两点的 (x, y) 值一致，则称组合曲线之间的交界处为 C^0 连续，或称为零阶参数连续。

② 若组合曲线连接处两点的 (x, y) 值一致，且一阶导数（dx/dt, dy/dt）一致，则称组合曲线之间的交界处为 C^1 连续，或称为一阶参数连续。

③ 如果组合曲线连接处两点的 (x, y) 值一致，且一阶导数和二阶导数一致，则称组合曲线之间的交界处为 C^2 连续，或称为二阶参数连续。

④ 类似地，交点处直到 n 阶导数一致的称为 C^n 连续，或称为 n 阶参数连续。

几何连续性使用曲线的形状定义几何连续性，它通常以参数化方程作为依据，但是参数化形式的选择不会影响结果，这类连续性称为 G^n 或 n 阶几何连续，定义如下。

①若组合曲线连接处两点的 (x,y) 值一致，则称组合曲线之间的交界处为 G^0 连续，或称为零阶几何连续，它与 C^0 连续完全相同。

②若组合曲线连接处两点的 (x,y) 值一致，且一阶导数 $(\mathrm{d}x/\mathrm{d}t,\mathrm{d}y/\mathrm{d}t)$ 成比例（切向量平行），则称组合曲线之间的交界处为 G^1 连续，或称为一阶几何连续。

③定义更高阶的几何连续性有些麻烦，可以通过导数与弧长的关系定义。如果组合曲线连接处两点的 n 阶导数的关系是参数弧长 s 的函数，则该曲线在交界处为 G^n 连续，或称为 n 阶几何连续。

如果一个曲线是 C^n 连续，那么它也是 G^n 连续，反之则不一定成立。G^n 几何连续只要求 n 阶导数向量的方向相同即可，大小不一定相等，而 C^n 参数连续要求 n 阶导数向量和大小都相等。在局部路径规划和车辆运动中，参数连续性和几何连续性都被使用。在参考文献 [4] 中，参数连续性表示参数方程曲线的平顺度，几何连续性只简单表示路径的平顺度。例如，C^1 连续代表切向量连续，而 G^1 连续代表切向量成比例；C^2 连续代表车辆的加速度向量连续，而 G^2 连续表示曲线的曲率连续。对车辆运动而言，C^1 包含速度变化的信息，C^2 包含加速度变化的信息。因此对于路径规划来说，C^1 和 C^2 连续非常重要。特别是在高速场景中，只有 C^2 连续才可能使路径跟踪控制器保持较小的跟踪误差，这要求在局部路径上必须添加合适的速度曲线来保证连续的速度变化。更高阶的参数连续性如 C^3 通常适用于曲面的连续，会在 CAD/CAM 设计中用到。

1. 样条曲线

样条曲线（Spline）是一种分段的多项式曲线，定义在区间 $[a,b]$ 上样条曲线为 S，$S:[a,b] \to \mathbf{R}$。把区间 $[a,b]$ 通过 $[t_i,t_{i+1}]$，$i=0,\cdots,k-1$ 分为更小的区间 $[a,b]=[t_0,t_1]\cup[t_1,t_2]\cup\cdots\cup[t_{k-2},t_{k-1}]\cup[t_{k-1},t_k]$，其中 $a=t_0 \leq t_1 \leq \cdots \leq t_{k-1} \leq t_k = b$，在每个小区间上可以定义一个多项式 P_i，如式（3.18）所示：

$$\begin{cases} S(t) = P_0(t), & t_0 \leq t \leq t_1 \\ S(t) = P_1(t), & t_1 \leq t \leq t_2 \\ \quad\quad\vdots \\ S(t) = P_{k-1}(t), & t_{k-1} \leq t \leq t_k \end{cases} \quad (3.18)$$

划分区间的 $(k+1)$ 个 t_i 称为节点，$S(t_i)$ 称为节点值，$t = \begin{bmatrix} t_0 & t_1 & \cdots & t_k \end{bmatrix}$ 称为节点向量。如果节点等距分布在区间 $[a,b]$ 上，称为样条均匀（Uniform），否则为非均匀（Nonuniform）。如果每段多项式 P_i 的次数都为 n，那么曲线称为 n 次样条曲线。

在 t_i 处曲线满足 $S \in C^r i$，表示曲线在 t_i 处 $C^r i$ 连续，也就是两段多项式 P_{i-1} 和 P_i 在连接处 0 阶（对应函数值）到 r 阶导数相等。向量 $r = (r_1, r_2, \cdots, r_{k-1})$ 表示在节点 $(t_1, t_2 \cdots, t_{k-1})$ 处 $C^r i$ 连续，称为光滑度向量。给定一个节点向量 t、曲线次数 n 以及与 t 对应的光滑度向量 r，那么曲线可以记为 $S_n^r(t)$。

以三次样条曲线（Cubic Spline）为例，介绍 3 种边界条件。给定 $(n+1)$ 个点 (x_i, y_i)，x_i 各不相等，$a = x_0 < x_1 < \cdots < x_n = b$，样条曲线满足：

① $S(x) \in C^2[a,b]$。

② 在每段 $[x_{i-1}, x_i]$，$S(x)$ 为一个三次多项式，$i = 1, 2, \cdots, n$。

③ $S(x_i) = y_i$。

三次样条曲线可以定义为式（3.19），其中 $C_i = a_i + b_i x + c_i x^2 + d_i x^3 (d_i \neq 0)$。

$$S(x) = \begin{cases} C_1(x), & x_0 \leq x \leq x_1 \\ \vdots \\ C_i(x), & x_{i-1} \leq x \leq x_i \\ \vdots \\ C_n(x), & x_{n-1} \leq x \leq x_n \end{cases} \quad (3.19)$$

求解三次样条曲线共需要 $4n$ 个方程。首先，所有点满足插值条件，$S(x_i) = y_i, (i = 0, 1, \cdots, n)$。除了两个端点，所有 $(n-1)$ 个内部点的每个点都满足 $S_i(x_{i+1}) = y_{i+1}$，$S_{i+1}(x_{i+1}) = y_{i+1}$，前后两个分段三次方程有 $2(n-1)$ 个方程。再加上两个端点分别满足第一个和最后一个三次方程，总共有 $2n$ 个方程。

其次，$(n-1)$ 个内部点的一阶导数是连续的，即 $S'_i(x_{i+1}) = S'_{i+1}(x_{i+1})$，有 $(n-1)$ 个方程。

另外，二阶导数也是连续的，即 $S''_i(x_{i+1}) = S''_{i+1}(x_{i+1})$，有 $(n-1)$ 个方程。剩余两个方程，通过限定边界得到，最终求解三次样条曲线。3 种边界条件对样条曲线的影响如图 3.19 所示。3 种常用的边界条件定义如下。

① 自然边界（Natural Spline），指定端点二阶导数为 0，$S''(x_0) = 0 = S''(x_n)$。

② 固定边界（Clamped Spline），指定端点一阶导数，这里分别定为 A 和 B，

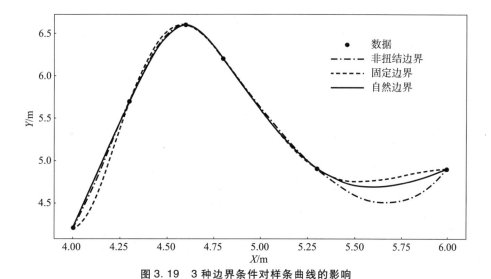

图 3.19　3 种边界条件对样条曲线的影响

$S'_0(x_0) = A, S'_{n-1}(x_n) = B$。

③非扭结边界（Not a Knot Spline），强制第一个插值点的三阶导数值等于第二个点的三阶导数值，最后第一个点的三阶导数值等于倒数第二个点的三阶导数值，$S'''_0(x_0) = S'''_1(x_1)$ 和 $S'''_{n-2}(x_{n-1}) = S'''_{n-1}(x_n)$。

定义 n 次样条曲线需要给定一系列的节点（这里的节点是数据点），并选择合适的边界条件。在每两个点间，n 次样条曲线是分段的 n 次多项式曲线，穿过给定的数据点。边界条件的选择会影响曲线的变化趋势。使用时根据需要选择参数形式。

2. 贝塞尔曲线

贝塞尔曲线（Bézier）通过给定 $(n+1)$ 个控制点 $P_0, P_1, \cdots, P_n$ 定义为式 (3.20)，其中系数 $B_{n,i}(u)$ 定义为式 (3.21)。

$$C(u) = \sum_{i=0}^{n} B_{n,i}(u) P_i \qquad (3.20)$$

$$B_{n,i}(u) = \frac{n!}{i!(n-1)!} u^i (1-u)^{n-i} \qquad (3.21)$$

在贝塞尔曲线上与 u 对应的点是所有控制点的"加权"平均值，权重是系数 $B_{n,i}(u)$。线段 $P_0P_1, P_1P_2, \cdots P_{n-1}P_n$ 形成一条控制折线，也称为控制多边形。函数 $B_{n,i}(u)$ 称为 Bézier 基函数，都是非负的。u 作用在区间 $[0,1]$ 上。图 3.20 显示了由 11 个控制点定义的贝塞尔曲线，其中 A 为曲线上 $u = 0.5$ 对应的点。如图 3.20 所示，曲线或多或少地沿着控制多边形延伸。

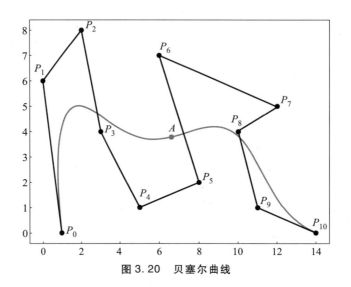

图 3.20 贝塞尔曲线

贝塞尔曲线有以下重要属性。

① 由 $(n+1)$ 个控制点定义的贝塞尔曲线的度为 n。在每个基函数中，u 的指数为 $i+(n-i)=n$，因此曲线的度为 n。

② $C(u)$ 穿过 P_0 和 P_n，如图 3.20 所示，曲线通过第一个和最后一个控制点。

③ 所有基函数都是非负的。

④ 基函数之和为 1。由于它们是非负的，因此任何基函数的值都在 0 到 1 的范围内。

⑤ 凸包属性。给定的 $(n+1)$ 个控制点定义的贝塞尔曲线完全位于给定控制点的凸包中。

要定义次数为 n 的贝塞尔曲线，需在空间中选择 $(n+1)$ 个控制点，来产生所需曲线的形状。如果不符合预期，可以移动控制点。随着一个或多个控制点的移动，贝塞尔曲线的形状也会变化，但是曲线始终位于由控制点定义的凸包中（凸包属性）。

3. B 样条曲线

B 样条曲线（B Spline）是贝塞尔曲线的一般化形式。贝塞尔使用基函数用作权重，B 样条也一样使用基函数来控制每段样条中的局部形状，但更复杂。设 U 是 $(m+1)$ 个非递减数的集合，$u_0 <= u_1 <= u_2 <= \cdots <= u_m$。$u_i$ 称为节点，此节点不同于样条曲线的节点，集合 U 称为节点向量，半开区间

$[u_i, u_{i+1})$ 是第 i 个节点区间。某些 u_i 可能相等，那么一些节点区间就会不存在。如果一个节点 u_i 出现 k 次 $u_i = u_{i+1} = \cdots = u_{i+k-1}$，其中 $k > 1$，那么称 u_i 是一个重复度（Multiplicity）为 k 的多重节点，写为 $u_i(k)$。如果 u_i 只出现一次，则它是一个简单节点。如果节点间距相等，即 $u_{i+1} - u_i$ 是一个常数，那么节点向量或节点序列就是均匀的，否则它是非均匀的。

节点可认为是分隔点，将区间 $[u_0, u_m]$ 细分为节点区间，所有 B 样条基函数在定义域 $[u_0, u_m]$ 上，经常使用 $u_0 = 0$ 和 $u_m = 1$，所以定义域是闭区间 $[0, 1]$。定义 B 样条基函数，还需要基函数的次数（Degree）p，第 i 个 p 次 B 样条基函数，写为 $N_{i,p}(u)$，定义为式（3.22）：

$$N_{i,0}(u) = \begin{cases} 1, & u_i \leq u < u_{i+1} \\ 0, & \text{其他} \end{cases}$$

$$N_{i,p}(u) = \frac{u - u_i}{u_{i+p} - u_i} N_{i,p-1}(u) + \frac{u_{i+p+1} - u}{u_{i+p+1} - u_{i+1}} N_{i+1,p-1}(u) \quad (3.22)$$

给定 $(n + 1)$ 个控制点 $P_0, P_1, \cdots, P_n$ 和一个节点向量 $\boldsymbol{U} = \begin{bmatrix} u_0 & u_1 & \cdots & u_m \end{bmatrix}$，$p$ 次 B 样条曲线由这些控制点和节点向量 $\boldsymbol{U}$ 定义为式（3.23）：

$$C(u) = \sum_{i=0}^{n} N_{i,p}(u) P_i \quad (3.23)$$

式中，$N_{i,p}(u)$ 是 p 次 B 样条基函数。

B 样条曲线的参数有 $(n + 1)$ 个控制点，$(m + 1)$ 个节点和次数 p，且 n、m、p 必须满足 $m = n + p + 1$。如果想要定义一个有 $(n + 1)$ 个控制点的 p 次 B 样条曲线，必须提供 $(n + p + 2)$ 个节点 $u_0, u_1, \cdots, u_{n+p+1}$。如果给出了一个 $(m + 1)$ 个节点和 $(n + 1)$ 个控制点，B 样条曲线的次数是 $p = m - n - 1$。一个节点 u_i 对应在曲线上的点 $C(u_i)$ 称为节点点（Knot Point），节点点把 B 样条曲线划分成曲线段，定义在一个节点区间上。

尽管 $N_{i,p}(u)$ 看起来像 $B_{i,p}(u)$，B 样条基函数的次数是一个输入值，而贝塞尔基函数的次数取决于控制点的数目。为了改变 B 样条曲线的形状，可以修改一个或多个控制参数，即控制点的位置、节点位置和曲线的次数。如果节点向量没有任何特别的结构，那么产生的曲线不会与控制折线的第一边和最后一边接触，如图 3.21（a）所示，这种类型的 B 样条曲线称为开型（Open）B 样条曲线。如果 B 样条曲线与第一个控制点和最后一个控制点的第一边和最后一边相切，那么第一个节点和最后一个节点的重复度必须为 $(p + 1)$，这样的曲线称为固定型（Clamped）B 样条曲线，如图 3.21（b）所示。通过重复某些节点和控制点，产生的曲线可以形成闭型（Closed）B 样条曲线，如图 3.21

（c）所示。

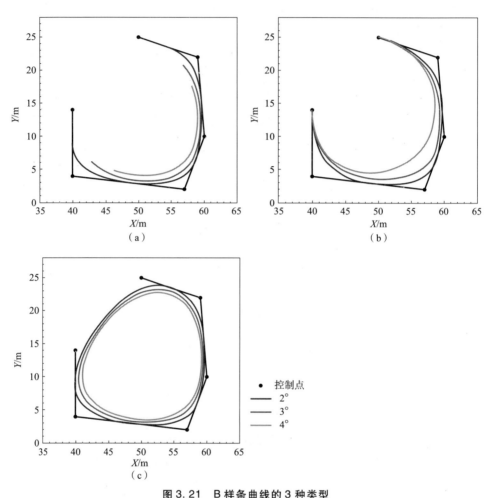

图 3.21　B 样条曲线的 3 种类型
（a）开型 B 样条曲线；（b）固定型 B 样条曲线；（c）闭型 B 样条曲线

B 样条曲线有很多与贝塞尔曲线相似的重要性质，因为前者是后者的推广，但它也有很多新特性。

①B 样条曲线是个逐段曲线，每个分量是 p 次曲线。

②基函数数目满足 $m = n + p + 1$。

③固定型 B 样条曲线 $C(u)$ 通过首尾两个控制点 P_0 和 P_n，节点重复度必须为 $p + 1$。

④B 样条曲线包含在控制折线的凸包内，即如果 u 在节点区间 $[u_i, u_{i+1})$ 里，那么 $C(u)$ 在控制点 $P_{i-p}, P_{i-p+1}, \cdots, P_i$ 的凸包里。

⑤P_i 只影响在区间 $[u_i, u_{i+p+1})$ 上的曲线 $C(u)$。

⑥$C(u)$ 在重复度 k 的节点上是 C_{p-k} 连续的。

⑦贝塞尔曲线是 B 样条曲线的特例。

B 样条曲线比贝塞尔曲线需要更多信息,即曲线的次数和一个节点向量,但 B 样条曲线提供了比贝塞尔曲线更灵活的控制。但是,B 样条曲线仍然是多项式曲线,而多项式曲线不能表示许多有用的简单曲线,如圆和椭圆。非均匀有理 B 样条(Nonuniform Rational B-splines,NURBS)是其更普遍的形式。一般情况下,路径为非封闭的曲线,因此不对 NURBS 做进一步讨论。

4. 全局路径插值平滑

在拓扑地图地理数据采集和路段选择阶段,人工标记和选择的路段中路点较为稀疏,仅能代表道路方向和变化趋势。如果不进行路点加密和平滑处理,将影响局部规划中心目标点的选择,因此需要选择合适的曲线模型对全局路径中的路点进行平滑加密处理。

无论是多项式曲线还是样条曲线,曲线次数越高对形状描述越好,但太高很难求解。在灵活性和复杂度之间做平衡,一般采用曲线模型的次数为 3。

插值(Interpolation)指曲线通过所有给出的点,而近似(Approximation)指曲线形状贴近给出的点,如图 3.22 所示。从前述内容可以得到,样条曲线适合用于插值,而贝塞尔曲线和 B 样条曲线适合用于近似。所采集的路点都在道路上,平滑时希望通过给定的所有路点,因此可以使用样条插值进行全局路径路点加密平滑。

3.4.2 局部路径优化目标

在生成平滑的局部路径之前,需要明确局部路径优化的目标函数。局部路径优化的目标函数提供了一种对当前局部规划进行评价的方式,并能够优化局部路径,使其具有理想的特性。

1. 距离目标

局部路径的弧长是车辆行驶的累积距离。一般情况下,路径通过弧长进行参数化,可以将距离目标设置为与弧长成正比的惩罚项。其他情况下,需要通过数值求解积分来计算路径的弧长。通过最小化弧长,得到从当前位置到局部目标位置距离最短的局部路径。弧长积分公式为

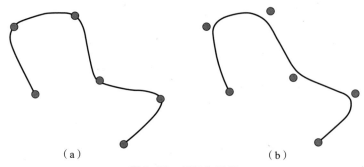

图 3.22 插值与近似

(a)插值;(b)近似

$$s_f = \int_{x_i}^{x_f} \sqrt{1 + \left(\frac{dy}{dx}\right)^2} dx \tag{3.24}$$

式中,s_f 是累积弧长;x_i 是路径的起点 x 坐标;x_f 是局部路径的终点 x 坐标。

2. 时间目标

到达局部目标位置的时间也可以是优化的目标。通过当前路径的时间等于沿这条路径速度倒数的积分。以最小化时间为目标得到从当前位置到局部目标位置消耗时间最短的局部路径,即

$$T_f = \int_0^{s_f} \frac{1}{v(s)} ds \tag{3.25}$$

式中,T_f 是通过这条路径的时间。

3. 曲率目标

在规划路径时,必须注意到路径的结构会影响速度分布,进而影响舒适性。为了避免沿路径出现高曲率的点,需要对较大的绝对曲率值施加更大的惩罚。用于表示此惩罚的目标函数称为路径的弯曲能量,它是沿路径曲率平方的积分,能使曲率沿路径更均匀地分布,防止路径上任何点产生较高的曲率,如式(3.26)所示:

$$k_f = \int_0^{s_f} \| \kappa(s) \|^2 ds \tag{3.26}$$

式中,κ 表示曲率。

图 3.23(a)规划出了一条在达到目标状态之前要经过很大弯折的左转弯路径。以最小弯曲能量为目标,由于沿路径存在小范围的较大曲率点,因此该条路径将受到较高惩罚。如果为该路径添加速度曲线,则需要在到达弯道时大

幅减速，这将牺牲舒适性，甚至使车辆失去稳定性。相反，如图 3.23（b）所示的左转路径，弯道处在大范围弧长内分布较低的曲率点，提高了车辆行驶时的稳定性，使车辆保持合理的加减速，有利于让加速度停留在舒适矩形内。

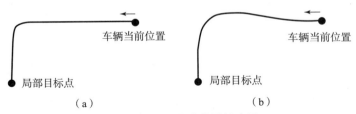

图 3.23　不同曲率的局部路径
（a）范围小而较大的曲率；（b）范围大而较小的曲率

3.4.3　路网属性与局部路径生成

对局部路径规划来说，运动学约束即为限制路径的最大曲率，通过引入连续曲线路径优化作为两点边界值问题（Boundary Value Problem，BVP），在满足曲率约束的同时实现与所需路径的偏差最小化。

1. 参数曲线与路径表示形式

最根本的局部路径规划问题可以描述为给定一个起点状态，找到一个到达终点状态的路径。起点和终点状态一般包括位置、航向和曲率。对于车辆来说，需要满足其运动学约束。在优化问题下，得到局部路径的过程为求解两点边界值问题，车辆的运动学约束可以理解为对优化变量的时间连续约束。

局部路径应该首先满足边界条件，边界条件影响如何设置优化问题的基础结构。在局部路径规划问题上，运动学约束可以等价为限制路径的最大曲率。连续路径中有无数个点，通常会沿着路径的不同点进行采样获取每个点的曲率，并约束每个点的曲率。如果这些点的值满足要求，则可以认为整个路径基本满足约束条件。

在智能汽车局部路径规划中，局部路径通常使用两种参数化曲线：第一种是五次样条曲线（Quintic Splines），是用 x 和 y 表达位置的五次多项式函数；第二种是多项式螺旋线（Polynomial Spiral），由相对于弧长的多项式曲率函数给出。样条曲线和螺旋线这两种参数化曲线都提供了满足边界条件的手段，还提供了用于目标函数的参数，以适应路径设计要求。不同的选择对应于不同的应用，需要根据具体目标进行权衡。

五次样条的参数形式方程可以表示为式（3.27）。可以看到五次样条具有

12 个参数，这些参数对应于形成曲线形状的多项式系数，设置变量 u 的范围为 $[0,1]$，分别对应这条局部路径的起点和终点。

$$\begin{cases} x(u) = a_5 u^5 + a_4 u^4 + a_3 u^3 + a_2 u^2 + a_1 u + a_0, u \in [0,1] \\ y(u) = \beta_5 u^5 + \beta_4 u^4 + \beta_3 u^3 + \beta_2 u^2 + \beta_1 u + \beta_0, u \in [0,1] \end{cases} \quad (3.27)$$

样条曲线的优点是给定起点和终点的边界条件（位置、航向和曲率），存在一个解析解形式（又称闭合解），使得计算曲线上点位置比计算无解析解积分形式的数值解更精确且高效。其缺点是很难把曲率限制在一定范围内。从参数曲线的曲率方程（3.28）中可以看出，曲率是弧长的函数，不是多项式形式，难以控制曲率变化。

$$\kappa(u) = \frac{x'(u)y''(u) - y'(u)x''(u)}{(x'(u)^2 + y'(u)^2)^{\frac{3}{2}}} \quad (3.28)$$

使用多项式螺旋线表示路径时，螺旋线为曲率提供了一个多项式函数。通常选择三次多项式作为弧长的曲率函数，如式（3.29）所示，得到的螺旋线称为三次螺旋线，也可以使用更高阶的曲率方程来实现。

$$\kappa(s) = a_3 s^3 + a_2 s^2 + a_1 s + a_0 \quad (3.29)$$

$$\begin{aligned} \theta(s) &= \theta_0 + \int_0^s a_3 s'^3 + a_2 s'^2 + a_1 s' + a_0 s \\ &= \theta_0 + a_3 \frac{s^4}{4} + a_2 \frac{s^3}{3} + a_1 \frac{s^2}{2} + a_0 s \end{aligned} \quad (3.30)$$

$$\begin{cases} x(s) = x_0 + \int_0^s \cos(\theta(s')) \, ds' \\ y(s) = y_0 + \int_0^s \sin(\theta(s')) \, ds' \end{cases} \quad (3.31)$$

多项式螺旋线的优点是，其结构非常容易满足路径规划问题中需要的曲率约束。螺旋线是曲率的多项式函数，因此曲率值容易控制。通过限制螺旋线中几个点的曲率，就满足了整个曲线上的曲率约束，这样大大节省了路径优化中的计算量。

多项式螺旋线的缺点是曲线上各点位置 (x, y) 没有解析解，如式（3.31）所示，需要使用数值逼近方法来计算螺旋线上的航向和位置值。可以使用 Simpson 法则计算螺旋线终点值，如式（3.32）所示。

$$\int_0^s f(s') \, ds' \approx \frac{s}{3n} \left(f(0) + 4f\left(\frac{s}{n}\right) + 2f\left(\frac{2s}{n}\right) + \cdots + f(s) \right) \quad (3.32)$$

这两种参数曲线既有优势又有劣势。样条曲线对曲线位置提供解析解，螺旋线则没有；螺旋线可以更好地控制路径上的曲率，而样条曲线难以控制。对于局部路径规划模块，为了路径规划器能更好地控制曲率，一般采用三次螺旋线来表示局部路径。

2. 局部路径优化问题

在智能车辆路径规划中，对路径曲率进行约束非常重要。车辆具有最小转弯半径，并且需要保持在侧向加速度限制内，以保证车轮不发生滑移以及乘坐舒适性。如果车辆的最小转弯半径为 2 m，则对应于 0.5 rad/m 的最大曲率。根据螺旋线的性质，其曲率是多项式形式，因此只需要约束几个均匀间隔点的曲率即可实现对整条螺旋线上曲率的约束。简单起见，将曲率限制在曲线的 1/3 和 2/3 处。起点和终点曲率已在边界条件下受到约束，如图 3.24（a）所示。

明确路径曲率约束之后，还应定义最小化目标函数，从而期望规划得到的路径是平稳舒适的。这可以通过最小化参数曲线的"弯曲能量"来完成，如式（3.33）所示。曲线的"弯曲能量"是指沿着整个弧长路径曲率平方的积分。

$$f_{\text{be}}(a_0, a_1, a_2, a_3, s_f) = \int_0^{s_f} (a_3 s^3 + a_2 s^2 + a_1 s + a_0)^2 \mathrm{d}s \quad (3.33)$$

有了目标函数后，就可以将所有内容整合到路径规划优化问题中。假定弧长为 0 时，初始航向和位置都为 0，变为基于车体坐标系定义局部规划问题，是与最终位置和航向约束有关的优化问题，如式（3.34）所示。可以利用 Simpson 法则得出终点航向 ψ 以及位置坐标 (x, y)。

$$\begin{aligned}
&\min f_{\text{be}}(a_0, a_1, a_2, a_3, s_f) \\
&\text{s. t.} \quad |\kappa(s_f/3)| \leq \kappa_{\max}, |\kappa(2s_f/3)| \leq \kappa_{\max} \\
&\quad x_s(0) = x_0, x_s(s_f) = x_f \\
&\quad y_s(0) = y_0, y_s(s_f) = y_f \\
&\quad \psi(0) = \theta_0, \psi(s_f) = \psi_f \\
&\quad \kappa(0) = \kappa_0, \kappa(s_f) = \kappa_f
\end{aligned} \quad (3.34)$$

如果严格满足终点的边界约束，那么求解器可能很难从不可行的起点生成可行路径，因此添加软约束来提高优化程序的性能，软约束将严格的约束转换为目标函数中的惩罚项。通过设定初始曲率为 0，来减少优化变量数量。如果使用一组向量 $\boldsymbol{P} = \begin{bmatrix} p_0 & p_1 & p_2 & p_3 & p_4 \end{bmatrix}$ 来重新定义表示路径的三次螺旋线，p_0 到 p_3 分别表示起点、1/3 处、2/3 处以及终点的曲率，最终项 p_4 表示路径的弧长，如图 3.24（b）所示。由于已经知道了初始曲率和最终曲率，可以消除两

个变量 p_0 和 p_3，只需要求解优化问题中的 p_1、p_2 和 p_4 3 个变量。最终的优化问题形式如式（3.35）所示。

$$\min f_{\text{be}}(a_0, a_1, a_2, a_3, s_f) + \alpha(x_s(p_4) - x_f) + \beta(y_s(p_4) - y_f) + \gamma(\theta_s(p_4) - \theta_f)$$
$$\text{s. t. } |p_1| \leq \kappa_{\max}$$
$$|p_2| \leq \kappa_{\max} \quad (3.35)$$

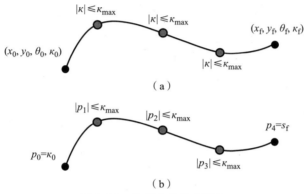

图 3.24 路径上的曲率限制

（a）选择间隔均匀的点限制曲率；（b）用向量 $\boldsymbol{P}$ 表示约束

根据式（3.36）由向量可以确定螺旋线的参数，从而得到螺旋线的参数方程，即

$$\begin{cases} a_0 = p_0 \\ a_1 = -\dfrac{11p_0/2 - 9p_1 + 9p_2/2 - p_3}{p_4} \\ a_2 = -\dfrac{9p_0 - 45p_1/2 + 18p_2 - 9p_3/2}{p_4^2} \\ a_3 = -\dfrac{9p_0/2 - 27p_1/2 + 27p_2/2 - 9p_3/2}{p_4^3} \end{cases} \quad (3.36)$$

3. 路网属性与局部路径采样

使用参数曲线进行优化的前提是有一组起点状态和终点状态，因此需要选取这些点。选取的目标状态一般是在相对于道路的方向，从中心目标状态侧向偏移而形成的，其中包括中心状态以及一系列备选目标状态。如图 3.25 所示，每个路径的终点从中心路径侧向偏移，中心路径对应于全局路径上的目标点，该目标点为空心小圆点。

假如选择的中心目标状态非常靠近当前车辆位置，那么可以减少生成到目

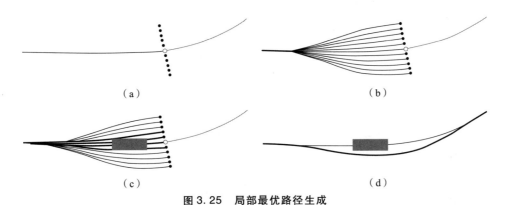

图 3.25　局部最优路径生成

（a）选取一组目标点；（b）生成一组局部路径；（c）进行碰撞检测；（d）选择最优路径

标点路径所需要的计算量，但同时也会降低在避开障碍物时所生成路径的平滑性和舒适性。车速较高的情况下，车辆在单位规划周期时间内会走更多的距离，必须给予考虑。需要根据车速大小、路面条件和天气状况等因素来动态计算全局路径上中心目标点的距离，道路条件可以从路网属性上的先验信息获取。

如图 3.25（a）所示，空心点是全局路径上选定的中心目标点，实心点是侧向偏移的目标点，这些点将作为一组采样中每个螺旋线的终点。全局路径中的弧长等于所选择的预瞄距离。在每个规划周期中，将根据基本预瞄距离 l_{base} 和当前车速 v 沿全局路径向前计算每个采样周期 ΔT 的预瞄距离 l，如式（3.37）所示。基本预瞄距离 l_{base} 根据路网属性对道路状况的描述选取。

$$l = l_{base} + v\Delta T \tag{3.37}$$

一旦找到了这组目标状态，就可以计算生成到达每个目标状态所需的螺旋线，如图 3.25（b）所示。此时只要求得到运动学可行、满足最大曲率约束、到达每个目标状态的路径即可，碰撞检测在后面进行。使用优化方程来求解从当前状态到每个目标状态的三次螺旋线。如果任一螺旋线在运动学上不可行或无法达到所需的目标状态，则将其丢弃，不再视为潜在路径。螺旋线的位置 (x, y) 没有解析解，可以使用梯形法则得到螺旋线的数值解。在 Python 中，可以使用累积梯形（Cumulative Trapezoid）函数来实现。同时，需要记录曲线上每个点的曲率、位置和航向以便后续进行速度曲线生成。曲率和航向有解析解形式，不需要进行数值积分。

得到每个目标状态生成的对应路径之后，需要检查这些路径是否和障碍物有冲突。可以将周围环境进行栅格化，用栅格地图来表示障碍物的位置。如果一个单元被障碍物占用则记为 1，否则为 0；然后将车辆范围扫过螺旋中的每个点以生成路径范围，如果路径范围内包含障碍物栅格，则此路径与障碍物发生碰撞。计算效率在很大程度上取决于周围环境栅格地图的分辨率。

还可以使用圆盘来近似表示车辆和路径附近的障碍物。与上一种方法类似，将近似车辆的圆盘沿每条螺旋线路径扫过，并检查当前路径与每个障碍物的碰撞情况。如图 3.25（c）所示，路径中需要避开的障碍车用实心矩形表示，将无碰撞的路径标记为细实线，将与障碍物碰撞的路径标记为粗实线。

对每组采样的路径进行排序选择，需通过设置惩罚来实现，离中心目标状态越远，路径的惩罚就越大，发生碰撞的路径惩罚为无穷大。简单起见，路径的惩罚设置为要检查的路径从中心目标状态到目标状态的位移，然后遍历该路径集中的每个路径，找到惩罚最小的路径，选择它作为最终路径发布给控制器。沿着全局路径行驶时多次重复上述过程，即可规划出一条到全局终点的平滑、无碰撞且满足运动学约束的局部路径，如图 3.25（d）所示的粗实线路径。

3.4.4 路网属性与速度曲线添加

上一节生成了平滑、无碰撞并且满足运动学约束的局部路径。路径跟踪器需要路径上的参考速度，路径上速度曲线的生成需要综合考虑车辆动力学约束和路网中的速度和加速度属性，最终生成平滑轨迹以保证车辆安全平稳行驶。

生成速度曲线首先要确定路径上最大参考速度，而最大参考速度可以源于路网属性，受当前道路条件的影响。其次，障碍物的速度和位置也是重要的影响因素，发生碰撞的时间是与前方障碍物相对速度以及与前方障碍物距离的函数。为了预留安全时间，需要在碰撞发生之前使相对速度变为 0。还需要考虑规划周期，否则仍然有碰撞的风险。最后一个因素是路径上的最大曲率，路径曲率和车辆侧向加速度共同限制了车辆的速度。为了满足舒适性和稳定性的要求，加速度需要限制在以舒适度为边界的矩形内。侧向加速度与路径上点的瞬时曲率 κ_i 和沿该点的纵向速度 v_κ 相关，如图 3.26 所示。如果曲率变化很快，可能无法在保持纵向加速度范围内同时达到所需的速度，需要找到当前路径中所有点的最大曲率，得到与该点对应的速度 v_κ，即

$$v_\kappa = \sqrt{a_{\text{lat}}/\kappa_{\max}} \tag{3.38}$$

当前局部路径上最终可以达到的最大参考速度为路网参考速度 v_{ref}、前方障碍物速度 v_{ob} 和 v_κ 的最小值，即

$$v_{\text{f}} = \min(v_{\text{ob}}, v_{\text{ref}}, v_\kappa) \tag{3.39}$$

计算路径上的速度最简单的情况是匀加速过程。目前已知路径的总弧长为

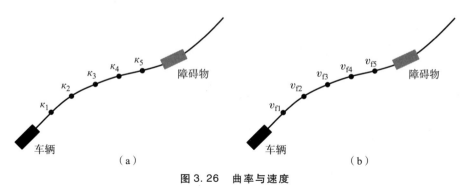

图 3.26 曲率与速度
（a）路径上的曲率；（b）路径上的速度

s、当前车速和最终路径上可以达到的最大参考速度为 v_f。在计算路径上每个点的速度之前需要计算所需的加速度，如式（3.40）所示。应该保证加速度不能超过舒适矩形，如果超过舒适矩形，那么就应该对其进行限制。确定了加速度之后，通过遍历整个路径，由弧长 s_i 计算每个点所需的速度 v_{fi}，得到局部路径上的速度曲线，如式（3.41）所示。出于安全考虑（如紧急停车时）的匀减速过程，可能需要在舒适矩形之外的加速度或减速度，所以需要确定一个紧急情况下的最大加减速度。

$$a = \frac{v_f^2 - v_0^2}{2s} \quad (3.40)$$

$$v_{fi} = \sqrt{2as + v_0^2} \quad (3.41)$$

任务区域为了使减速过程平稳进行，可以采取梯形减速模式，即先降低到较低速度行驶一段时间，再减速到终点或任务停止处。这种策略非常有用，可以为设备的启停和软件模块的切换预留缓冲时间。

明确中间阶段过渡速度 v_t 和缓慢的减速度值 a_0 后，需要计算从初始速度减速到过渡速度需要经过的距离。梯形减速模式中第一个阶段弧长用 S_a 表示，速度由 v_i 减速为 v_t，可以由式（3.42）计算得出。有了该弧长值后，就可以遍历该弧长上的所有点，并使用式（3.43）计算每个点所需的速度。

$$S_a = \frac{v_t^2 - v_0^2}{2as} \quad (3.42)$$

$$v_{fi} = \sqrt{2a_0 s_i + v_i^2} \quad (3.43)$$

然后计算最后阶段的减速过程。将整个局部路径长度表示为 S_f，最后阶段弧长为 $S_f - S_b$，可以使用式（3.44）求解 S_b，然后遍历此弧长范围内的所有点，并为它们分配所需的速度，以实现缓慢减速至停止，如式（3.45）所示。

$$\frac{0-v_\text{t}^2}{2a_0} = S_\text{f} - S_\text{b} \tag{3.44}$$

$$v_\text{fi} = \sqrt{2a_0(S_i - S_\text{b}) + v_\text{t}^2} \tag{3.45}$$

速度曲线中共有 3 个区域，如图 3.27 所示。初始速度下降到缓慢的行驶速度，以该速度匀速运行，最后减速到停止点。路径上速度曲线方程如式（3.46）所示：

$$v_\text{fi} = \begin{cases} \sqrt{2a_0 S_i + v_i^2}, & S_i \leq S_\text{a} \\ v_\text{t}, & S_\text{a} \leq S_i \leq S_\text{b} \\ \sqrt{2a_0(S_i - S_\text{b}) + v_i^2}, & S_\text{a} \leq S_i \leq S_\text{f} \end{cases} \tag{3.46}$$

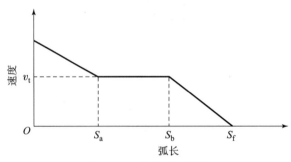

图 3.27　梯形减速过程

3.5　本章小结

本章介绍了拓扑地图的快速创建方法和多任务点地图搜索方法，并对比了样条曲线、贝塞尔曲线和 B 样条曲线的特点。首先介绍了两种地理数据采集方式：通过谷歌地球卫星和航空地图采集路点、带有卫星导航系统的实车采集路点；同时还提出了对谷歌地球地理位置数据精度的评价方法、谷歌地球 KML 文件的读取方法、地理坐标系和投影坐标系之间的转换以及路段选取准则。其次，在边权重为正值的拓扑图中搜索两点间的最短路径通常使用 Dijkstra 算法和 A* 算法。Dijkstra 算法是典型最短路径算法，用于计算一个节点到其他节点的最短路径。它的主要特点是以起始顶点为中心向外层扩展（广度优先搜索思想），直到扩展到终点为止。但如果有已知信息可用来估计某一点到目标点的距离，则可改用 A* 搜索算法，以减小最短路径的搜索范围。

3.6 参考文献

[1] BENKER S C, LANGFORD R P, PAVLIS T L. Positional accuracy of the Google Earth terrain model derived from stratigraphic unconformities in the big bend region, Texas, USA [J]. Geocarto International, 2011, 26 (4): 291-303.

[2] MOHAMMED N Z, GHAZI A, MUSTAFA H E. Positional accuracy testing of Google Earth [J]. International Journal of Multidisciplinary Sciences and Engineering, 2013, 4 (6): 6-9.

[3] BRAY T, PAOLI J, SPERBERGMCQUEEN C M, et al. Extensible markup language (XML) 1.0 [M]. Org: W3C Recommendation, 2000.

[4] RAVANKAR A, RAVANKAR A A, KOBAYASHI Y, et al. Path smoothing techniques in robot navigation: state-of-the-art, current and future challenges [J]. Sensors, 2018, 18 (9): 3170.

[5] PIAZZI A, BIANCO C G L. Quintic G2-splines for trajectory planning of autonomous vehicles [C]//2020 IEEE Intelligent Vehicles Symposium, 2000: 198-203.

[6] MCNAUGHTON M, URMSON C, DOLAN J M, et al. Motion planning for autonomous driving with a conformal spatiotemporal lattice [C]//2011 IEEE International Conference on Robotics and Automation, 2011: 4889-4895.

[7] MIURA T. Elastic curves and phase transitions [J]. Mathematische Annalen, 2017: 1-46.

第四章
智能车辆局部路径规划方法

在全局路径规划的基础上，当需要躲避障碍物、变道、超车等操作时，就会涉及局部路径规划技术。通过局部路径规划，可以使智能汽车更加平稳地实现这些操作。智能车辆局部路径规划又称避障规划，也可称为动态路径规划或即时导航规划。局部路径规划主要包含纵向速度和侧向运动规划，其主要通过并对障碍物的移动轨迹做出下一步可能位置的推算，最终绘制出一幅包含现存碰撞风险和潜在碰撞风险的障碍物地图，并基于此进行局部路径规划。

目前阶段潜在的风险提示是100 ms级,未来需要进一步提高,这对传感器、算法的效率和处理器的运算能力都是极大的挑战。避障规划不仅考虑空间还考虑时间序列,在复杂的市区运算量惊人,每秒所执行的浮点运算次数(Floating–Point Operations per Second,FLOPS)可能超过30,这是智能汽车难度最高的环节之一。未来还要加入V2X地图,避障规划会更复杂,而加入V2X地图,基本可确保智能汽车不会发生任何形式的主动碰撞。

4.1 基于五次多项式的换道路径规划方法

  智能汽车场景大体上可分为越野场景和城市结构场景。典型的越野场景如"跨越险阻"比赛中,路径规划方法主要集中于搜索算法和采样算法。在越野场景中大部分是静态障碍物,应用基于搜索和采样的规划算法,在已知的环境地图中规划出路径并经过平滑处理后,一般不会改变规划好的路径,因此此类算法在越野场景下得到了广泛的应用。但是城市结构化道路和越野环境有较大区别,结构化道路有着清晰的车道线,对行驶路径有约束作用。在结构化交通场景中,频繁的交通动态变化给路径规划算法带来很大的挑战。算法需要不断重新规划路线确保车辆安全通行,但是这样降低了效率,使得算法计算时间增长。例如,RRT 算法在 50 m × 50 m(单位正体)的区域内运算,耗时为 200 ms ~ 60 s,耗时的不同取决于区域内环境的复杂程度,这难以保证车辆在较高速的结构道路上连续行驶。

  智能汽车在真实的交通中行驶,必须有足够的能力应对复杂的交通场景,产生一系列连续动作,诸如换道、超车、跟随等智能行为,不能是各种工作模式的叠加。另外智能汽车路径规划除了要满足环境约束,还要满足自身运动学模型约束。在换道过程中,路径质量对车辆的安全性、舒适性有着本质的影响。高阶多项式曲线能够很好地满足运动微分约束,综合考虑连续、加速度等求解条件,本节给出五次多项式来描述路径规划方法。

4.1.1 路径问题描述

换道路径规划在表现形式上类似避障动作，虽然在本质上不同，但在规划设计上有着相同的结构。首先智能汽车在全局路径的指引下确定目标点，为智能汽车的行驶路径有一个大致的描述，然后经过决策子系统，输出车辆行驶状态，如直行动作或者换道动作。规划系统依据决策结果生成行驶路径。行驶路径是规划系统的核心，而绝对安全性是行驶路径要考虑的，是在实时的、动态的交通场景下应运而生的核心层，同时也要考虑智能汽车的侧向安全性、平稳性。最后智能汽车根据行驶路径的结果生成纵向和侧向控制量，完成行驶动作。

全局规划是在全局静态地图下的离线规划，具有一定的粗略安全性，但不考虑动态障碍物，是局部规划的前提。局部规划考虑实时动态障碍物，具有安全可行性，其生成 (x,y,θ) 传入控制底层，利用跟踪算法完成路径跟踪，顺利换道。局部规划出的目标点位置示例如图 4.1 所示。

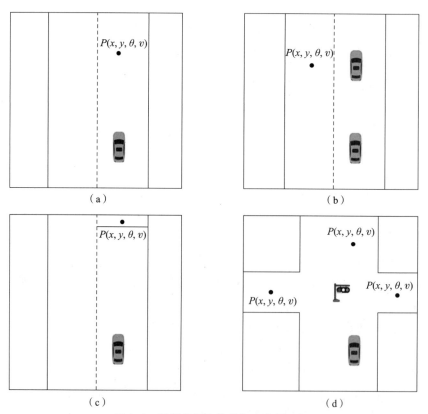

图 4.1 局部规划出的目标点位置示例
（a）直行；（b）左侧超车换道；（c）路口停车等待；（d）直行、左转、右转

局部规划的路径问题可用一个离散的点序列集合来描述。通常一个路径集合可用通式（4.1）来描述：

$$P = \{S_{\text{start}}, S_1, \cdots, S_{\text{goal}}\} \quad (4.1)$$

式中，集合 P 中的元素 S_i 表示路径中的路点，S_{start} 是路径的起点，S_{goal} 是路径的终点。其中，每个路点都包含 (x_i, y_i, θ_i)，x_i 和 y_i 分别是运动二维平面上的侧向和纵向坐标，因结构道路较为平坦，在城市道路上本章不考虑垂直于运动平面方向的位置；θ_i 是路点的航向（0°～360°）。以上 3 项属性可确定智能汽车在二维空间的唯一位姿，由此点序列构成了车体坐标系下确定的路径。

在路径规划中，描述路径曲线都需要用模型去描述，而每种模型都有各自的特点，即曲率、一阶导数连续和二阶导数连续等。但是智能汽车受到现实复杂环境和自身运动学约束，在曲线模型中，多项式曲线不仅可以满足路径起点和终点约束，还能满足中间部分的运动微分约束。

4.1.2 基于五次多项式的换道路径生成

在换道过程中，主要影响换道的因素是车辆周围的社会车辆，尤其是在本车前方的障碍车辆构成了换道的直接影响因素。另外，目标车道的车辆也是智能车辆能否换道成功的影响因素。本章将换道场景分为两种：一种是无障碍换道，车辆周围无障碍车辆，换道不需考虑碰撞，只需在交通法规规定的情况下，舒适、安全地完成换道即可，如左右转弯的提前换道，为方便计算，将换道过程设为匀速换道过程；另一种是有障碍车辆的换道，这种情况下需要考虑周围车辆对换道的影响，进行场景建模和碰撞分析。

1. 主动换道规划

在没有任何障碍物干预的情况下，换道路径考虑自身运动学约束和路径安全性、舒适性即可。无障碍换道路径示意图如图 4.2 所示。

如图 4.2 所示，智能汽车以原车道的 A 点为起点，目标车道的 B 点为终点，中间的行驶轨迹以参数方程建模生成。假设智能汽车 M 的位置用 (x, y) 表示，起点 A 的位置用 (x_a, y_a) 表示，终点 B 的位置用 (x_b, y_b) 表示。假设在时间 Δt 内车辆从 A 点换道至 B 点，将其中的路径 x 和 y 用两个五次多项式表示如下：

$$y(t) = a_5 t^5 + a_4 t^4 + a_3 t^3 + a_2 t^2 + a_1 t + a \quad (4.2)$$

$$x(t) = b_5 t^5 + b_4 t^4 + b_3 t^3 + b_2 t^2 + b_1 t + b \quad (4.3)$$

式中，$t \in [t_a, t_b]$，分别是换道过程的起始时间和终止时间。由此可定义车辆在起点状态 A 和终点状态 B 的状态量分别是 $(x_a, \dot{x}_a, \ddot{x}_a, y_a, \dot{y}_a, \ddot{y}_a)$，代表起点和

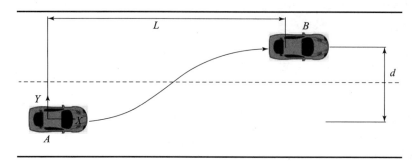

图 4.2 无障碍换道路径示意图

终点的位置信息、速度信息和加速度信息,以及车辆的当前位姿 $(x_a, y_a, \psi_a, \delta_a)$ 和车辆的终点位姿 $(x_b, y_b, \psi_b, \delta_b)$ 作为边界条件,ψ 是智能汽车的偏航角,δ 是前轮转角。

上述方程式有 12 个参数,需要得到起始状态量和终止状态量。下面定义时间参数矩阵 $\boldsymbol{T}$:

$$\boldsymbol{T}_{6\times 6} = \begin{bmatrix} t_a^5 & t_a^4 & t_a^3 & t_a^2 & t_a & 1 \\ 5t_a^4 & 4t_a^3 & 3t_a^2 & 2t_a & 1 & 0 \\ 20t_a^3 & 12t_a^2 & 6t_a & 2 & 0 & 0 \\ t_b^5 & t_b^4 & t_b^3 & t_b^2 & t_b & 1 \\ 5t_b^4 & 4t_b^3 & 3t_b^2 & 2t_b & 1 & 0 \\ 20t_b^3 & 12t_b^2 & 6t_b & 2 & 0 & 0 \end{bmatrix} \quad (4.4)$$

下面定义系数矩阵 $\boldsymbol{A}$ 和 $\boldsymbol{B}$:

$$\boldsymbol{A} = [a_5, a_4, a_3, a_2, a_1, a]^\mathrm{T} \quad (4.5)$$

$$\boldsymbol{B} = [b_5, b_4, b_3, b_2, b_1, b]^\mathrm{T} \quad (4.6)$$

由式(4.5)和式(4.6)可得

$$\boldsymbol{T}_{6\times 6}\boldsymbol{A} = [x_a, \dot{x}_a, \ddot{x}_a, y_a, \dot{y}_a, \ddot{y}_a]^\mathrm{T} \quad (4.7)$$

$$\boldsymbol{T}_{6\times 6}\boldsymbol{B} = [x_b, \dot{x}_b, \ddot{x}_b, y_b, \dot{y}_b, \ddot{y}_b]^\mathrm{T} \quad (4.8)$$

根据换道过程是匀速换道,则有起始状态量如下:

$$\begin{cases} x_a = x(t_a), \dot{x}_a = v, \ddot{x}_a = 0 \\ y_a = y(t_a), \dot{y}_a = 0, \ddot{y}_a = 0 \end{cases} \quad (4.9)$$

式中,$x(t_a)$ 和 $y(t_a)$ 可由定位系统获得;v 是实时车速,已知。

终止状态量如下:

$$\begin{cases} x_b = x(t_b), \dot{x}_b = v, \ddot{x}_b = 0 \\ y_b = y(t_b), \dot{y}_b = 0, \ddot{y}_b = 0 \end{cases} \quad (4.10)$$

式中,$y_b = y_a + d$,d 代表智能汽车的侧向位移,一般等于车道宽。

联立式(4.5)和式(4.7),可得 a_i 参数解;联立式(4.6)和式(4.8)可得 b_i 参数解。

2. 被动换道规划

在实际工况中,无障碍换道路径规划的情形比较少见,常见的是在有周围障碍车辆的影响下的换道路径规划。在其他车辆的影响下,需考虑智能汽车与其他车辆的位置关系,如图 4.3 所示,可能的碰撞点发生在 1、2 或者 3 处。换道过程有换道准备、正在换道和取消换道状态。只要进入正在换道状态,则只需要考虑在本车正前方的车辆,当本车换道时 A' 的右前方与 B' 左后方是危险碰撞点,即考虑碰撞点 1。因车辆横向和侧向的参数方程是递增函数,所以在临界点 1 的位置不发生碰撞,则不会再发生碰撞。

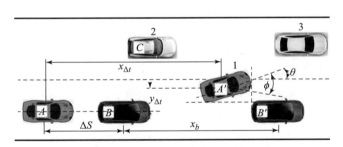

图 4.3 有障碍车辆换道示意图

假设周围车辆的外形尺寸和智能汽车一致,根据图 4.3,车辆长(L)、宽(W)和对角线(e)一致。换道前期,本车 A 和前车 B 的车间距为 ΔS,从换道开始时刻 t_a,经过 Δt,A 车到达 A' 位置,B 车到达 B' 位置,在此列出碰撞的临界方程为

$$x_{\Delta t} + e\cos(\phi - \theta) = S + x_b + L/2 \quad (4.11)$$

$$y_{\Delta t} - e\sin(\phi + \theta) = W/2 \quad (4.12)$$

式中,$x_{\Delta t}$ 和 $y_{\Delta t}$ 分别是 Δt 时间内纵侧向走过的距离,可由图 4.3 获得;θ 是车辆与车道中线的偏向角度;x_b 是 B 车 Δt 时间内的位移。

在实际换道场景中,换道车辆通常是以比较小的角度变至目标车道,即以平动的方式变道,忽略 θ 值并不会对研究换道路径产生影响,并且降低计算复杂度,式(4.11)和式(4.12)可写成如下形式:

$$x_{\Delta t} + e\cos\phi = S + x_b + L/2 \quad (4.13)$$

$$y_{\Delta t} - e\sin\phi = W/2 \quad (4.14)$$

为了考虑碰撞因素，引入一个待定的参数。由于在换道过程中，纵向的运动距离比侧向的运动距离大很多，同时考虑计算复杂度，所以只将纵向多项式添加最高次项，即

$$x(t) = b_6 t^6 + b_5 t^5 + b_4 t^4 + b_3 t^3 + b_2 t^2 + b_1 t + b \quad (4.15)$$

引入 b_6 参数，则式（4.4）就被改写为

$$T_{6\times 7} = \begin{bmatrix} t_a^6 & t_a^5 & t_a^4 & t_a^3 & t_a^2 & t_a & 1 \\ 6t_a^5 & 5t_a^4 & 4t_a^3 & 3t_a^2 & 2t_a & 1 & 0 \\ 30t_a^4 & 20t_a^3 & 12t_a^2 & 6t_a & 2 & 0 & 0 \\ t_b^6 & t_b^5 & t_b^4 & t_b^3 & t_b^2 & t_b & 1 \\ 6t_b^5 & 5t_b^4 & 4t_b^3 & 3t_b^2 & 2t_b & 1 & 0 \\ 30t_b^4 & 20t_b^3 & 12t_b^2 & 6t_b & 2 & 0 & 0 \end{bmatrix} \quad (4.16)$$

设 $x(t)$ 的系数矩阵为

$$\boldsymbol{p} = \begin{bmatrix} b_6 & b_5 & b_4 & b_3 & b_2 & b_1 & b \end{bmatrix}^T \quad (4.17)$$

则有

$$\boldsymbol{p}\boldsymbol{T}_{6\times 7} = \begin{bmatrix} x_b & \dot{x}_b & \ddot{x}_b & y_b & \dot{y}_b & \ddot{y}_b \end{bmatrix}^T \quad (4.18)$$

引入 b_6 后，式（4.17）共有 13 个未知量，由上节可知，需要再引入边界条件方可求解。式（4.11）和式（4.12）为此提供条件，由以上方程可得出 a_6 解的集合。

4.1.3 路径的纵向和侧向约束

上述计算得出的路径并没有考虑车辆运动学约束。在现实工况中，路径的纵向和侧向约束是评价路径安全的一项重要指标。在结构道路中，全局路径的曲率变化相较于高速公路的要大，尤其是在路口处。同时，在曲率较大处，侧向控制对安全性也是至关重要的。

智能汽车平台上固有的转向系统，其最大前轮转向角度已经确定。如果全局路径出现比较大的曲率，如在转弯的同时进行避障，这时如果不限制最大前轮转向角或者不限制转向速率，则会导致侧滑甚至侧翻等事故。根据人类驾驶员的经验，在曲率变化较大处，进行降速是最安全有效的办法。

$$\delta \leqslant \delta_{\max} \quad (4.19)$$

式中，$\delta_{\max}$ 是车辆最大前轮转向角。

除固有的限制外，车辆的侧向加速度也是智能汽车舒适性的重要指标。智

能汽车在弯道行驶时，产生的侧向加速度为

$$a_y = \ddot{v}_y + rv_x \tag{4.20}$$

式中，v_x 是纵向车速；r 是车辆的横摆角速度；$\ddot{v}_y$ 是质心侧向位移的二阶导数。

但是在路径规划中，由于时间一致性问题，在每个规划周期内，都假设车速和转角信息不变，这样在运动过程中，其侧向加速度可看作零，即 $\dot{v}_y = 0$，式（4.20）可写成

$$a_y = rv_x \tag{4.21}$$

由式（4.21）可得出，侧向加速度与车速和横摆角速度相关。在实际环境中，车辆的侧向加速度与道路路面相关，路面反作用于轮胎的摩擦力越大，可提供的侧向加速度越大，即侧向加速度可粗略地计算为

$$a_y < \mu g \tag{4.22}$$

式中，μ 是附着系数；g 是重力加速度。

有障碍物的路径规划是纵向方程增加一个最高次项，并且换道之前的车间距 S 也是根据车速确定的，因此纵向约束十分必要。智能汽车在确保安全的情况下，应尽可能地提高行驶速度。另外，路径的曲率也会影响纵向速度。在曲率较大处，应降速为转向获得充足的转向时间；在平顺的路径上，可以较大的车速通过。根据转向机构的最大横摆角速率 $\omega_{\max}$、路径上两点之间的弧长 s 和曲率的变化率 $\Delta\kappa$，则最大允许车速为

$$v_{\max} = \frac{s\omega_{\max}}{\Delta\kappa} \tag{4.23}$$

4.1.4 速度规划

当路径规划控制器规划出一条安全、舒适的路径，是在侧向规划出一条空间位置，但是纵向速度规划是决定车辆在时间上的位置规划。当在复杂的城市交通环境下，由于周围障碍物的出现，智能汽车就必须进行速度规划以免发生碰撞。可以利用梯形速度规划方法，利用当前车辆速度、与前方车辆距离和障碍物车辆速度等约束生成一条速度曲线。梯形速度规划原理如图 4.4 所示。

图 4.4 中 Δv（m/s）代表前后两车的相对车速，D_{safe} 是两车之间的安全距离，L_{init} 是后车距离前车的距离。当 L_{init} 较大时，智能汽车会经过加速、匀速和减速 3 个阶段，速度曲线如同一个梯形。其中，在加减速阶段分别设置最大加速度 a_a、最小减速度 a_d，保证乘坐的舒适性。

在结构化道路上进行速度规划，其周围障碍物主要来自前方车辆。动态障碍物场景里速度规划原则是在保证安全距离的情况下，尽量使得两车距离缩短，但是要留出足够的安全距离，避免前车突然制动发生碰撞。为了简便计

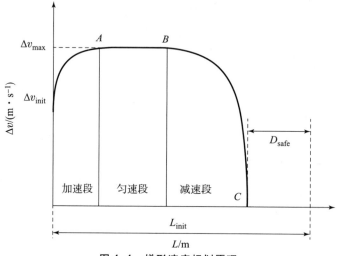

图 4.4 梯形速度规划原理

算,在加速段将加速度设置为固定值 a_a,匀速段的加速度为 0,减速段结合实际情况将加速度设置在一个范围内,大小在 a_{d_s} 和 a_{d_e} 之间,结合图 4.4,设置 $\Delta v = \Delta v(L)$ 函数曲线,将速度规划分为 3 个阶段。首先,当智能车辆处于加速段时,推导可得

$$\Delta v = \pm \sqrt{2a_a L + u_1} \qquad (4.24)$$

式中,u_1 是边界常数;等式右边的正负取决于两车之间的相对速度 Δv 的正负。

另外,由匀速段和减速段的关系式可得

$$\Delta v = u_2 \qquad (4.25)$$

$$\Delta v = \pm \sqrt{2a_{d\_i} L + u_3} \qquad (4.26)$$

式中,u_2 和 u_3 是边界常数;a_{d_i} 需满足不等式 $a_{d\_s} < a_{d\_i} < a_{d\_e}$。至此,可得到 3 个阶段的曲线函数,然后根据边界条件的不同,可确定多种不同的速度规划结果。

4.1.5 小结

本节提出一种基于五次多项式的换道规划方法,将横向和侧向运动加以约束,提高了实际换道中的稳定性和舒适性。根据不同的车速选择不同的前视距离,利用梯形速度规划对智能汽车进行纵向规划,对每个规划点赋予速度值,保证了换道时的安全性。

4.2 智能车辆自主超车规划方法

本节主要研究非结构道路环境下智能汽车超车行为的路径规划问题,即在智能汽车保持跟踪全局期望路径的同时,能够充分考虑前方障碍车辆与智能汽车运动状态之间的相互影响。通过局部路径的迭代生成、路径的碰撞分析、局部路径的选择以及速度规划等规划步骤,能够有效规避由于两车距离过近或者两车前行路径交叉而导致的车间碰撞问题,即在智能汽车躲避动态障碍车辆的同时,实现对前方障碍车辆的超越。本节主要从4个方面进行研究,分别为基于前向预测的路径生成方法、基于静态/动态障碍物超车路径规划方法、基于多目标评价函数的路径选择方法以及速度规划方法。

4.2.1 基于前向预测的路径生成方法

根据预瞄跟随理论,人类驾驶员通过对未来一段时间内车辆的预测路径,来进行车辆的操控。借鉴该思想,在智能车辆局部路径规划过程中,首先根据路网在局部范围内生成一条全局期望路径;然后通过对全局期望路径的偏移实现对车辆前方范围的覆盖;最后通过纯跟踪算法对偏移路径进行跟踪,迭代生成局部期望路径集合。

所谓前向预测路径生成,实际上就是根据控制序列,对车辆进行一段距离内的"模拟行驶",记录下"模拟行驶"过程中车辆的位置,即可得到一条路径,称为候选路径。根据上述纯跟踪算法,当车辆的自身状态和其目标点确定之后,可以计算得到当前时刻车辆的期望前轮偏角。

如图4.5所示,智能车辆在第 k 时刻的位置和航向表示为 $[x(k) \quad y(k) \quad \theta(k)]^T$,控制量为期望前轮偏角 $\delta(k)$,若不考虑车辆在转向行驶过程中的滑转、滑移,采用参考文献[2]提出的定距更新方式,那么智能车辆在第 $(k+1)$ 时刻的位置和航向为 $[x(k+1) \quad y(k+1) \quad \theta(k+1)]^T$。

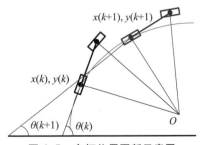

图4.5 车辆位置更新示意图

$$\begin{cases} x(k+1) = x(k) + R\sin(\theta(k)) - R\sin(\theta(k+1)) \\ y(k+1) = x(k) - R\cos(\theta(k)) + R\cos(\theta(k+1)) \\ \theta(k+1) = \theta(k) + R/s \end{cases} \quad (4.27)$$

式中，$R = l/\tan(\delta(k))$ 为瞬时转向半径，l 为车辆的前后轴距；s 为定距更新阈值，本书中 $s = 1\text{ m}$。

将预测得到的智能车辆最新的位置和航向 $[x(k+1) \quad y(k+1) \quad \theta(k+1)]^T$ 作为新的路点存储到预测路径 pred_path 中，并以此为新的车辆状态继续更新，直到 pred_path 达到预定的长度后停止，那么就得到一条从车辆当前状态 $[x(k) \quad y(k) \quad \theta(k)]^T$ 出发，逐渐收敛到期望路径的可行路径 pred_path。整个流程可以用表 4.1 中的伪代码描述。

表 4.1 基于前行预测的路径生成方法

pred_path_gene
1：while pred_path < pred_length
2：　　计算智能车辆的控制量 δ(k)
3：　　基于第 k 时刻的状态 $S_f(k)$ 和控制量 δ(k) 计算第 (k+1) 时刻的状态 $S_f(k+1)$
4：　　将 $S_f(k+1)$ 存入 pred_path 中
5：　　if pred_path > pred_length then
6：　　　　storage the pred_path and exit

4.2.2 基于静态/动态障碍物超车路径规划方法

在上一小节所述基于前向预测的路径生成过程中，规划器按照偏移量大小生成多条局部路径用于最优超车路径的选择。本小节基于以上局部路径集合，对每一条路径进行碰撞分析以判断其安全性。在实际碰撞分析过程中，智能车辆不可避免地会遇到环境中的静态障碍物和动态障碍物。本小节基于分类处理的思想，将非结构化环境障碍物要素分为静态要素和动态要素，然后针对静态要素使用栅格法进行避撞分析，针对动态要素则采用优化的椭圆形人工势场（Artifical Potential Field，APF）法进行避让，通过以上两重碰撞分析来实现智能车辆对障碍车辆的超越，同时保证不与周围环境中的静态障碍物发生碰撞。

1. 智能车辆静态避撞分析方法

在局部路径生成过程中，智能车辆首先要对非结构化道路环境中的静态要素进行处理，即道路中的正、负静态障碍物，道路边缘等。在本节中，静态障碍信息是感知系统通过激光雷达检测，然后经过处理以栅格地图的形式提供给规划系统，可以将各种静态障碍物进行统一处理，即将正障碍、负障碍、道路边缘等位置信息和属性信息统一计算在栅格地图之中。如果栅格被占据，则表示有障碍物，否则表示栅格所在位置安全。

栅格法作为双重碰撞分析方法中的第一重，利用栅格地图实现智能车辆与静态障碍物之间的碰撞预测。在上一小节基于纯跟踪的路径生成过程中，如果路径生成前方栅格为障碍栅格，则路径停止生成，路径被截断。如果在局部路径生成过程中未发生碰撞，则路径持续生成。碰撞预测过程如图4.6所示，智能车辆在 P_1 处未发生碰撞，在 P_2 处车辆左侧与障碍物重合，发生碰撞，局部路径停止生成。

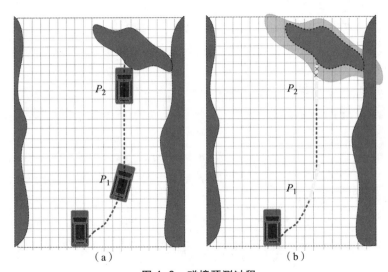

图4.6 碰撞预测过程

（a）网格化碰撞分析；（b）障碍物膨胀分析

在碰撞分析过程中，本节采用模拟的方法实现，即通过模拟车辆以当前状态出发，到达某点的网格实际占用情况进行碰撞预测。如图4.6（a）所示，车辆在 P_1 处，车体占用的网格没有障碍物，该点状态是安全的，而在 P_2 处，车体占据的网格被其他车辆占用，因而 P_2 是不安全的。

考虑到逐个计算每个点位置处的网格占用情况会消耗大量时间，为提高算法的效率，在此采用了对障碍物进行一定程度膨胀，而将车体本身缩放成一条带航向的线段的方法，然后通过该线段和障碍物膨胀区的重叠情况进行碰撞预测。由于在计算过程中仅保留了智能车辆的单位宽度，而将其宽度信息附加到障碍物区域，所以在车辆位置模拟过程中只需要进行在车辆长度方向的碰撞判断,大幅降低了系统复杂程度,减小了计算量。

如图4.6(b)所示,线段P_1P_2为简化车辆宽度信息,只保留车体长度信息后的车辆抽象表示,可以将障碍物区域以车体宽度一半的大小进行膨胀,即图中浅色区域(深色区域为原始障碍栅格区域)。因为在P_2处,膨胀后的障碍物区域遮挡了车辆局部路径,因而该路径发生截断,路径停止生成,以此来完成对静态障碍物的碰撞预测。

2. 智能车辆动态避撞分析方法

在上一小节中使用栅格法对静态障碍物进行碰撞预测,作为双重碰撞分析方法中的第一重,然而在实际行车过程中,除了静态障碍物,车辆还会面临动态车辆造成的危险。为解决该问题,采用双重碰撞分析方法中的第二重,即动态避撞分析方法。可以采用基于前向预测规划算法的基础上优化所得的算法,而碰撞预测分析作为局部路径生成的核心部分,它依据全局期望路径、上层感知信息以及车辆底层速度、前轮偏角等状态信息,为车辆预测其与前方障碍物或周围环境其他车辆发生碰撞的可能性,进而使得车辆能够提前决策、采取措施规避障碍,避免未来危险的发生,从而保证车辆行车安全性。本小节主要采用人工势场法进行动态障碍物的碰撞预测。

传统的人工势场法(Potential Field Method,PFM)在进行碰撞预测分析时,以障碍物为圆心,以圆的形式向周围辐射虚拟斥力场,即距离障碍物越近,发生碰撞的可能性越大,反之则可能性越小。该方法能够有效地表示车辆未来场景的危险程度,但是没有将车辆行驶方向信息考虑在内。利用所提出的一种优化的人工势场法,能够考虑车辆行车方向,通过增大障碍车辆行驶前方虚拟斥力场范围,提高智能车辆在超车过程中的安全性。

在障碍车辆危险区域建立之后,智能车辆通过对前方未来的行驶环境进行预瞄,评估本车沿着各方向行驶的安全性,进而实现碰撞预测分析。

1)人工势场法

在对人工势场法进行介绍之前,有必要对相关专业词汇进行申明。障碍车辆,即当车辆行驶时,在本车周边环境中,任何与本车距离相近,且有可能发生相撞等危险的其他车辆。障碍车辆主要针对智能车辆前方行驶的车辆,即被超车辆。危险碰撞区域是指在障碍车辆周围一定范围之内的区域。

传统的人工势场法将前方障碍车辆周围的危险碰撞区域通过虚拟斥力场形式来表达,而斥力场是以圆心向外均匀辐射的圆面,如图4.7所示。虚线圆为危险碰撞区域边界,在该边界外表示安全区域,即Point_4是安全的;在该边界内部则是危险碰撞区域,在该区域内部,障碍车辆对周边产生的排斥力随着距离的增大而减小，即智能车辆距离障碍车辆越近，所受排斥力越大，发生碰撞危险的可能性越高，反之则排斥力越小，发生碰撞危险的可能性越小。以概率 P 表示发生碰撞的概率，则图中 Point_1、Point_2、Point_3 发生危险的概率大小为 $P_{\text{Point\_1}} > P_{\text{Point\_2}} = P_{\text{Point\_3}}$。

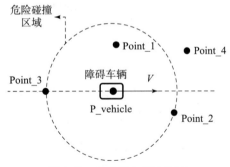

图 4.7 虚拟斥力场示意图

在上述传统的人工势场法中，并没有考虑障碍车辆的车身几何形状和行驶的方向，即当智能车辆位于距离障碍车辆距离相等的不同位置如 Point_2、Point_3。根据人工势场法的原理，智能车辆受到的排斥力大小相等，与障碍车辆发生碰撞危险的可能性也相等，但是在实际过程中，由于障碍车辆向右行驶，使得 Point_2 发生碰撞危险的概率远高于 Point_3，甚至在不发生极端行驶的情况（如障碍车辆突发反向行驶）下，Point_3 发生碰撞危险的概率为零；同样的，对于 Point_4，根据人工势场法原理该点发生碰撞危险的可能性较低，较危险碰撞区域内 Point_1 的安全性要高，但是在实际行驶过程中，Point_4 的安全性并不高，且其发生碰撞危险的可能性较 Point_1 要高。由此可见，在智能车辆超车过程中，传统的人工势场法的局限性就显得尤为明显，故将障碍车辆的行驶方向考虑在内就显得尤为重要，即将障碍车辆周围环绕的虚拟斥力场按照其行驶方向进行延伸，从而在不改变障碍车辆后方虚拟斥力场大小的基础上，扩大其行驶前方虚拟斥力场的覆盖范围，提高障碍车辆前方区域的行驶安全性。

2）椭圆形人工势场法

为了更加准确地描述障碍车辆周围环境的安全性，参考文献［6］提出了考虑行车方向性的人工势场法，即将势场圆按照行车方向进行延伸，原理示意图如图 4.8 所示，为障碍车辆周围的椭圆形虚拟斥力场。在该斥力场中，包含两个焦点 C_1 和 C_2。其中，C_1 表示障碍车辆几何位置中心所处位置；C_2 表示以车辆行驶方向椭圆长轴方向上的另一焦点，将椭圆形内部所占区域作为障碍车辆碰撞危险区域。该方法相比传统的人工势场法能够更加有效地描述障碍车辆碰撞区域的实际情况，其将位置点距离两个焦点之间

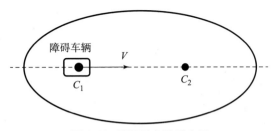

图 4.8 椭圆形虚拟斥力场

的距离之和定义为智能车辆与障碍车辆之间的"距离"。在椭圆形人工势场法中，两车之间的排斥力会随着两车之间的距离增大而减小，即智能车辆距离前方障碍车辆越远，两车之间排斥力越小，发生碰撞的可能性也就越小。

椭圆形人工势场法解决了传统人工势场法不考虑行驶方向性的情况，有效提升了智能车辆的行车安全性，优化了智能车辆对动态障碍车辆的避撞功能。但是简单的椭圆形人工势场法也存在着弊端，如其只考虑了车辆的行驶方向及车辆行驶速度大小，却没有考虑车辆本身的位姿参数约束，而是按照固定的距离作为椭圆的短轴长度。由于椭圆本身的属性问题，如果短轴设置太长，虽然智能车辆行车安全性增加了，但是也造成了智能车辆对环境中动态障碍车辆的过度敏感，在一些道路不是太宽的道路环境中，超车行为的实现就会显得尤其困难；如果短轴设置较短，则对于焦点附近区域，安全性就会降低而不利于超车行为的实现。基于此，提出基于椭圆人工势场法的优化算法。该方法将障碍车辆的车身位姿参数考虑在内，并按比例对原椭圆形人工势场范围进行截取，如图4.9所示。

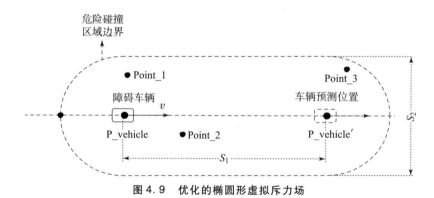

图4.9 优化的椭圆形虚拟斥力场

在图4.9中，势场力主要由图中两焦点的距离 S_1，以及基于车辆车身宽度安全膨胀范围 S_2 两方面确定，因此障碍车辆周边斥力场的形状和作用范围受到两个方面因素的影响。

（1）椭圆形势力场焦距

根据障碍车辆的行驶速度不同，利用该方法形成的虚拟斥力场的作用范围则不同。为了保证智能车辆的行车安全，当障碍车辆行驶速度较高时，则在沿着行驶方向上的虚拟斥力场作用范围较大，椭圆形状较扁，否则作用范围较小，椭圆形状较圆，如图4.10所示。因此，将车辆当前位置作为一个焦点，行车方向上某位置作为椭圆形的另一个焦点，两点焦距长度 S_1 为一个与智能车辆本身行驶速度有直接关联的变量，其确定方程如下：

$$S_1 = k_1 v_0 + k_2 v_0 + k_3 v_0 + k_4 L \tag{4.28}$$

式中，k_1 为检测到的前方障碍车辆行车稳定系数；k_2 为实际场景路面系数；k_3 为轮胎与路面摩擦系数；k_4 为常量；v_0 为障碍车辆行驶速度；L 为障碍车辆长度信息。

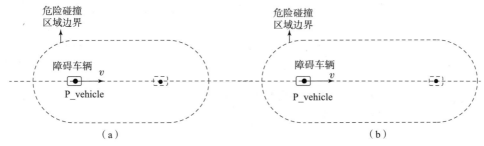

图4.10 障碍车辆在不同速度下的虚拟斥力场范围示意图
（a）车速较低时；（b）车速较高时

为了简化计划算法，引入最优系数 $n = k_1 + k_2 + k_3$，则可以将式（4.28）简化为

$$S_1 = nv_0 + k_4 L \tag{4.29}$$

（2）基于车身系数的椭圆形虚拟斥力场侧向约束

在智能车辆超车过程中，不可避免会遇到不同形状大小的车辆，如轿车、卡车等，基于此，椭圆形虚拟斥力场侧向作用范围则会有所不同。当检测到的障碍车辆几何参数较大时，则侧向偏移量越大，侧向的虚拟斥力场作用范围越广，反之则越小，如图4.11所示。要确定椭圆形虚拟斥力场侧向约束宽度，首先需要获取前方障碍车辆的几何信息，由上一节中提取的前方动态车辆信息可得，对该势力场的宽度约束 S_2 如式（4.30）所示：

$$S_2 = k_5 W \tag{4.30}$$

式中，k_5 为常量；W 为由感知模块提取的前方障碍车辆的几何信息中的宽度信息。

3）动态碰撞预测

智能车辆动态碰撞分析的原理：结合椭圆形人工势场法与基于前向预测的路径生成方法，如果局部路径上有路点落入前方障碍车辆的椭圆形虚拟斥力场内，则表示智能车辆与障碍车辆存在碰撞的可能，碰撞分析模块输出的预测结果是智能车辆在行驶前方可能发生碰撞，则该局部路径不可通行，并对该路径进行截断；反之，若局部路径点均落在障碍车辆的椭圆形虚拟斥力场之外，碰撞分析模块输出的预测结果是智能车辆行驶前方安全，则该路径安全，不做截

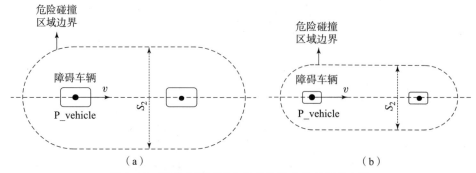

图 4.11 障碍车辆不同几何参数约束的虚拟斥力场

(a) 车辆几何参数较大；(b) 车辆几何参数较小

断标识。图 4.12 所示为碰撞分析原理。

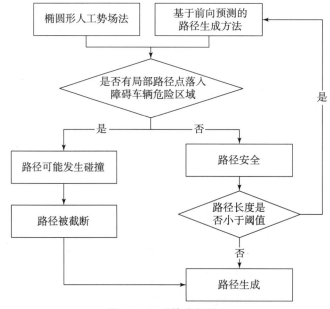

图 4.12 碰撞分析原理

车辆行驶前方局部路径点的安全函数 f_{safe} 受两方面因素的共同影响：前方障碍车辆对路径点施加的斥力 F，以及局部路径点距全局期望路径跟踪点 G 的距离 D，而斥力 F 与路径点距椭圆两个焦点的距离之和 d 成反比。因此安全函数 f_{safe} 由 d 与 D 共同决定。d 越小，路径点处所受的斥力 F 越大，车辆与周围障碍车辆发生碰撞的可能性越大，车辆的安全性越低；D 越大，预瞄点距全局

期望路径跟踪点 G 的距离越大，车辆就越偏离原有路径。定义各路径点的安全函数 f_{safe} 为

$$f_{\text{safe}} = kd/D \qquad (4.31)$$

式中，k 为一个取值为 0 或 1 的变量。当路径点落入周围障碍车辆的椭圆形虚拟斥力场内时，k 取 0，此时 $f_{\text{safe}} = 0$，反之，k 取 1。由此可知，安全函数 f_{safe} 的值越大，车辆在相应路径点处与周围障碍车辆发生碰撞的可能性越小，车辆越安全，如图 4.13 所示。

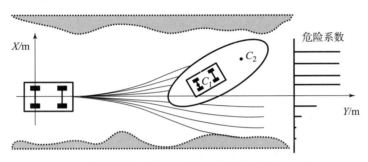

图 4.13　动态碰撞预测过程示意图

4.2.3　基于多目标评价函数的路径选择方法

在路径规划过程中，规划模块会按照偏移路径的多少生成多条候选路径，然后通过碰撞分析方法对每一条候选路径进行碰撞预测。按照规划方法时效性强、规划结果从优的原则，为智能车辆设计基于多目标评价函数的路径选择方法，如式（4.32）所示：

$$J(i) = k_1 C_s(i) + k_2 C_c(i) \qquad (4.32)$$

式中，i 为每条候选路径的标号；J 为候选路径的总成本量；C_s 为候选路径的安全性成本；k_1 为安全性指标的权重系数；C_c 为路径的稳定性成本；k_2 为稳定性指标的权重系数。

1. 安全性成本

在候选路径进行碰撞分析之后，会对每一条经过碰撞分析的路径做标记，即如果候选路径上有路点处于障碍物斥力场内，则该路径被截断；如果候选路径上没有障碍物，则判断该路径安全且不会发生碰撞。根据常识，当障碍物距离智能车辆较近时，发生危险的概率较大，因而将距离作为衡量安全性最主要的指标。智能车辆与障碍物的距离主要体现在侧向和纵向两个方面。本小节以候选路径长度作为纵向距离参数，以路径侧向偏移量作为侧向距离参数。由此

可得安全性成本 C_s：
$$C_s = k_l C_l + k_d C_d \tag{4.33}$$

式中，C_l 为路径长度成本；C_d 为障碍物侧向影响成本；k_d 和 k_l 分别表示两者的权重系数。

1）路径长度成本

局部路径生成算法是基于车辆纯跟踪方式迭代生成的路径。由于在实际行车环境中，车辆的视野范围有限，所以局部路径只在一定范围内才有效。在非结构道路环境中，局部路径长度阈值为固定值。当候选路径没有被截断时，路径长度为所设阈值；当局部路径上有障碍物时，在路径生成过程中在障碍物危险边缘处停止生成，由此造成了被截断路径的长度不相同的情况。基于此，将纵向距离成本看作一个与路径长度和安全距离相关的变量，而安全距离与车辆行驶速度有关，如式（4.34）所示：

$$C_l = \begin{cases} l_s - l_i, & l_i < l_s \\ 0, & l_i > l_s \end{cases} \tag{4.34}$$

式中，l_i 为最小安全距离，与车辆速度有关；l_s 为每条路径的长度，在路径生成过程中可求得。

为保证行车安全，在智能车辆行驶中应与前方障碍车辆保持一定的安全间距，在不同的车速下安全间距不同。可以借鉴参考文献［9］中对制动距离的分析，建立基于制动距离的最小安全距离模型，即

$$l_s = \left(t_{r1} + t_{r2} + \frac{t_{r3}}{2}\right)v + \frac{v^2}{2a_{d\max}} + \Delta l \tag{4.35}$$

式中，$a_{d\max}$ 为最大制动减速度；t_{r1} 为出现危险后规划系统的决策时间；t_{r2} 为规划结果发出到执行机构接收到命令的时间；t_{r3} 为持续制动时间；Δl 为车辆停止后与前方障碍物的距离阈值。

2）障碍车辆侧向距离成本

与经验驾驶类似，当智能车辆侧向距离障碍车辆太近时，发生事故的概率较高，同时还对车辆的速度有一定的影响，因此在路径选择过程中应该尽可能远离障碍车辆，通过设置侧向危险系数 C_d 来表示障碍车辆的侧向影响成本。从碰撞角度来看，候选路径由两部分组成，即发生碰撞的和不发生碰撞的。由于发生碰撞的候选路径危险系数为 1，故此处侧向危险系数只针对安全路径进行分析，如式（4.36）所示。其中，Δd 为本路径与最近的发生碰撞路径的侧向间距，当与障碍车辆间距大于 1m 时，则认为不存在此项危险成本的影响。

$$C_d = \begin{cases} 1 - |\Delta d|, & |\Delta d| < 1 \\ 0, & |\Delta d| \geq 1 \end{cases} \tag{4.36}$$

2. 稳定性成本

路径生成过程只考虑车辆的侧向运动，而没有考虑车辆速度给路径生成时间一致性带来的影响，也忽略了车辆侧向运动和纵向运动之间的耦合作用，由此造成了智能车辆在超车转向过程中，可能会发生侧滑、甩尾或侧翻等危险。

为了能够选择一条安全、平稳的可行驶路径，以智能车辆横摆角速度为指标，根据车辆实时车速和转向角对候选路径的初始期望转向角进行约束，即当候选的初始期望转向角不满足约束时产生侧向稳定性成本，否则成本为0。当车辆在转向行驶时，质心的纵向加速度为

$$a_x = \dot{v}_x - rv_y \tag{4.37}$$

式中，v_x、v_y、r 分别为智能车辆纵向速度、侧向速度及横摆角速度。同时，在每一个规划周期内，假设车辆速度、前轮偏角等状态不变，车辆等圆周行驶，进入稳态响应时车辆横摆角速度 r 为定值，$\dot{v}_x$ 为 0，侧向加速度简化为

$$a_x = -rv_y \tag{4.38}$$

同时，纵向加速度必然受到轮胎和地面间附着系数的限制，如式（4.39）所示。路面附着系数如表 2.1 所示。

$$a_x \leqslant \mu g \tag{4.39}$$

在车辆正常行驶时，除了考虑安全性因素，还要保证行驶的舒适性。如果侧向加速度过大可能导致乘员不适，故通常侧向加速度不大于 2.0 m/s^2。由以上分析得到横摆角速度限制为

$$r_{\max} \leqslant \frac{a_{x\max}}{v_x} \tag{4.40}$$

当车速为 v_x 时，由车辆运动学模型可知，车辆前轮偏角与横摆角速度的相互关系如下：

$$r = \frac{v_x}{l}\tan\delta \tag{4.41}$$

根据式（4.40）和式（4.41）可以确定车速与前轮偏角上限之间的关系，如图 4.14 所示。例如，当车速为 20 m/s 时，前轮偏角上限为 8°，如果超出 8°就会明显感觉到因较大侧向加速度而产生的摆动。根据对侧向加速度的分析，通过式（4.42）来计算侧向稳定性成本：

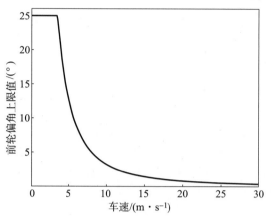

图 4.14 舒适度临界值

$$C_c = \begin{cases} 0, & |\delta| < \arctan(2l/v^2) \\ \exp\left(|\delta| - \arctan\dfrac{2l}{v^2}\right) - 1, & \arctan(2l/v^2) \leqslant |\delta| < \arctan(\mu g l/v^2) \\ \infty, & |\delta| \geqslant \arctan(\mu g l/v^2) \end{cases}$$

(4.42)

式中，δ 为路径初始位置的期望前轮偏角。当候选路径的初始期望转向角满足舒适性约束时，侧向稳定性成本为 0；当初始期望转向角不满足安全性约束时，侧向稳定性成本为无穷大，此时的路径不会被选为局部期望路径；当不满足舒适性，但满足安全性约束时，侧向成本随着前轮偏角成指数倍增加。图 4.15 所示

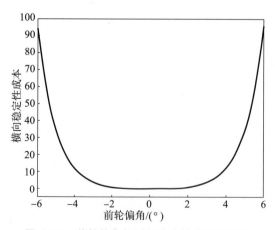

图 4.15 前轮偏角与侧向稳定性成本的关系

为当车速为 15 m/s，轮胎与地面间的附着系数为 0.8 时，初始期望前轮偏角与侧向稳定性成本的关系；当期望转角大于 6°时，侧向稳定性成本无限大，该路径不可选。

4.2.4　速度规划方法

在本节速度规划中，采用前向车速计算和后向车速计算对车辆速度进行确定。其中，后向计算是以候选轨迹截止车速 v_{terminal} 为参考，逆向计算轨迹终点之前各点速度；前向预测以车辆当前车速为参考，依次计算各轨迹点速度。

1. 后向车速计算

以轨迹终点可以到达的速度 v_{terminal} 为基准，对轨迹终点最小安全距离 D_s 以内的轨迹点设定车速上限为 u_{terminal}，即保证车辆间距维持安全距离。对于安全距离以外的轨迹点，进行速度的倒退计算，保证后车在到达与前车的安全距离范围时车速满足要求，如图 4.16 所示。

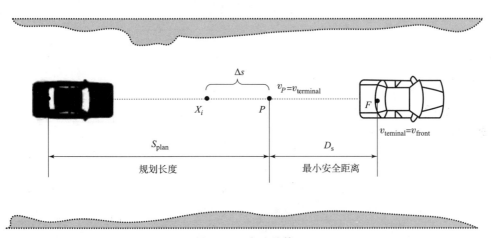

图 4.16　车速计算

图 4.16 中，前车位置为 F，根据前车位置和两车速度差值计算出的后车安全距离边界位置为 P。后车如要安全行驶，那么在前车的安全距离范围外，需要保证在任意位置 X_i 处的车速 v_i 满足如下所列关系：

$$\begin{cases} v_i \leqslant \sqrt{v_P^2 - 2a\Delta s} \\ D_s = v_0 t_d + \Delta d \end{cases} \quad (4.43)$$

式中，Δs 为轨迹点 X_i 到临界位置 P 的距离；a 为车辆的减速度；D_s 为最小安全距离；v_0 为车辆当前车速；t_d 为制动迟滞时间；Δd 为智能车辆与前车之间的安全距离，一般取 2~5 m。

2. 前向车速计算

从智能车辆前向行驶角度出发，根据轨迹上车速的状态可以分为加速段、匀速段和减速段。其中，部分轨迹可能缺失匀速段，需要根据车辆状态和轨迹长度进行判断。用 S_{plan} 表示除去安全距离外的轨迹长度，如图 4.16 所示。令 S_{acc} 表示加速段，S_{dec} 表示减速段，S_{cons} 表示匀速段。其中，S_{acc} 和 S_{dec} 计算方法如下：

$$\begin{cases} S_{acc} = (v_{max}^2 - v_0^2)/(2a_{acc}) \\ S_{dec} = (v_{terminal}^2 - v_{max}^2)/(2a_{dec}) \end{cases} \quad (4.44)$$

式中，v_0 表示车辆当前车速；$v_{terminal}$ 为终点车速，如前所述。

当 $S_{plan} > S_{acc} + S_{dec}$ 时，存在匀速段 S_{cons} 且匀速段长度为 $S_{cons} = S_{plan} - (S_{acc} + S_{dec})$。根据轨迹点 X_i 在不同路段（加速段、匀速段、减速段），利用加速度 a_{acc} 和减速度 a_{dec}，可以递归地计算得到对应的车速 v_i：

$$\begin{cases} v_i = \sqrt{v_{i-1}^2 + 2a_{acc}\Delta S}, & i \in S_{acc} \\ v_i = v_{i-1}, & i \in S_{cons} \\ v_i = \sqrt{v_{i-1}^2 + 2a_{dec}\Delta S}, & i \in S_{dec} \end{cases} \quad (4.45)$$

式中，ΔS 为轨迹点 X_i 与 X_{i-1} 之间的距离。

当 $S_{plan} \leq S_{acc} + S_{dec}$ 时，分为以下几种情况。

① 当 $S_{plan} \leq (v_{terminal}^2 - v_0^2)/(2a_{acc})$ 时，无减速段，轨迹点速度为

$$v_i = \sqrt{2a_{acc}S_i + v_0} \quad (4.46)$$

式中，S_i 为轨迹点 X_i 距离车辆位置的距离。

② 当 $S_{plan} > (v_{terminal}^2 - v_0^2)/(2a_{acc})$ 并且 $(v_{terminal}^2 - v_0^2)/(2S_{plan}) \geq a_{dec}$ 时，存在减速段。加速段与减速段的分界位置由式（4.47）求得

$$\begin{cases} v_{max}^2 - v_0^2 = 2a_{acc}S_{acc} \\ v_{terminal}^2 - v_{max}^2 = 2a_{dec}S_{dec} \\ S_{acc} + S_{dec} = S_{plan} \end{cases} \quad (4.47)$$

根据分界位置，分别对加速段和减速段轨迹点速度求解如下：

$$\begin{cases} v_i = \sqrt{v_{i-1}^2 + 2a_{acc}\Delta S}, & i \in S_{acc} \\ v_i = \sqrt{v_{i-1}^2 + 2a_{dec}\Delta S}, & i \in S_{dec} \end{cases} \quad (4.48)$$

③当 $S_{plan} > (v_{terminal}^2 - v_0^2)/(2a_{acc})$ 并且 $(v_{terminal}^2 - v_0^2)/(2S_{plan}) < a_{dec}$ 时，表示按照当前减速度，制动距离不够，需要增大减速度。期望减速度由式（4.49）求得

$$a_{exp\_dec} = (v_{terminal}^2 - v_0^2)/(2S_{plan}) \quad (4.49)$$

利用调整后的期望减速度 a_{exp_dec}，计算轨迹上各点速度为

$$v_i = \sqrt{v_{i-1}^2 + 2a_{exp\_dec}\Delta S} \quad (4.50)$$

此外，候选路径上轨迹点的速度还应满足车辆动力学约束，其主要体现在车辆转弯的情况，即车辆在做转弯运动时，为了保证车辆的安全性，根据车辆最大侧向加速度可得侧向最大速度 v_t：

$$v_t = \sqrt{a_t R} = \sqrt{a_t l/\tan\delta} \quad (4.51)$$

式中，a_t 为最大侧向加速度；l 为车辆轴距；δ 为车辆前轮偏角；R 为转弯半径。

最后，候选路径上各轨迹点的最终速度同时受后向速度、前向速度和最大侧向速度的限制，取三者之间的最小值作为最终规划速度。

4.2.5 小结

本节提出优化的动态路径规划方法，通过对基于前向预测的路径规划方法增加双重碰撞分析方法实现对动态障碍车辆的避让，综合考虑安全性、舒适性、稳定性等指标，并设计基于多目标参数的优化函数对待选路径进行分析，选择最优路径。

4.3 参考文献

[1] ROHMER E，SINGH S，FREESE M. V – REP：A versatile and scalable robot simulation framework [C]//2013 IEEE/RSJ International Conference on Intelligent Robots and Systems Intelligent Robots and Systems，2013：1321 – 1326.

[2] ENGELMAN G H，EKMARK J，TELLIS L，et al. Threat level identification and quantifying system：US7034668（B2）[P]. 2006 – 04 – 25.

[3] SUGIMACHI T. Development of autonomous platooning system for heavy – duty trucks [C]//Advances in Automotive Control，2013：52 – 57.

[4] ZHOU J，PENG H. Range policy of adaptive cruise control vehicles for improved

flow stability and string stability [J] . IEEE Transactions on Intelligent Transportation Systems, 2005, 6 (2): 229 – 237.

[5] 李晓芸. 考虑避撞的多智能车平台动态路径跟踪控制研究 [D]. 北京: 北京理工大学, 2016.

[6] 李宁. 基于视觉的车辆检测及避障控制算法研究 [D]. 北京: 北京理工大学, 2016.

[7] 徐威, 刘凯, 孙银健, 等. 开放式模块化的无人平台体系结构 [J]. 计算机应用, 2014 (S1): 301 – 305.

[8] 姜岩, 王琦, 龚建伟, 等. 无人驾驶车辆局部路径规划的时间一致性与鲁棒研究 [J]. 自动化学报, 2015, (3): 518 – 527.

[9] XU W, WEI J, DOLAN J M, et al. A real – time motion planner with trajectory optimization for autonomous vehicles [C]//IEEE International Conference on Robotics and Automation, 2012: 2061 – 2067.

[10] HADDAD M, KHALIL W, LEHTIHET H E. Trajectory planning of unicycle mobile robots with a trapezoidal – velocity constraint [J]. IEEE Transactions on Robotics, 2010, 26 (5): 954 – 962.

[11] MCNAUGHTON M. Parallel algorithms for real – time motion planning [D]. Pittsburgh: Carnegie Mellon University, 2011.

[12] ZHOU J, PENG H. Range policy of adaptive cruise control vehicles for improved flow stability and string stability [J]. IEEE Transactions on Intelligent Transportation Systems, 2005, 6 (2): 229 – 237.

[13] SCHWEIZER J. Non – linear feedback control for short time headways based on constant – safety vehicle – spacing [J]. 2004 IEEE Intelligent Vehicles Symposium (IV), 2004: 8160801

[14] VELENIS E, TSIOTRAS P. Optimal velocity profile generation for given acceleration limits: the half – car model case [C]//2005 IEEE International Symposium on Industrial Electronics, 2005: 361 – 366.

[15] BIANCO C G L, PIAZZI A, ROMANO M. Velocity planning for autonomous vehicles [C]//Intelligent Vehicles Symposium, 2004: 413 – 418.

第五章
自动泊车全局路径在线优化方法

5.1 概　　述

　　智能技术的进步促使汽车工业向智能化方向发展，使消费者对智能汽车的功能期望也越来越高：一方面自动泊车技术本身作为无人驾驶整个行程最后的关键一环弥足轻重；另一方面泊车困难问题在拥堵的城市也已显得越来越突出，面对复杂的泊车环境，即使有多年驾驶经验的驾驶员也无法保证每次都能泊车成功。当泊车环境过于复杂时，驾驶员不得不以超低速行驶，即使小心观察周围环境，仍存在很多不可避免的盲区，最终需要多次转动转向盘和控制车速来调整汽车位姿，才能让汽车安全驶入车位，然而这样使得操控变得复杂，且消耗大量时间。针对上述问题，实现快速安全且泛化性强、鲁棒性强的泊车算法是极具挑战的。

　　早期泊车算法多为基于几何方法的线段拼接，Gomez-Bravo F 用两端相切的圆弧来设计泊车路径，但是切点处存在曲率突变的问题。Kim D 等人则在圆弧间增加了过渡直线段，由于未考虑前轮转向过程，线段连接处多了必要的原地转向步骤，因此曲率问题依旧存在。Vorobieva 则提出在直线弧线连接处添加回旋线过渡的轨迹，这得益于回旋线曲率连续的性质，并最终在实车上得到了验证。事实上圆弧也不够平缓，可以继续优化，所以 Jaeyong M 利用贝塞尔曲线，郭孔辉等人利用反正切曲线拟合，除此之外还使用了五次多项式、样条函数、Gompertz 曲线等。如果每段为某一固定样式曲线的路径设计，或者通过增加更多线段使路径更加平滑，对于特定场景是高效可行的，但是同样也意味着不同泊车场景需要不同的路径设计，因此不具有通用性。

现有的自动泊车路径规划研究，还有基于数值优化的算法，其通过添加车辆运动学、动力学、道路障碍物等约束条件，求解有关性能函数的最优解，如内点法、伪谱法，虽然可以得到可行路径，但受限于计算性能，计算效率通常较低；基于采样的算法，有快速随机树算法（RRT）、双向搜索的 RRT* 算法，其在可行空间内随机撒点进行延伸扩展，或者依据转向与加速范围来限定扩展空间撒点，从而建立起点到终点的路线，再进行平滑处理，如局部加权回归平滑算法（Lowess）；基于图搜索的算法，如应用 A* 算法、Dijkstra 算法求得起点至目标点的无碰撞路径，为使其符合车辆运动学过程，再添加相关运动学约束、空间约束后，由 Hybrid A* 可以得到更为合理的泊车路线；也有基于深度强化学习的路径规划，可通过收集驾驶员实际泊车路径，或是前述种种方法求得可接受的预期路径作为训练测试样本，但是对于涵盖所有情况的样本收集以及大量样本的长时间训练，仍存在考虑不周、学习效率不高、无法应对意外情况等问题，尚处于探索阶段。

综合考虑，Hybird A* 算法融合 A* 算法以及 Reeds – Shepp 曲线，可以使目标车辆通过前行和倒车得到起点至目标点的无碰撞泊车路线，其在平行、垂直、斜向泊车环境都具有很强的泛化性，但是 RS 曲线为圆弧直线段，同样存在路径曲率突变问题，因此在此基础上将其优化平滑可以得到更为可行的泊车规划路线。

5.2　A* 算法与 Hybrid A* 算法泊车全局路径规划方法

5.2.1　A* 算法

A* 算法是一种很常用的路径查找和图形遍历算法，它有较好的性能和准确度。A* 算法最初研究成果于 1968 年，由 Stanford 研究院的 Hart P、Nilsson N G 以及 Raphael B A 发表，该算法可以认为是 Dijkstra 算法的扩展。A* 算法本质上来说是一种基于栅格的搜索算法。

在算法实现过程中，首先对所搜索的环境进行栅格划分并对栅格进行编号。栅格可按照一定的像素或者比例进行划分。栅格划分过于稀疏，会造成精度差并影响搜索结果，如体积比较小的障碍物会被忽略最终导致发生干涉或碰撞；栅格划分过于密集，则会导致计算成本急剧上升。例如，按照像素比例

1∶1 进行栅格划分，并按照一定规律对栅格编号（需要注意的是，地图栅格区域的编号是根据圆整结果来确定的，即四舍五入结果），结果如图 5.1 所示。以泊车终点［-0.5，1.29］坐标点为例，首先通过圆整得到栅格坐标点［-1，1］，然后计算得到其编号为 31。

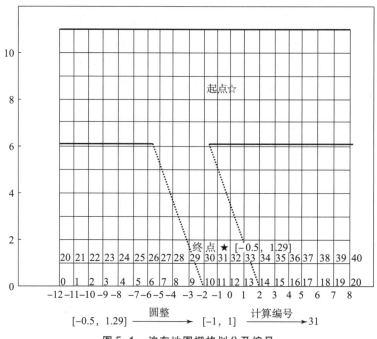

图 5.1　泊车地图栅格划分及编号

A^* 算法中每一个节点的成本计算公式如下：

$$f(n) = h(n) + g(n) \tag{5.1}$$

每个栅格被分配了两种成本：一种是起点到当前点的成本，称为实际成本（Actual Cost）或路径成本（Path Cost），记为 $g(n)$，实际上一般为从起点开始所经历的路径的距离和；另一种为预期成本（Heuristic Cost），即预计到达终点还需要的距离成本，记为 $h(n)$。实际上，一般定义为到终点的距离，因此也称之为预期成本函数，两种成本的和记为 $f(n)$。每次从优先队列中选取 $f(n)$ 值最小（成本最小，优先级最高）的节点作为下一个候选节点。

这里的距离，一般可以通过曼哈顿距离、对角距离或者欧氏距离来描述。为简单起见，一般用欧氏距离描述。

A^* 算法在运算过程中，使用两个集合来表示待遍历的节点与已经遍历过的节点，这通常称为 open_list 和 close_list。完整的 A^* 算法流程描述如下所示。

第五章　自动泊车全局路径在线优化方法

A* 算法

* 初始化 open_list 和 close_list
* 将起点加入 open_list 中，并设置优先级为 0 (优先级最高，cost 最小)
* if open_list ≠ ∅, then：从 open_list 中选取优先级最高的节点 n
  * if Node_n 为终点，then
    * 从终点开始逐步追踪父节点，一直达到起点
    * 返回找到的结果路径，break
* if Node_n 不是终点，then
  * 将 Node_n 从 open_list 中删除，并加入 close_list 中
  * 遍历 Node_n 所有的邻近节点（依次判断这 8 个点，如图 5.2 所示）
    * if 邻近 Node_n + 1 超出边界或者在障碍物边界中（如图 5.3 所示），then
      * continue，选取下一个邻近节点
    * if 邻近 Node_n + 1 在 close_list 中，then
      * continue，选取下一个邻近节点
    * if 邻近 Node_n + 1 也不在 open_list 中，then
      * 设置 Node_n + 1 的 parent 为 Node_n
      * 计算 Node_n + 1 的优先级
      * 将 Node_n + 1 加入 open_list 中

如图 5.2 所示，从起点开始，首先遍历起点周围邻近的点，然后再遍历已经遍历过的点邻近的点，呈米字形逐步向外扩散。在执行算法的过程中，每个点需要记录达到该点的前一个点的位，可以称之为父节点。这样做之后，一旦到达终点，便可以从终点开始，反过来顺着父节点的顺序找到起点，由此就构成了一条路径。为了考虑车辆轮廓与障碍物之间的潜在碰撞，通过障碍物膨胀，从而将考虑智能汽车的全形状路径搜索问题简化为质点路径搜索问题，如图 5.3 所示。

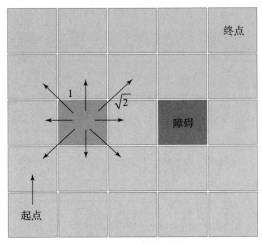

图 5.2　米字形搜索

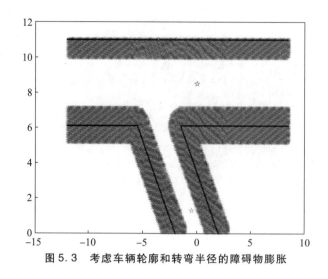

图 5.3 考虑车辆轮廓和转弯半径的障碍物膨胀

5.2.2 同伦曲线

从理论上可以证明，存在一种或多种路线规划方法可以从任意的起始状态到达终止状态，这类路线规划方法在数学上可以通过 Dubins 曲线或 Reeds – Shepp 曲线来描述。Dubins 曲线由 Dubins 在 1957 年提出。该曲线多了一个约束条件，即只能朝前开车，不能后退。1990 年，Reeds 和 Shepp 提出了 Reeds – Shepp 曲线，该曲线假设车辆能以固定的半径转向，通过前进和后退获得从起点到终点的最短路径，如图 5.4 所示。Reeds – Shepp 曲线不仅能保证车辆能够到达终点，而且能保证车辆到达终点的预期角度。例如，在垂直泊车的过程中，开始车辆平行于道路，终点要求车辆垂直于道路，这就对车辆的终点位置和终点角度都提出了要求。

Reeds – Shepp 曲线和 Dubins 曲线解决了没有障碍物环境下的最短路径问题，但实际泊车问题一是受车辆外形尺寸以及轴距、轮距等条件的约束；二是受泊车环境中各种可能的障碍物的约束，因此简单的 Reeds – Shepp 曲线无法解决实际的泊车优化问题。为此，提出了基于 A* 算法和 Reeds – Shepp 曲线相结合的 Hybrid A* 算法来解决实际环境中的泊车路径规划问题。

5.2.3 Hybrid A* 算法

Hybrid A* 算法是一种高效的路径规划算法。该算法考虑物体实际运动约束，最早是在 2010 年由斯坦福大学提出，并在 DARPA 的城市挑战赛上得以应

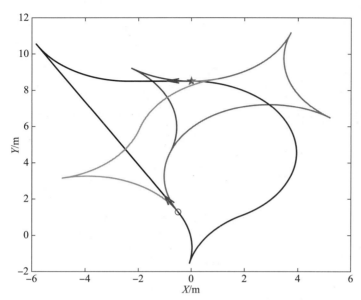

图 5.4　连接给定两点的 Reeds – Shepp 曲线
（轴距为 2.7 m，最大前轮转角为 30°的约束条件下的结果）

用。在普通的 A* 算法中，通常假定物体总能移动到邻近的目标网格点中，一般不考虑物体的运动方向，也不需要考虑物体的运动学或动力学约束，但在 Hybrid A* 算法中则需要考虑物体的运动方向及其运动学约束。在 A* 算法中，物体总是出现在栅格中心，而在 Hybrid A* 算法中，由于考虑了物体的实际运动约束，所以物体并不一定出现在栅格中心（可以出现在每个格中的任意位置，但是每个格内只出现一次）。由一个特定的位置出发，物体在下一步搜索中只能到达它可能到达的位置。A* 算法与 Hybrid A* 算法对比如表 5.1 所示。

表 5.1　A* 算法与 Hybrid A* 算法对比

	Hybrid A* 算法	A* 算法
维度	(X, Y, θ, R)	(X, Y)
启发函数	Max（Reeds – Shepp, A*）	曼哈顿距离/欧氏距离
节点	车辆运动学模型为节点	二维平面坐标点
节点与节点连接处	交点可以不是栅格顶点	交点是栅格中心点
缺点	不具有完备性	不满足车辆运动学

Hybrid A* 算法基于传统的 A* 算法，得到受车辆转向和障碍物避免碰撞约

束条件下的候选搜索区域。该区域可通过减去膨胀障碍物得到，避免过多的智能车辆与障碍物碰撞计算量，如图 5.5 所示。同时计算得到从起点到终点的启发函数的成本地图，即可搜索区域中每一个点到终点的成本，如图 5.6 所示。然后结合车辆运动约束以及启发函数的成本地图进行节点扩展，尝试 Reeds – Shepp 连接所扩展的节点到目标点，并从候选 Reeds – Shepp 曲线中选择路程最短且满足避障要求的曲线作为最终规划路径。Hybrid A* 算法流程如图 5.7 所示。

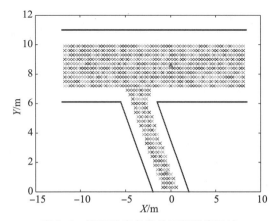

图 5.5　满足约束条件的可行搜索区域

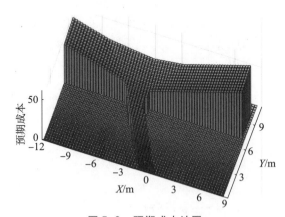

图 5.6　预期成本地图

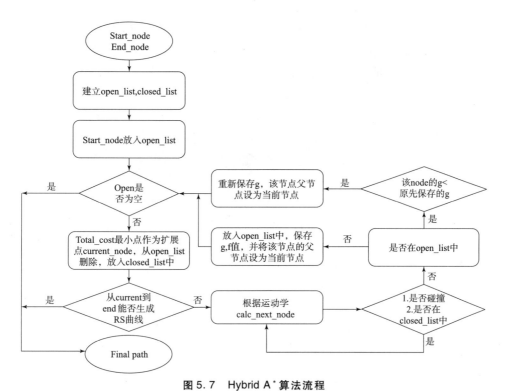

图 5.7　Hybrid A*算法流程

如图 5.8 所示，左右侧射线分别代表前进或后退的备选节点，粗虚线为碰

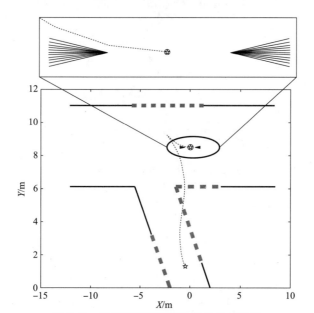

图 5.8　考虑车辆运动学约束的节点搜索

撞检测结果,表示该规划路径与障碍物发生碰撞的位置。图 5.9 中阴影区域为预留安全边界的路径可搜索区域,经过多次迭代搜索以后,最终得到能够避开障碍物和道路边界的全局路径。图 5.10 展示了最终的路径规划结果。

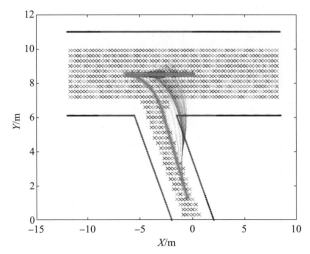

图 5.9 Hybrid A* 路径规划过程

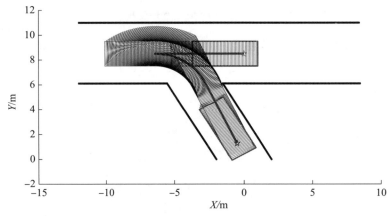

图 5.10 Hybrid A* 路径规划

5.2.4 碰撞检测方法

碰撞检测有很多种方法。首先通过圆形膨胀目标车辆后计算得到的路径并不一定满足矩形不重叠条件,但能快速筛选出一定不会碰撞的路段,加快了检测过程,而对有干涉的地方可以再进行矩形检测,最直接的方法可以由路径的偏航角绘制车辆矩形,通过 MATLAB 中 polyxpoly 函数判断 4 个边与障碍物是

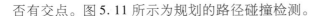

否有交点。图 5.11 所示为规划的路径碰撞检测。

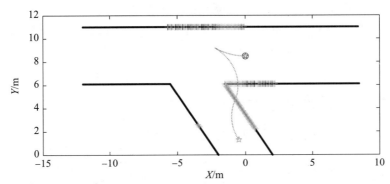

图 5.11 规划的路径碰撞检测（图中粗线段为障碍边界潜在碰撞区）

也可以采用检测两条线段是否相交的向量积方法。如果两个点在一个位于原点的向量（暂称原向量）两侧，那么这两个点各自和原点组成的向量必将在原向量的顺时针和逆时针两侧，原向量和两个向量分别的向量积必定异号，该两个点连成线段必然和原向量这个线段相交。

碰撞检测算法是通过计算角度求和，判断可疑点是否在矩形内完成碰撞检测，其流程描述如下所示。

碰撞检测算法

```
以车对角线为直径的检测范围，搜索是否有障碍物
* if 搜索结果为空
    * 则无碰撞，continue
* else # 进一步检测是否碰撞
    * 将待检测点投影到车辆偏航角方向
    * for 以逆时针方向遍历车辆矩形的边
        * 计算检测点与该边两端点的两个向量 (x1, y1), (x2, y2)
        * theta = atan2 (y1, x1)
        * tty = - sin(theta) * x2 + cos(theta) * y2; % [x2, y2] 与 [x1, y1] 逆时针旋转 90°的矢量的内积，即：cos(theta1 + pi/2) * x2 + sin(theta1 + pi/2) * y2
        * tmp = (x1 * x2 + y1 * y2)/(d1 d2); % 求两向量 [x2, y2] 与 [x1, y1] 的夹角
        if tmp > 1
            * tmp = 1
        * end
        * if tty >=0 % 如果 tty >0，则夹角为正，否则为负数
            * sumangle = sumangle + acos (tmp)
        * else
            * sumangle = sumangle - acos (tmp)
        * end
    * end
    * if sumangle >= pi % 夹角求和大于 pi 则不在矩形内，不碰撞
        * iscollision = false
```

如图 5.12 所示，依次逆时针连接障碍物潜在碰撞点与智能车辆的 4 个顶点，如果 $\overrightarrow{OB}$ 在 $\overrightarrow{OA}$ 逆时针一侧，则记两向量的夹角为正，反之记为负。由此可以看出，如果障碍点在智能车辆边界或者内部（也就是会发生碰撞），则夹角之和为 360°，在外部则夹角之和为 0°。

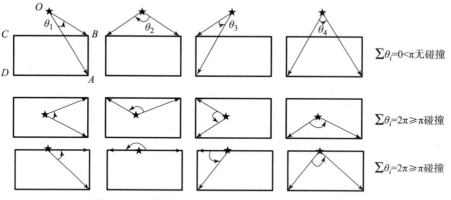

图 5.12　碰撞检测（图中★为障碍物潜在碰撞点）

判断 $\overrightarrow{OB}$ 在 $\overrightarrow{OA}$ 逆时针一侧还是顺时针一侧，可以通过将 $\overrightarrow{OA}$ 逆时针旋转 90°，然后求 $\overrightarrow{OB}$ 与 $\overrightarrow{OE}$ 内积，如果 $\overrightarrow{OB} \cdot \overrightarrow{OE}$ 为正（夹角为锐角），则记 $\overrightarrow{OB}$ 在 $\overrightarrow{OA}$ 逆时针一侧，反之（夹角为钝角或者 0°）记 $\overrightarrow{OB}$ 在 $\overrightarrow{OA}$ 顺时针一侧，如图 5.13 所示。

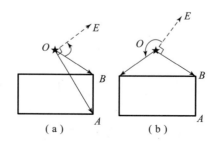

图 5.13　同向检测示意图
(a) $\overrightarrow{OB}$ 在 $\overrightarrow{OA}$ 逆时针一侧（$\overrightarrow{OB} \cdot \overrightarrow{OE} > 0$）;
(b) $\overrightarrow{OB}$ 在 $\overrightarrow{OA}$ 顺时针一侧（$\overrightarrow{OB} \cdot \overrightarrow{OE} \leqslant 0$）

5.2.5　Hybrid A* 算法存在的问题

虽然 Hybrid A* 算法考虑了简单运动约束，生成路径能够保证其路径序列的每两个点连接的路径满足转向约束要求，但如果考虑车速动态变化，整个路径序列并不一定能够满足车辆的运动学约束。

同垂直泊车类似，斜列泊车由 Hybrid A* 算法得到的曲线也需要进行平滑处理，如图 5.14 所示。

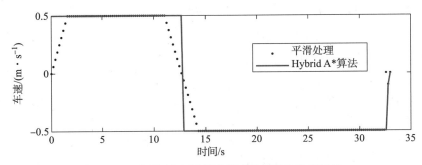

图 5.14　由 Hybird A* 算法得到的斜列泊车控制律

由于 Hybird A* 算法泊车路径方法并没有真正意义上的车辆运动约束，因此生成的路径不能严格符合车辆运动规律。如图 5.15 所示，从转向开始，控制误差逐步积累，导致提前倒车，转向角也有偏差，因此仅依靠路线路点的差分得到的控制律是不能生成高质量的泊车参考路径的。

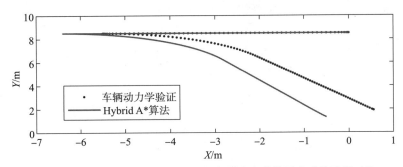

图 5.15　Hybrid A* 算法路径规划与车辆动力学模型生成的路径对比

为了提高泊车规划质量，解决不满足车辆自身运动学约束问题，下面提出基于时间序列的滚动优化方法来进行泊车路径的运动规划。

5.3　基于全局在线优化的泊车路径规划

5.3.1　动力学模型与约束

泊车过程中车辆作为受控对象，其动力学模型可描述为

$$x_{k+1} = f(x_k, u_k) \tag{5.2}$$

式中，x_k 是受控对象第 k 步时的状态；u_k 是此时的输入。

设初始状态 $x_0 = x_s$，f 描述泊车过程中的运动特性。通常 x_k 包含位置信息 p_k 和角度信息 θ_k，同时还有速度 $\dot{x}_k$ 和角速度 $\dot{\theta}_k$。假设无外界干扰，且该系统只受输入和状态的约束，其形式为

$$h(x_k, u_k) \leq 0 \tag{5.3}$$

式中，$h: R^{n_x} \times R^{n_u} \to R^{n_h}$，$n_h$ 是约束个数，目标为寻找控制链，使得受控对象从初始状态导航到终止状态，同时躲避障碍物 $O^{(1)}, O^{(2)}, \cdots, O^{(M)}, M \geq 1$。

5.3.2 障碍物和受控对象模型

对于给定的状态 x_k，若用 $E(x_k) \subset R^n$ 表示在 k 时刻受控车辆所占据的空间，避免碰撞的约束则为

$$E(x_k) \cap O^{(m)} = \phi, \forall m = 1, 2, \cdots, M \tag{5.4}$$

通常将障碍物视为由有限个半空间和超平面交集构成的多面体，式（5.4）是不可微的。为使其连续可微，假设障碍物是内部非空的凸包：

$$O^{(m)} = \{y \in R^n : A^{(m)} y \leq b^{(m)}\} \tag{5.5}$$

假设受控对象模型为全形状模型，需考虑"初始"凸集 B 的旋转和平移，即

$$E(x_k) = R(x_k) B + t(x_k), B := \{y : Gy \leq g\} \tag{5.6}$$

式中，R 为旋转矩阵，与受控对象旋转角度有关；t 为平移向量，与受控对象位置有关；B 为受控车辆所占据的初始位置空间，即初始凸集。假设 $R(\cdot)$ 和 $t(\cdot)$ 始终平滑。

5.3.3 避免碰撞的优化问题描述

结合式（5.2）和式（5.3），在碰撞约束下的有限空间优化问题可表示为

$$\begin{aligned} \min_{x,u} & \sum_{k=0}^{N} l(x_k, u_k) \\ \text{s.t.} \quad & x_0 = x_s, x_{N+1} = x_F \\ & x_{k+1} = f(x_k, u_k) \\ & h(x_k, u_k) \leq 0 \\ & E(x_k) \cap O^{(m)} = \phi \end{aligned} \tag{5.7}$$

式中，l 为代价函数。求解式（5.6）的困难（包括对于凸函数和凸状态/输入约束的线性系统来讲）在于式（5.3）非凸且不可微。

5.3.4 避免碰撞的数学描述

一种常用的方法是基于距离符号的概念：

$$\text{sd}(E(x), O) = \text{dist}(E(x), O) - \text{pen}(E(x), O) \tag{5.8}$$

$$\text{dist}(E(x), O) = \min_{t}\{t : (E(x) + t) \cap O \neq \varnothing\} \tag{5.9}$$

$$\text{pen}(E(x), O) = \min_{t}\{t : (E(x) + t) \cap O = \varnothing\} \tag{5.10}$$

式中，$\text{dist}(\cdot, \cdot)$ 和 $\text{pen}(\cdot, \cdot)$ 分别为距离和渗透函数。

如果距离符号为正，表示受控对象与障碍物不会交叉，为负表示两者重叠。因此，通过确定 $\text{sd}(E(x), O) > 0$ 就能确保不会碰撞，但是直接求解很困难，因为是非凸不可微的。此外，为了使优化算法数值有效，需要处理明确表示的函数，但是实际上很难做到，局部线性优化也很难确定近似误差范围，下面通过凸优化方法来实现泊车问题的优化求解。

5.4 考虑智能车辆轮廓的避障问题描述

5.4.1 对偶范数与共轭函数

1. 对偶范数

$\|v\|$ 的对偶范数为

$$\|v\|_* = \sup_{\|u\| \leq 1} u^\text{T} v \tag{5.11}$$

式中，范数 $\|v\|$ 的对偶范数是找到一个向量 u，使得 u 和 v 的内积达到最大，这个最大的内积 $u^\text{T} v$ 就是 $\|v\|$ 的对偶范数。

2. 共轭函数

若函数 $f(x)$ 上任意一点 x_0 的切线为 $g(x) = (x - x_0)\dfrac{\partial f}{\partial x}(x_0) + f(x_0)$，那么，$g(x)$ 的截距为 $x = 0$ 的位置，即 $g(0) = -x_0 \dfrac{\partial f}{\partial x}(x_0) + f(x_0)$，记 $y = \dfrac{\partial f}{\partial x}(x_0)$，于是定义 $g(x)$ 的截距的极小值（相反数的最大值）为 f 的共轭函数 f^*，且 $f^*(y) = \sup_{x} y^\text{T} x - f(x)$。因为 $f(x)$ 是凸函数，所以 $f^*(y)$ 为凹函数，

凹函数有唯一最大值。要得到 $f^*(y)$ 对于 x 的最大值，$f^*(y)$ 对 x 求偏导等于 0，于是有 $y = \dfrac{\mathrm{d}f}{\mathrm{d}x}$。共轭函数如图 5.16 所示。

共轭函数的性质：

$$\begin{cases} x = \dfrac{\mathrm{d}f^*}{\mathrm{d}y} \\ y = \dfrac{\mathrm{d}f}{\mathrm{d}x} \end{cases} \tag{5.12}$$

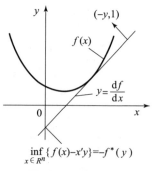

图 5.16 共轭函数

说明：①共轭函数的自变量是原函数的斜率（一阶导）。

②共轭函数可以把对原函数求最小值问题转换为求其共轭函数最大值问题（也就是求 $g(x)$ 截距最大值问题）。

3. 范数 $f(x) = \|x\|$ 的共轭函数

$$f^*(y) = \sup_x (\boldsymbol{y}^\mathrm{T} \boldsymbol{x} - \|x\|) = \sup_x \|x\| \left(\boldsymbol{y}^\mathrm{T} \dfrac{x}{\|x\|} - 1 \right) \tag{5.13}$$

根据对偶范数的定义公式（5.11），有

$$\begin{aligned}
f^*(y) &= \sup_x (\boldsymbol{y}^\mathrm{T} \boldsymbol{x} - \|x\|) \\
&= \sup_x \|x\| \left(\boldsymbol{y}^\mathrm{T} \dfrac{x}{\|x\|} - 1 \right) \\
&= \sup_x \|x\| \cdot \sup_x \left(\boldsymbol{y}^\mathrm{T} \dfrac{x}{\|x\|} - 1 \right) \\
&= \sup_x \|x\| \cdot \sup_x \left(\left(\dfrac{x}{\|x\|}\right)^\mathrm{T} \boldsymbol{y} - 1 \right) \\
&= \sup_x \|x\| \cdot \left(\sup_x \left(\dfrac{x}{\|x\|}\right)^\mathrm{T} \boldsymbol{y} - 1 \right) \\
&= \sup_x \|x\| \cdot \left(\sup_{\frac{x}{\|x\|} \leq 1} \left(\dfrac{x}{\|x\|}\right)^\mathrm{T} \boldsymbol{y} - 1 \right) \\
&\xrightarrow{\|v\|_* = \sup_{\|u\| \leq 1} u^\mathrm{T} v} = \sup_x \|x\| \cdot (\|y\|_* - 1) \\
&= \begin{cases} 0, & \|y\|_* \leq 1 \\ +\infty, & \text{其他} \end{cases}
\end{aligned} \tag{5.14}$$

等式约束下范数最小值问题的 Lagrange 对偶问题：

$$\begin{aligned} &\min \|x\| \\ &\text{s.t} \quad Ax = b \end{aligned} \tag{5.15}$$

上述问题的对偶函数为

$$\begin{aligned}
g(\boldsymbol{v}) &= \inf_x(\|x\| + \boldsymbol{v}^{\mathrm{T}}(b - Ax)) \\
&= \inf_x(\|x\| - \boldsymbol{v}^{\mathrm{T}}(Ax + \boldsymbol{v}^{\mathrm{T}}b)) \\
&= \boldsymbol{v}^{\mathrm{T}}b + \inf_x((\|x\| - \boldsymbol{v}^{\mathrm{T}}Ax)) \\
&= \boldsymbol{v}^{\mathrm{T}}b + \sup_x((\boldsymbol{v}^{\mathrm{T}}Ax - \|x\|)) \\
&= \boldsymbol{v}^{\mathrm{T}}b + \sup_x\left(\|x\|\left(\boldsymbol{v}^{\mathrm{T}}A\frac{x}{\|x\|} - 1\right)\right) \\
&= \boldsymbol{v}^{\mathrm{T}}b + \sup_x\|x\| \cdot \sup_x\left(\boldsymbol{v}^{\mathrm{T}}A\frac{x}{\|x\|} - 1\right) \\
&\xrightarrow{\|\boldsymbol{v}\|_* = \sup_{\|u\|\leqslant 1}\boldsymbol{u}^{\mathrm{T}}\boldsymbol{v}} = \boldsymbol{v}^{\mathrm{T}}b + (\|\boldsymbol{v}^{\mathrm{T}}A\|_* - 1)) \cdot \sup_x\|x\|
\end{aligned}$$

(5.16)

5.4.2　最小碰撞轨迹生成

假设障碍物和受控对象由式（5.8）及式（5.9）独立给出，两者距离的理想安全裕度 $d_{\min} \geqslant 0$，则

$$\text{dist}(E(x), O) > d_{\min} \tag{5.17}$$

$$\text{dist}(E(x), O) = \min_t\{\|t\| \mid A(E(x) + t) < b\} \tag{5.18}$$

$$E(x) = R(x)B + t(x), B := \{y \mid Gy \leqslant g\} \tag{5.19}$$

$$O := \{y \mid Ay \leqslant b\} \tag{5.20}$$

上述问题的 Lagrange 对偶函数为

$$\begin{aligned}
g(\lambda, \mu) &= \inf_{t,y}(\|t\| + \boldsymbol{\lambda}^{\mathrm{T}}(A(R(x)y + t(x) + t) - b) + \boldsymbol{\mu}^{\mathrm{T}}(Gy - g)) \\
&= -\boldsymbol{g}^{\mathrm{T}}\mu + (At(x) - b)^{\mathrm{T}}\lambda + \inf_{t,y}(\|t\| + \boldsymbol{\lambda}^{\mathrm{T}}At + (\boldsymbol{\mu}^{\mathrm{T}}G + \boldsymbol{\lambda}^{\mathrm{T}}AR(x))y)
\end{aligned}$$

(5.21)

证明：

$$\text{dist}(E(x), O) > d_{\min} \tag{5.22}$$

$$\text{dist}(E(x), O) = \min_{e,o}\{\|e - o\| \mid Ao \leqslant b, e \in E(x)\} \tag{5.23}$$

$$E(x) = R(x)B + t(x), B := \{y \mid Gy \leqslant g\} \tag{5.24}$$

式中，$t(x)$ 为车辆后轴中心在每一时刻的位置；$R(x)$ 为坐标转换矩阵。障碍物的描述为

$$O^{(m)} := \{y^{(m)} \mid A^{(m)}o \leqslant b^{(m)}\} \tag{5.25}$$

式中，m 为第 m 个障碍物。

$$\begin{aligned}
&\text{dist}(E(x), O^{(m)}) = \min_{e',y} \{ \| R(x)e' + t(x) - o^{(m)} \|, \\
&\quad A^{(m)}o \leqslant b^{(m)}, Ge' \leqslant g \} \\
&\Leftrightarrow \text{dist}(E(x), O^{(m)}) = \min_{w} \{ \| w \|, Ao^{(m)} \leqslant b^{(m)}, Ge' \leqslant g, \\
&\quad w = R(x)e' + t(x) - o^{(m)} \}
\end{aligned} \quad (5.26)$$

上述问题的 Lagrange 对偶函数为

$$\begin{aligned}
g(\lambda,\mu) &= \inf_{w,o,e'} (\| w \| + (Ao - b)^{\mathrm{T}}\lambda + (Ge' - g)^{\mathrm{T}}\mu + z(R(x)e' + \\
&\quad t(x) - o - w)) \\
&= -\boldsymbol{g}^{\mathrm{T}}\mu + zt(x) - \boldsymbol{b}^{\mathrm{T}}\lambda + \inf_{w,o,e'}(\| w \| - zw + (\boldsymbol{\lambda}^{\mathrm{T}}A - z)o + \\
&\quad (\boldsymbol{\mu}^{\mathrm{T}}G + zR(x))e') \\
&= \begin{cases} -\boldsymbol{g}^{\mathrm{T}}\mu + zt(x) - \boldsymbol{b}^{\mathrm{T}}\lambda, & \| z \|_* \leqslant 1, \boldsymbol{\lambda}^{\mathrm{T}}A - z = 0, \boldsymbol{\mu}^{\mathrm{T}}G + zR(x) = 0 \\ -\infty, & \text{其他} \end{cases} \\
&= \begin{cases} -\boldsymbol{g}^{\mathrm{T}}\mu + (At(x) - b)^{\mathrm{T}}\boldsymbol{\lambda}^{\mathrm{T}}, & \| \boldsymbol{\lambda}^{\mathrm{T}}A \|_* \leqslant 1, G^{\mathrm{T}}\mu + R(x)^{\mathrm{T}}A^{\mathrm{T}}\lambda = 0 \\ -\infty, & \text{其他} \end{cases}
\end{aligned}$$
$$(5.27)$$

5.5 泊车优化问题的数学描述

5.5.1 车辆运动学模型

选取 $x = [X \ Y \ \psi \ v]^{\mathrm{T}}$ 作为受控车辆的状态变量,其中,$[X,Y]$ 为车辆后轴中心在绝对坐标系下的位置,ψ 为车辆车身偏航角,v 为车速;选取前轮转角和车辆纵向加速度作为控制输入,即 $u = [\delta,a]$。对于低速车辆,其运动学约束 $\dot{x} = f(x,u)$ 可描述如下:

$$\begin{cases} \dot{X} = v\cos(\psi) \\ \dot{Y} = v\sin(\psi) \\ \dot{\psi} = v\tan(\delta)/l \\ \dot{v} = a \end{cases} \quad (5.28)$$

连续非线性系统 $\dot{x} = f(x,u)$ 的离散求解一般有两种处理方法,具体如下。

1. Euler 法(一阶 Taylor 展开法)

$$x_{k+1} = x_k + \Delta T f(x_k, u_k) \quad (5.29)$$

式中，ΔT 为采样时间或者计算步长。

2. 二阶 Runge – Kutta 法

$$x_{k+1} = x_k + f\left(\frac{x_k + x_{k+1}}{2}, u_k\right)\Delta T$$

$$= x_k + f\left(\frac{x_k + x_k + \tau f(x_k, u_k)}{2}, u_k\right)\Delta T$$

$$= x_k + f(x_k + 0.5\tau f(x_k, u_k), u_k)\Delta T \quad (5.30)$$

Runge – Kutta 法可以认为是改进的 Euler 法，即用 x_{k+1} 和 x_k 两个点的算术平均值对应的斜率作为平均斜率，而 x_{k+1} 则通过已知的 x_k 的信息来进行预测。

5.5.2 自动泊车优化问题描述

在给定初始状态 x_s 及其目标状态 x_f 后自动泊车问题可以描述为从初始状态到目标状态的优化问题。在优化过程中如何在保证不与障碍物 $O^{(1 \sim M)}$ 发生碰撞的前提条件下最小化控制输入和泊车时间？因此，泊车优化问题可描述为

$$\min_{\tau, x, u, \lambda, \mu} \sum_{k=0}^{N} u_k^T Q_u u + \Delta u_k^T Q_{\Delta u} \Delta u + R\Delta T$$

$$\text{s. t.} \quad x_0 = x_s, x_{N+1} = x_f \quad (1)$$

$$x_{k+1} = x_k + \Delta T f(x_k + 0.5\Delta T f(x_k, u_k), u_k) \quad (2)$$

$$h(x, u, \Delta T) \leq 0 \quad (3)$$

$$\begin{cases} -g^T \mu_k^{(m)} + (A^{(m)} t(x_k) - b^{(m)})^T \lambda_k^{(m)} \geq d_m \\ G^T \mu_k^{(m)} + R(x_k) T A^{(m)T} \lambda_k^{(m)} = 0 \\ \|\lambda_k^{(m)T} A^{(m)}\|_* \leq 1, \lambda_k^{(m)} \geq 0, \mu_k^{(m)} \geq 0 \end{cases} \quad (4)$$

$$\forall k = 0, 1, \cdots, N; \forall m = 0, 1, \cdots, M \quad (5.31)$$

在式（5.31）中，选取目标函数来最小化控制量及其控制增量的成本以及泊车时间，式中，Q_u、$Q_{\Delta u}$ 和 R 是对应的权重矩阵。这里为了提高求解效率，采用变采样步长进行优化求解。式（1）为初始位姿约束和终端位姿约束；式（2）为车辆运动学约束；式（3）为被优化量上下界约束；式（4）为无碰撞描述的 Lagrange 对偶约束，其中 d_m 为安全裕度，这里为大于 0 的实数。

Lagrange 对偶约束的 MATLAB 代码实现如下。

```
function[cineq,ceq] = nonlcon_Lagdual(obj,vars)% 非线性约束
% function[cineq,ceq] = nonlcon_Lagdual(obj,vars)
% ------------------------------------------------
```

```matlab
% ---------
% Evaluate nonlinear equality and inequality constraints
% out:
% cineq = g(x,u) <= 0:inequality constraint function
% ceq = h(x,u) == 0:equality constraint function
% --------------------------------------------------
% ---------
    ego = [3.7;1;1;1];% 定义汽车尺寸(后轴中心为参考点)
    A_L = NaN(obj.N+1,obj.nob);% 对 A'* lambda 分配空间
    G1 = NaN(obj.N+1,obj.nob);% 对 G'* mu + R'* A'* lambda 分配空间
    G2 = NaN(obj.N+1,obj.nob);
    G3 = NaN(obj.N+1,obj.nob);% 对 dmin - (-g'* mu + (A* t - b)* lambda)结果分配空间
W_ev = ego(2) + ego(4);% 车宽
L_ev = ego(1) + ego(3);% 车长
    g = [L_ev/2,W_ev/2,L_ev/2,W_ev/2]'
    % offlist from the center of the ego
offlist = (ego(1) + ego(3))/2 - ego(3)
    [x,~,l,n,~,~] = splitvariables(obj,vars);% 动态规划优化结果分配函数
for i = 1:obj.N+1
for j = 1:obj.nob % nob 为障碍物个数
if j == 1
        vob1 = 1
else
        vob1 = sum(obj.vob(1:j-1)) + 1;% 障碍物顶点数
end
        vob2 = sum(obj.vob(1:j));
Aj = obj.A(vob1:vob2,:);% 第 j 个障碍物的相关矩阵
lj = l(vob1:vob2,:);% 第 j 个障碍物的 lambda 对偶变量
nj = n((j-1)*4+1:j*4,:);% 第 j 个障碍物的 mu 对偶变量
bj = obj.b(vob1:vob2);% 第 j 个障碍物的相关矩阵
% norm(A'* lambda) = 1
        sum1 = 0;% 初始化
```

```
            sum2 = 0
            sum3 = 0
            sum4 = 0
    for k = 1:obj.vob(j)
            sum1 = sum1 + Aj(k,1)* lj(k,i)
            sum2 = sum2 + Aj(k,2)* lj(k,i)
            sum4 = sum4 + bj(k)* lj(k,i)
    end
            A_L(i,j) = sum1^2 + sum2^2 - 1 ; % norm(A'* lambda) - 1
    % G'* mu + R'* A'* lambda = 0 G = [1 0;0 1;-1 0;0 -1]
            G1(i,j) = nj(1,i) - nj(3,i) + cos(x(3,i))* sum1 + sin(x(3,i))* sum2
            G2(i,j) = nj(2,i) - nj(4,i) - sin(x(3,i))* sum1 + cos(x(3,i))* sum2
    % -g'* mu + (A* t - b)* lambda > dmin offlist 是从 t 这里做了偏移
    for k = 1:4
            sum3 = sum3 + g(k)* nj(k,i); % g'* mu
    end
            G3(i,j) = obj.dmin - ( - sum3 + (x(1,i) + cos(x(3,i))* offlist)* sum1 + (x(2,i) + sin(x(3,i))* offlist)* sum2 - sum4);
    % dmin - ( - g'* mu + (A* t - b)* lambda)
        end
    end
ceq = [reshape(ceq1,obj.N* obj.nx,1); reshape(A_L,(obj.N + 1)* obj.nob,1); reshape(G1,(obj.N + 1)* obj.nob,1);reshape(G2,(obj.N + 1)* obj.nob,1)]
        cineq = reshape(G3,(obj.N + 1)* obj.nob,1)
end
```

5.5.3　优化问题求解

可以采用 MATLAB 自带的非线性规划求解器 fmincon 函数进行求解，并采用内点法求解算法。通过引入障碍函数（Barrier Function Method）的方法将约束优化问题转换成无约束问题，再利用优化迭代过程不断更新效用函数，以使算法收敛。内点法的基本思想是在可行域的边界筑起一道很高的障碍，当迭代点靠近边界时，目标函数突然增大，以示惩罚，阻止迭代点穿越边界，这样就可以将最优解约束在可行域之内了。

为了提高收敛速度，进而提高求解效率，采用 Hybrid A* 搜索得到的可行解作为非线性规划求解器的初始值，该方法称之为热启动。

求解所用的 MATLAB 代码实现如下：

```
function[x,u,Timescale,existflag,l,n] = optimizer(obj)
    % 定义算法
    options = optimoptions('fmincon','Display','iter','Algorithm','interior-point',...% 'interior-point','sqp','interior-point'
        'SpecifyConstraintGradient',false,'UseParallel',true,...% 为真时,求解器用并行方式估计梯度。通过设置为默认值 false,可以禁用
        'ConstraintTolerance',obj.tol,...
        'MaxIterations',obj.maxiter,...% 寻优最大迭代次数
    [vars_opt,fval,existflag, ~ ] = fmincon(costfun,varsguess,Aineq,Bineq,Aeq,Beq,lb,ub,nonlcon,options);
    % fmincom(目标函数;初始值;线性不等式约束 A,b;线性等式约束 Aeq,beq,变量 x 的上、下界,非线性等式/不等式,定义优化参数)
end
```

自动泊车 MATLAB 代码

5.6 仿真验证

可以通过 3 种典型的泊车场景，即平行泊车、垂直泊车、60°斜列泊车，对所设计的算法进行验证。泊车场景相关参数如表 5.2 所示。

表 5.2　泊车场景相关参数

参数	数值
车辆后轴中心至前端距离/m	3.7
车辆后轴中心至左右端距离/m	1
车辆后轴中心至后端距离/m	1
转向盘最大转角/rad	0.6
泊车过程最大前进车速/(m·s^{-1})	0.5
泊车过程最大后退车速/(m·s^{-1})	0.5
泊车过程最大加速度/(m·s^{-2})	0.3
库位长度/m	5
库位宽度/m	2.6

5.6.1　平行泊车

图 5.17 所示为平行泊车 Hybrid A* 泊车路径，细虚线为从当前行车节点计算到终点的 RS 曲线。当该曲线上代表车辆的矩形与障碍物（车位边界）会发生重叠时，也就意味着路径不可行，需进行下一步迭代。当根据车辆运动学运动到下一个节点时，重复进行障碍物检测，直至生成无碰撞路径，即图中粗曲线。

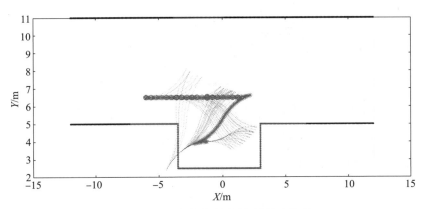

图 5.17　平行泊车 Hybrid A* 泊车路径

图 5.18 所示为通过全局优化方法计算得到的路径，该路径在安全距离内更贴近障碍物（停车位），因此所需的泊车空间也会更小。由图 5.19 中两种路线对比可知，当车辆从前进转为倒车时，全局优化曲率变化更小，整体路径更平滑。

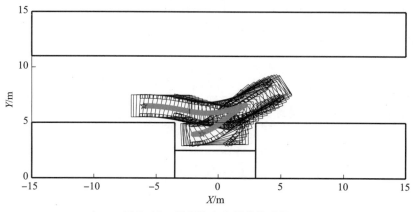

图 5.18 平行泊车全局优化路径

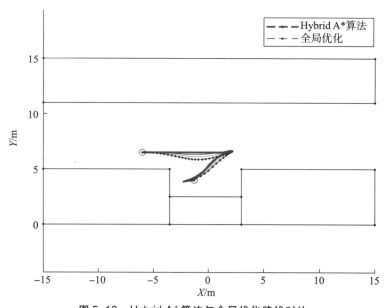

图 5.19 Hybrid A*算法与全局优化路线对比

Hybrid A*并没有直接作为热启动,而是先进行速度平滑,因为好的初始条件可以加快全局优化收敛速度,如图 5.20 所示,经过平滑后,速度时间不再为定值 ±0.5 m/s,而是限定了加速度的速度曲线,由此路径得到的前轮转角、偏航角、横摆角速度都控制在限定的范围内。

由图 5.20 也可知,仅由 Hybrid A*曲线得到的控制律代入车辆运动学方程也不能实现预期泊车路线,除了需要优化路线之外,还需要其他跟踪算法。

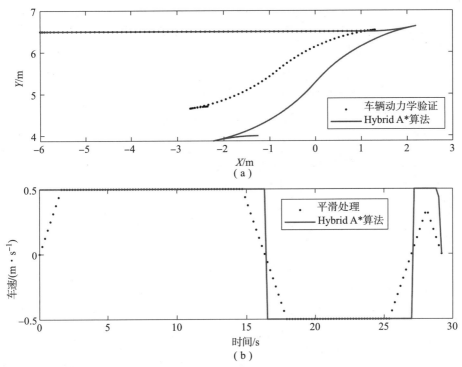

图 5.20　由 Hybird A* 得到的平行泊车路径和车速规划结果
(a) 平行泊车路径；(b) 车速规划结果

图 5.21 (a) 所示为偏航角对比，Hybrid A* 路线在转向时其偏航角的突变意味着此点在泊车过程原地转向，产生轮胎磨损。在图 5.21 (b) 所示车速对比中，转向时需要车辆的急停急起，不仅降低行车舒适性，且不易跟踪控制。全局优化路线则更加平滑，因为时间步长也作为性能函数优化目标，其速度变化也更加平缓。

5.6.2　垂直泊车

图 5.22 所示为垂直泊车 Hybrid A* 路径，由前几步可知在搜索过程中，不同起点 RS 曲线也不同，最终得到的无碰撞泊车路线为粗曲线。图 5.23 所示为垂直泊车 Hybrid A* 路径，同样在安全距离内偏向停车位，所需泊车空间更小，且能完成泊车任务。由图 5.24 两路线对比可知，全局优化得到的泊车路线也更加平缓。

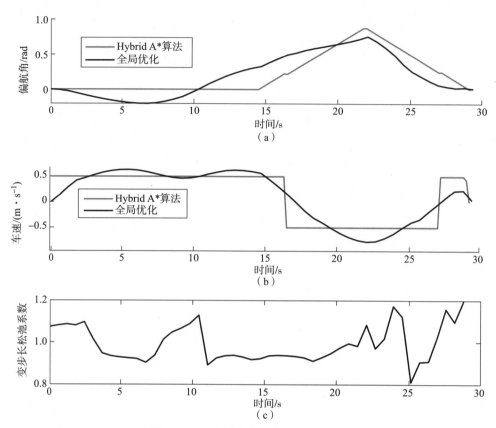

图 5.21 平行泊车偏航角与车速对比

(a) 偏航角对比;(b) 车速对比;(c) 全局优化变步长时间

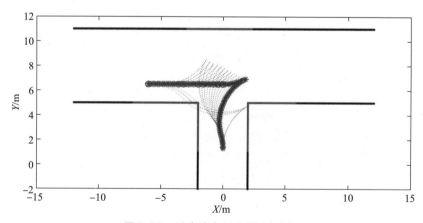

图 5.22 垂直泊车 Hybrid A* 路径

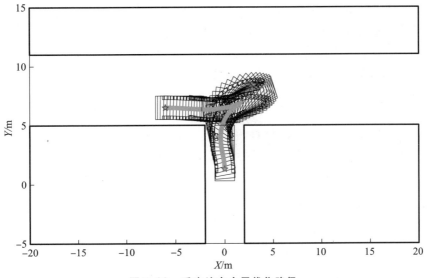

图 5.23 垂直泊车全局优化路径

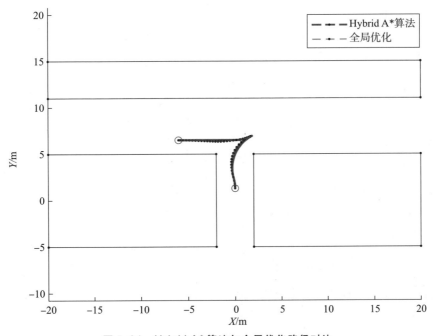

图 5.24 Hybrid A* 算法与全局优化路径对比

同平行泊车类似，垂直泊车由 Hybrid A* 算法得到的曲线也需要进行平滑处理。最终规划得到的车辆速度结果不再为定值 ±0.5 m/s，而是更加平滑，同时前轮转角、偏航角、横摆角速度都限定在规定范围内。

由图 5.25 可知，从转向开始，控制误差逐步积累，导致仅依靠路线路点的差分得到的控制律是不能完成泊车过程的。

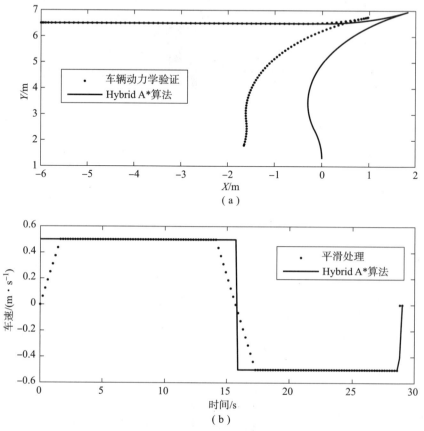

图 5.25　由 Hybird A* 算法得到的垂直泊车控制律
（a）泊车轨迹对比；（b）车速对比

不同于平行泊车，垂直泊车只有一次主要的转向，然后将为目标位置附近调整转向，在图 5.26（a）中，Hybrid A* 同样存在转向角突变。由图 5.26（b）可知，存在急停急起以及原地转向过程，但经过全局优化后，泊车过程更加平滑。

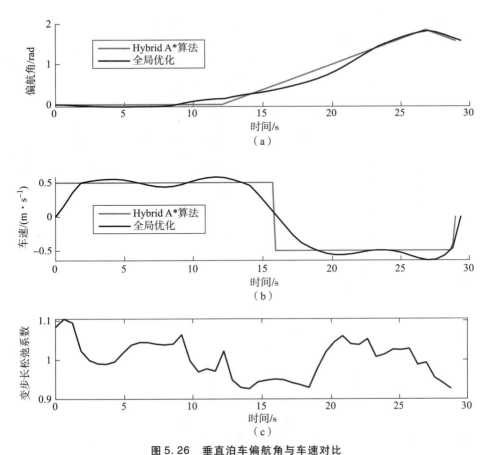

图5.26 垂直泊车偏航角与车速对比

(a)偏航角对比；(b)车速对比；(c)全局优化变步长因子

5.6.3 60°斜列泊车

图5.27所示为斜列泊车Hybrid A*路径，此时车头顺着斜向方向向左，最终得到无碰撞泊车路线为如图5.27所示粗曲线。图5.28所示为斜列泊车全局优化路径，在图5.29中对比两条路径比前两种情况更加近似，具体分析全局优化泊车点比Hybrid A*稍高，且能以稍小的转弯半径完成泊车，虽然总体而言针对该建模环境路径区别不大，但在速度平滑方面仍有较大差别。

斜列泊车也只有一次主要的转向，然后将为目标位置调整转向，在图5.30(a)所示全局路径框架图中，Hybrid A*同样存在转向角突变。由图5.30(b)可知，存在急停急起以及原地转向过程，但经过全局优化后，路径偏航角以及速度曲线变化更平缓，泊车过程更加平滑。

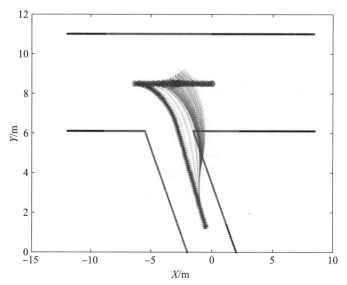

图 5.27 斜列泊车 Hybrid A* 路径

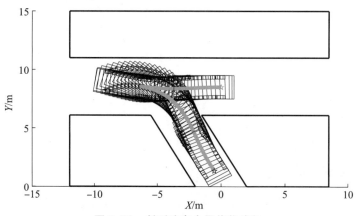

图 5.28 斜列泊车全局优化路径

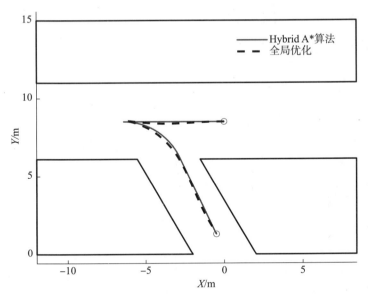

图 5.29 Hybrid A*算法与全局优化路径对比

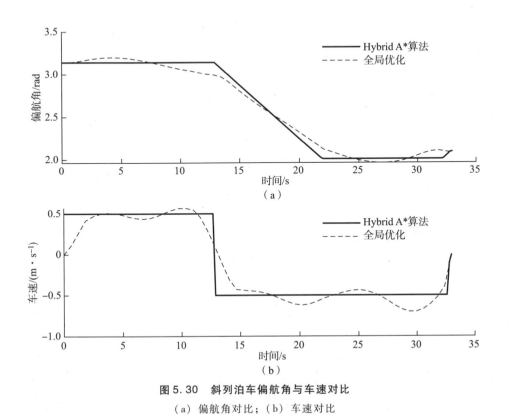

图 5.30 斜列泊车偏航角与车速对比
(a) 偏航角对比；(b) 车速对比

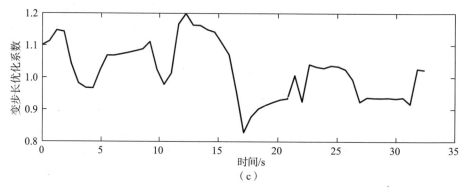

图 5.30 斜列泊车偏航角与车速对比（续）

（c）全局优化变步长

5.7 本章小结

有关泊车的路径规划算法，越来越追求可以高效求解的满足车辆运动学的平滑路线，全局优化的数值优化方法通过仿真在不同泊车场景都得出了很好的结果，其中优化求解的效率和实时性更为重要。

另外，泊车过程不仅限于路径规划，更依赖于从环境中感知到符合泊车要求的车位，建立局部可行驶环境，即使是几何拼接算法，也可以借助感知进行场景分类完成泊车。最后得到泊车路径后进行低速跟踪控制，除了更精细的控制输入，也需要高精度定位。由自动泊车到代客泊车仍有很多问题需要研究。

5.8 参考文献

[1] GÓMEZ-BRAVO F, CUESTA F, OLLERO A, et al. Continuous curvature path generation based on β-spline curves for parking manoeuvres [J]. Robotics and Autonomous Systems, 2008, 56 (4): 360-372.

[2] KIM D, CHUNG W, PARK S. Practical motion planning for car-parking control in narrow environment [J]. IET Control Theory and Applications, 2010, 4

(1)：129-139.

[3] VOROBIEVA H, GLASER S, MINOIU-ENACHE N, et al. Automatic parallel parking in tiny spots: Path planning and control [J]. IEEE Transactions on Intelligent Transportation Systems, 2015, 16 (1): 396-410.

[4] JAEYOHG M, BAE I, CHA J G, et al. A trajectory planning method based on forward path generation and backward tracking algorithm for automatic parking systems [C]//IEEE, International Conference on Intelligent Transportation Systems, 2014: 719-724.

[5] HART P E, NILSSON N J, RAPHAEL, B A. Formal basis for the heuristic determination of minimum cost paths [J]. IEEE Transactions on Systems Science and Cybernetics, 1968, 4 (2): 100-107.

[6] 姜辉, 郭孔辉, 张建伟. 基于路径规划的自动平行泊车转向控制器 [J]. 吉林大学学报 (工学版), 2011 (2): 293-297.

[7] DEMIRLI K, KHOSHNEJAD M. Autonomous parallel parking of a car-like mobile robot by a neuro-fuzzy sensor-based controller [J]. Fuzzy Sets & Systems, 2009, 160 (19): 2876-2891.

[8] 叶茂. 基于B样条的多段式平行泊车轨迹规划研究 [D]. 西安: 长安大学, 2020.

[9] CHAND A, KAWANISHI M, NARIKIYO T. Application of sigmoidal gompertz curves in reverse parallel parking for autonomous vehicles [J]. Atmospheric Chemistry, 2015, 17 (4): 239-273.

[10] 胡伟龙. 多段式平行泊车轨迹动态规划及系统控制 [D]. 合肥: 合肥工业大学, 2016.

[11] LI B, SHAO Z J. A unified motion planning method for parking an autonomous vehicle in the presence of irregularly placed obstacles [J]. Knowledge-Based Systems, 2015, 86: 11-20.

[12] 叶林铨, 祝辉, 梅涛. 基于伪谱法的自主泊车路径规划方法 [J]. 计算机工程, 2017 (2): 39-43.

[13] WANG Y, JHA D K, AKEMI Y. A two-stage RRT path planner for automated parking [C]//2017 13th IEEE Conference on Automation Science and Engineering (CASE 2017), 2017: 496-502.

[14] JHANG J H, LIAN F L, HAO Y H. Human-like motion planning for autonomous parking based on revised bidirectional rapidly-exploring random tree* with Reeds-Shepp curve [J]. Asian Journal of Control, 2021, 23

(3): 1146-1160.

[15] 高奇. 无人驾驶自主代客泊车路径规划与跟踪控制策略研究 [D]. 西安: 长安大学, 2019.

[16] CLEVELAND W S. Robust locally weighted regression and smoothing scatter plots [J]. Journal of the American Statistical Association, 1979, 74 (368): 829-836.

[17] ESPOSTO F, GOOS J, TEERHUIS A, et al. Hybrid path planning for non-holonomic autonomous vehicles: an experimental evaluation [C]//IEEE International Conference on Models & Technologies for Intelligent Transportation Systems, 2017: 462-467.

[18] JONG-AN, CHOI, JAE-BOK, et al. Path planning for parking using multi-dimensional path grid map [J]. The Journal of Korea Robotics Society, 2017, 12 (2): 152-160.

[19] SEDIGHI S, NGUYEN D V, KUHNERT K D. Guided hybrid A-star path planning algorithm for valet parking applications [C]//2019 5th International Conference on Control, Automation and Robotics (ICCAR), 2019: 905-1001.

[20] THUNYAPOO B, RATCHADAKORNTHAM C, SIRI-CHAROEN P, et al. Self-parking car simulation using reinforcement learning approach for moderate complexity parking scenario [C]//2020 17th International Conference on Electrical Engineering/Electronics, Computer, Telecommunications and Information Technology (ECTI-CON), 2020: 576-579.

[21] BEJAR E, MORÁN A. Reverse parking a car-like mobile robot with deep reinforcement learning and preview control [C]//2019 IEEE 9th Annual Computing and Communication Workshop and Conference (CCWC), 2019: 377-383.

[22] DU Z, MIAO Q, ZONG C. Trajectory planning for automated parking systems using deep reinforcement learning [J]. International Journal of Automotive Technology, 2020, 21 (4): 881-887.

[23] 陈鑫, 兰凤崇, 陈吉清. 基于改进深度强化学习的自动泊车路径规划 [J]. 重庆理工大学学报 (自然科学), 2021, 35 (7): 17-27.

[24] DOLGOV D, THRUN S, MONTEMERLO M, et al. Practical search techniques in path planning for autonomous driving [J]. Ann Arbor, 2008 (48105): 18-80.

[25] DUBINS L E. On curves of minimal length with a constraint on average curvature, and with prescribed initial and terminal positions and tangents [J]. American Journal of Mathematics, 1957, 79 (3): 497-516.

[26] REEDS J, SHEPP L. Optimal paths for a car that goes both forwards and backwards [J]. Pacific Journal of Mathematics, 1990, 145 (2): 367-393.

第六章

基于轮廓控制的纵向和侧向运动集成

电动化、网联化、智能化、共享化是汽车行业新的发展趋势和方向。自主机器人和智能车辆的发展在工业领域和人类社会都有很好的应用前景，如航天飞行、居所维护（如清洁）、废水处理、快递分拣等典型应用场景。但交通拥堵、自动驾驶事故甚至导致人员伤亡，也给无人地面车辆（Unmanned Ground Vehicle, UGV）带来了新的挑战，包括复杂环境下的感知和紧急情况下的决策。算法的设计不仅仅是交通规则的制定和重现，甚至还会涉及伦理、道德等问题，尤其是在有人/无人共驾的环境，这些问题尤为突出。为应对这些挑战，研究重点主要集中在感知、规划和执行层面。为了提高轨迹跟踪与控制的可靠性，特别是在低附着道路上，轨迹规划策略应该更加保守，但这将会导致糟糕的乘坐舒适性，甚至会影响其他有人驾驶车辆的正常行驶。因此，如何设计一个类似经验丰富驾驶员的规划策略是目前面临的一个重大挑战，而这可以通过运动规划算法与感知定位模块相结合来实现。规划算法的计算量与规划保守程度是相互冲突的，优秀的算法可以进一步提高车辆的安全性和敏捷性。

无人移动平台需要依次和重复地回答这些问题：我在哪里？我周围是什么？接下来会发生什么？要达成什么目标？应该如何实现？典型的智能车辆控制架构包括环境感知、交通参与者的行为预测、运动决策以及执行器控制，如图6.1所示。在感知模块中，车辆一般配备的传感器包括摄像头、激光雷达、毫米波雷达、V2X通信、GNSS、红外和超声波雷达等，以及相应的多传感器融合算法。行为预测和运动决策是智能车辆的大脑，在决策和规划性能中起着至关重要的作用。在驱动模块中，这些动作的实现是由决策逻辑决定的，以控制智能车辆的纵向和侧向运动。运动规划的主要目标是找到一系列安全且无碰撞的包含时间信息在内的轨迹序列，将智能车辆或机器人从当前位置移动到目的地。在此过程中，需要考虑道路边界、交通规则和车辆动力学的约束。

数值优化、基于逻辑的人工智能和人工势场在UGV控制的运动规划模块中得到了广泛的应用。数值优化通常是在线性或非线性约束下通过最小化目标函数来获得满足约束条件的可行解，常用的方法包括线性规划（LP）、动态

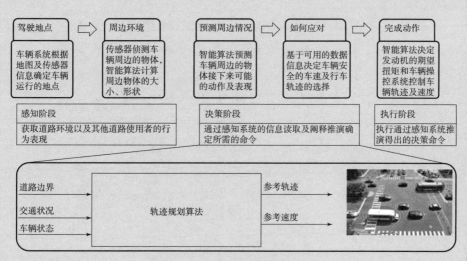

图 6.1 智能车辆的控制架构

规划（DP）、二次规划（QP）和模型预测等。Rasekhipour 等人设计了一种基于人工势场的轨迹规划方法来考虑不同的障碍物和道路结构，这可以使车辆与障碍物保持适当的安全距离。余卓平提出了一种基于最小增益定理的分层鲁棒轨迹跟踪控制器。Liu C L 等人利用凸可行集算法对移动机器人运动规划的轨迹部分进行了优化。基于学习的规划方法的优点是由于其具备一定的认知推理能力，它们能够在不影响算法基本结构的情况下存储和获得新的认知能力。参考文献 [20] 设计了一个由经验丰富的人类驾驶员在交互场景中的行为来驱使的轨迹规划器。基于 APF 的方法由于其雅致和简单的结构而被广泛应用于移动机器人和操作机械手中，但当车辆绕着 U 形障碍行驶时，这种方法可能会被困在局部最优中。

本章提出了一种由轨迹规划和路径跟踪组成的分层运动规划方法。在轨迹规划层，通过动态规划来优化和预选择先验轨迹，同时感知障碍物的形状和位置，并在安全性和机动性之间进行协调。轨迹规划器的目标是生成一个适合车辆运动学和道路约束的参考轨迹。在轨迹跟踪层，车速和转向控制由MPC控制，从而跟踪之前规划得到的无碰撞轨迹。该方法通过模型预测轮廓控制（MPACC）来实现纵向和侧向运动集成规划。所提出的方法有如下特点。

①在轨迹预选和避障重规划阶段，基于动态规划方法来凸化道路及其障碍物约束。

②在正交曲线坐标系下，对纵向前进和侧向跟踪进行误差分解。

③为了实现纵向和侧向运动集成控制，设计了一个标准二次凸优化问题（Quadratic Convex Optimation Problem，QCOP），在线优化预测和控制域的纵向速度和转向盘转角的控制序列。

④针对障碍物的安全边界，设计了基于椭圆和矩形的组合约束，并对该运动规划算法的静态和动态障碍车辆等具有挑战性场景进行了仿真验证。

6.1 车辆模型——非线性自行车模型

线性或线性化的自行车模型可以很好地预测一定侧向加速度范围（小于 $0.4g$ 时）内的真实车辆行为，但由于与车辆动力学紧密相关的轮胎力为非线性，当车辆产生的侧向角速度比较大时，线性模型的预测作用会大打折扣。假设车辆行驶在平路面上，忽略侧倾、俯仰的载荷传递以及悬架 K&C 特性，使用非线性自行车模型描述车辆纵向、侧向和横摆运动。轨迹规划控制策略通过实际和更新的车身姿态以及基于车辆动力学的预测模型来控制纵向速度和车轮转角从而跟踪目标轨迹。轨迹规划算法中使用的非线性自行车模型具有 3 个自由度（DoF）和 6 个系统状态，具体动力学方程详见第二章式（2.70）~式（2.74）。

可以用简化的 Pacejka 公式描述轮胎力 F_x 和 F_y：

$$F_y = D\sin(C\arctan(\alpha)) \tag{6.1}$$

式中，D 为峰值系数，其中 $D_f = \mu b/(a+b)mg$；$D_r = \mu a/(a+b)mg$；μ 为路面附着系数；C 为反映力饱和度的轮胎模型形状因子。

假设道路能够为车辆的轨迹控制提供足够的驱动力和制动力，纵向控制力可以由式（6.2）表示：

$$F_x = T/R_w \tag{6.2}$$

式中，T 为纵向扭矩，包括加速或制动扭矩；R_w 为车轮滚动半径。

在轨迹规划描述中引入正交曲线坐标系来描述投影到参考轨迹上的前进长度 s 和对应的速度 v_s，如式（6.3）所示：

$$\dot{s} = v_s \tag{6.3}$$

选择状态矢量 $\boldsymbol{x} = [v_x \ v_y \ r \ \psi \ X \ Y \ s]^T$，因此，连续时变的车辆动力学模型可以进一步描述为

$$\dot{x} = f(x, u) \tag{6.4}$$

式中，控制输入 $\boldsymbol{u} = [T \ \delta \ v_s]$。

系统非线性方程（6.4）可以线性化为

$$x_{k+1} = A_k x_k + B_k u_{k+1} \tag{6.5}$$

$$\begin{bmatrix} x_{k+1} \\ u_{k+1} \end{bmatrix} = \begin{bmatrix} A_k & B_k \\ & I \end{bmatrix} \begin{bmatrix} x_k \\ u_k \end{bmatrix} + \begin{bmatrix} B_k \\ I \end{bmatrix} \Delta u_{k+1} \tag{6.6}$$

为了方便后续优化求解中目标函数的描述，系统方程的传递矩阵和状态空间函数可以进一步整理为

$$\underbrace{\begin{bmatrix} x_{k+1} \\ u_{k+1} \\ \Delta u_{k+1} \end{bmatrix}}_{\chi_{k+1}} = \begin{bmatrix} A_k & B_k & B_k \\ & I & I \\ & & I \end{bmatrix} \underbrace{\begin{bmatrix} x_k \\ u_k \\ \Delta u_k \end{bmatrix}}_{\chi_k} \tag{6.7}$$

令 $\boldsymbol{\chi} = [x \ u \ \Delta u]^T$，因此方程（6.7）可以改写为 $\boldsymbol{\chi}_{k+1} = A_{\text{aug}} \boldsymbol{\chi}_k$。

6.2 平滑曲线的数学描述

对于车辆控制而言，连续平滑的曲线意味着平滑的车辆转向盘转角控制，同时也意味着由于转角输入的突变带来的侧向扰动会相应减少。基于视觉或组合导航的轨迹检测和规划的曲率平滑在自动驾驶汽车或移动机器人导航领域起着重要作用。由于阿克曼转向机构和高速稳定性的要求，智能汽车的参考轨迹要求连续平滑。本小节提出了用于轨迹段拟合的三次样条平滑曲线，即分段多项式函数。一组轨迹参考点可以通过三次样条曲线拟合得到，即

$$\begin{cases} X_{ri} = f_{Xr}(i) \\ Y_{ri} = f_{Yr}(i) \end{cases} \tag{6.8}$$

式中，X_i 和 Y_i 是轨迹点的数表中第 i 个数据点；$f(i)$ 是分段三次样条函数。

$$f_{X_r}(n) = a(n-i)^3 + b(n-i)^2 + c(n-i) + d, \quad n \in [i, i+1] \quad (6.9)$$

式中，i 为 X_{ri} 的序号，是一个自然数；n 是 $[i, i+1]$ 范围内的连续变量。

此外，为了优化轨迹规划和避障，还需要用弧长 s 来描述参考曲线。可以通过如下方程将轨迹参考点数表的索引变量转换为曲线长度的函数：

$$f_{X_r}(s) = a'(s-s_i)^3 + b'(s-s_i)^2 + c'(s-s_i) + d', \quad s \in [s_i, s_{i+1}]$$
$$(6.10)$$

式中，$a' = (a/\Delta s_i^3)$；$b' = (b/\Delta s_i^2)$；$c' = (c/\Delta s_i)$；$d' = d$；Δs_i 为曲线第 i 段的长度，可以通过分段积分计算得到，即

$$\Delta s_i = \int_{s_i}^{s_{i+1}} \sqrt{(df_{X_r}/ds)^2 + (df_{Y_r}/ds)^2} ds \quad (6.11)$$

同样地，对于 f_{Y_r} 可以用类似求解 f_{X_r} 的方法来获得。

参考轨迹的偏航角，如 6.3 节所示，可以通过式（6.12）获得

$$\psi_r = \arctan(\partial f_{Y_r}/\partial f_{X_r}) \quad (6.12)$$

6.3 轨迹规划与速度控制集成策略

模型预测控制也称为有限时间窗滚动时域控制，它根据被控系统所预测的未来行为状态进行在线优化求解，从而保证系统响应遵循当前和未来的参考信息。通过利用精度比较高的车辆模型来预测系统的未来行为，并设计二次型代价函数，在保证满足约束条件的前提下最小化代价函数，从而在线优化求解获得可行的非线性反馈控制律。

轮廓运动控制是运动控制领域研究的重要课题之一，其广泛应用于精密机械加工与其他自动化运动控制系统中。轮廓跟踪控制的主要目标是最小化侧向运动的轨迹跟踪误差、最大化纵向前进速度。与轮廓跟踪控制一样，模型预测轮廓控制通过在线优化求解集成了纵向速度优化和侧向轨迹跟踪，最大限度地减少正交方向的跟踪误差，从而保证被控车辆能够很好地跟踪参考轨迹。预测和控制的滚动时间选择得应足够长，以保证找到最优的参考轨迹绕过障碍物。因此，本质上 MPC 是一种带约束的实时最优控制。

6.3.1 轨迹规划最优问题的数学描述

将非线性规划问题整理为标准二次凸优化问题，并实时求解。有约束的一般 MPC 问题可以描述为

$$\min J = \sum_{k=1}^{N_p} \{ \| y - y_{\text{ref}} \|_Q^2 + \| \Delta u_k \|_R^2 \}$$

$$\begin{cases} \text{w.r.t} \quad x_{k+1} = A_k x_k + B_k u_{k+1} + \sigma_k, \\ \quad C x_k \leq D_k, \\ \quad x_d \leq x_k \leq x_{\text{up}}, \\ \quad u_d \leq u_k \leq u_{\text{up}}, \\ \quad \Delta u_d \leq \Delta u_k \leq \Delta u_{\text{up}}, \\ \quad a_{yk} \leq 0.4g \end{cases} \quad k = 1, 2, \cdots, N_p \quad (6.13)$$

MPC 控制的目标是找到一个最优的带时间信息的轨迹序列,以最小化输出跟踪误差和控制成本,并保证最优解满足方程(6.13)中的约束条件,包括由微分方程描述的车辆动力学约束、避障约束、系统状态和执行器机构(如转向、制动)约束,包含电机转矩、加速制动在内的控制增量约束以及车辆过弯过程中的最大侧向加速度约束。y 是系统观测量,这里旨在获得车辆质心处的实时位置信息,即 $y = [X \quad Y]$。σ 是车辆动力学等式约束的系统线性化一阶 Taylor 展开余项;线性等式约束可以描述为

$$\begin{bmatrix} x_{k+1} - A_k x_k - B_k u_{k+1} \\ O \end{bmatrix} = \begin{bmatrix} -A_k & O & O & I & -B_k & O \\ O & -I & -I & O & I & O \end{bmatrix} \begin{bmatrix} [x_k \quad u_k \quad \Delta u_{k+1}]^T \\ [x_{k+1} \quad u_{k+1} \quad \Delta u_{k+1+1}]^T \end{bmatrix}$$
(6.14)

车辆动力学的等式约束可以保证车辆运动学和动态响应的合理性,而不等式约束则考虑了执行器的行程、状态响应合理的约束范围以及周边环境的避障约束。

图 6.2 中引入正交曲线坐标 lo 来描述侧向轮廓误差(偏离误差)和纵向前进误差,其中 l 轴为纵向前进方向,o 是当前位置在参考轨迹上的正交方向。为了便于评价参考轨迹跟踪性能,利用侧向偏离误差 e^c 和从智能车辆位置到期望轨迹的正交投影距离 e^l 来设计目标函数。

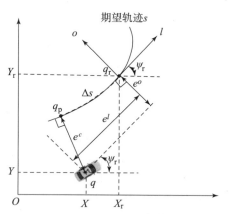

图 6.2 正交曲线坐标系下轮廓误差 e^c 和正交投影误差 Δs

轨迹规划的目标是找到最优解,以实现快速和准确的轨迹跟踪。为了便于计算和实时优化,将侧向轮廓误差 e^o 近似为车身坐标系中从当前到期望轨迹的

最小侧向偏离误差 e^c，并将正交投影误差 Δs 近似为 e^l。车辆的当前位置 $q(X, Y)$ 和参考轨迹上的期望位置 q_r 是在坐标系 OXY 中描述的，因此需要进行坐标转换，OXY 和 lo 之间的坐标变换关系为

$$\begin{bmatrix} \Delta s \\ e^c \end{bmatrix} \approx \begin{bmatrix} e^l \\ e^o \end{bmatrix} = \begin{bmatrix} -\cos\psi_r(s) & -\sin\psi_r(s) \\ \sin\psi_r(s) & -\cos\psi_r(s) \end{bmatrix} \begin{bmatrix} X - X_r \\ Y - Y_r \end{bmatrix} \quad (6.15)$$

式中，$\psi_r(s)$ 是参考轨迹的偏航角。

令 $e = [e^l \quad e^o]$。轨迹跟踪的目标是最小化轮廓误差 e^c，并最大限度地提高纵向前进里程 s_{q_p}，且 $s_{q_p} = s_{q_r} - \Delta s$。因此，代价函数可以进一步细化为

$$J = \sum_{k=1}^{N_p} \{ \|e_k\|_Q^2 - \gamma s_{q,k} + \|u_k\|_{R_u}^2 + \|\Delta u_k\|_{R_{\Delta u}}^2 \} \quad (6.16)$$

式中，s_k 为参考轨迹上第 k 个期望点 q_r 对应的曲线长度，因此该目标函数就是要通过在线优化最小化轨迹跟踪误差、控制量以及纵向最大行车效率。代价函数 J 中各个子目标项的权重分别为 $Q = \text{Diag}\{Q_o, Q_l\}$、$\gamma$、$R_u$、$R_{\Delta u}$。

e^o 和 e^l 的线性表达式可以通过一阶 Taylor 展开近似得到

$$e^o \approx e^o(x)\big|_{x_0} + (\partial e^o/\partial x\big|_{x_0})^T(x - x_0) \quad (6.17)$$

$$e^l \approx e^l(x)\big|_{x_0} + (\partial e^l/\partial x\big|_{x_0})^T(x - x_0) \quad (6.18)$$

$$e \approx e(x)\big|_{x_0} + (\partial e/\partial x\big|_{x_0})^T(x - x_0) \quad (6.19)$$

$$\frac{\partial e^l}{\partial s} = [d\psi_r/ds \quad 1] \begin{bmatrix} -(Y - Y_r) & (X - X_r) \\ dX_r/ds & dY_r/ds \end{bmatrix} \begin{bmatrix} \cos\psi_r \\ \sin\psi_r \end{bmatrix} \quad (6.20)$$

$$\frac{\partial e^o}{\partial s} = [d\psi_r/ds \quad 1] \begin{bmatrix} X - X_r & Y - Y_r \\ dY_r/ds & -dX_r/ds \end{bmatrix} \begin{bmatrix} \cos\psi_r \\ \sin\psi_r \end{bmatrix} \quad (6.21)$$

将式（6.18）~式（6.21）代入式（6.16），可以将式（6.13）中 MPC 的目标函数重新整理成二次型，并有效地求解。MPC 问题可以进一步整理为

$$\min J = \sum_{k=1}^{N_p} \{\boldsymbol{\chi}_k^T \boldsymbol{H}_k \boldsymbol{\chi}_k + \boldsymbol{F}_k \boldsymbol{\chi}_k - \gamma s_k\} \quad (6.22)$$

$$\text{s.t.} \quad \boldsymbol{\chi} \in \Omega$$

式中，Ω 是一个凸集。

$$\boldsymbol{H}_k = \text{diag}\left\{ \left(\frac{\partial e_k}{\partial x}\bigg|_{x_{0k}}\right)^T Q \left(\frac{\partial e_k}{\partial x}\bigg|_{x_{0k}}\right), R_u, R_{\Delta u} \right\} \quad (6.23)$$

$$\boldsymbol{F}_k = \left[2\left(e_k(x)\big|_{x_{0k}} - x_{0k}^T \frac{\partial e_k}{\partial x}\bigg|_{x_{0k}}\right) Q \left(\frac{\partial e_k}{\partial x}\bigg|_{x_{0k}}\right)^T, O, O \right] \quad (6.24)$$

式中，x_{0k} 为第 k 次预测状态向量；海森矩阵 H 和线性矩阵 F 的详细推导过程见本章附录Ⅱ。

式（6.22）是一个标准的二次凸优化问题。海森矩阵 H 是由代价函数中线性化轮廓误差和纵向前进误差的二次项系数组成的，本质上是目标函数各个子目标项的权重因子，通过人为选择可以保证其是正定的；F 是目标函数的线性部分的系数矩阵；s_k 是目标函数常数项，因此与被优化变量无关。

优化问题有最优解的条件是要求代价函数 J 在 Ω 空间域上严格凸化且是可微的。如果目标函数的搜索域是无界的，则满足 $\nabla J(u) = 0$ 的最优解 χ_o 是在所有可行域上的全局最小值。由于碰撞约束和执行机构输出的限制，不等式约束会产生非凸问题。因此，对于式（6.22），其优化过程具有挑战性，因为它要在非凸集中寻找最优解，且最优解必须是唯一的。在下面的章节中，将详细讨论优化过程的线性不等式约束和凸化非凸集。

6.3.2 障碍边界定义

1. 用椭圆不等式描述的障碍物的安全边界

椭圆不等式的约束是为了保证被控车辆离动态或静态障碍物有足够的安全距离。障碍物轮廓可以用椭圆方程描述：

$$\rho = \left(\begin{bmatrix} \cos\psi_o & \sin\psi_o \end{bmatrix} \begin{bmatrix} X - X_o \\ Y - Y_o \end{bmatrix} \Big/ a \right)^2 + \left(\begin{bmatrix} -\sin\psi_o & \cos\psi_o \end{bmatrix} \begin{bmatrix} X - X_o \\ Y - Y_o \end{bmatrix} \Big/ b \right)^2 \tag{6.25}$$

式中，$[X, Y]$ 为智能汽车质心坐标；$[X_o, Y_o]$ 为障碍物几何中心的绝对位置；ψ_o 为障碍物的偏航角；a 和 b 为椭圆的半长轴和半短轴参数的长度，这两个参数定义了障碍车的安全边界。

不等式 $\rho \geq 1$ 将保证智能汽车在所定义的椭圆安全边界之外，从而确保避免与障碍物发生潜在的碰撞。

2. 用矩形约束条件描述的障碍物的安全边界

车辆的安全边界 L 和 W 可定义为真实车辆宽度和长度的 2 倍。通过转换传递矩阵可以获得车辆边缘 4 个顶点的全局坐标点，如图 6.3 所示。

$$(X_{\text{corner}}, Y_{\text{corner}}) = (X, Y) + \begin{bmatrix} \cos\psi & -\sin\psi \\ \sin\psi & \cos\psi \end{bmatrix} \begin{bmatrix} x_{\text{corner}} \\ y_{\text{corner}} \end{bmatrix} \tag{6.26}$$

式中，(X_{corner}, Y_{corner}) 和 $[x_{corner}, y_{corner}]$ 分别为笛卡儿坐标系和局部坐标系 lo 中矩形轮廓的 4 个顶点。

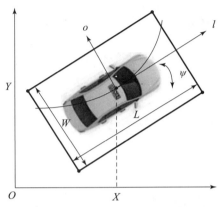

图 6.3　目标车辆或障碍车的安全裕度

障碍物周围的安全边界可以受到圆、矩形或椭圆的限制。对于圆约束，其优化结果过于保守，而矩形约束不容易进行数学描述，且需要更多的计算时间。可以结合使用椭圆和矩形约束，以提高轨迹重新规划的计算效率。

3. 障碍检测与避障

在智能车辆预测范围内，构建障碍物占据栅格图，如图 6.4 所示。左右侧边界之间的潜在搜索空间在 X 和 Y 方向被划分为等间隔栅格地图，用来检查障碍物是否对智能车辆当前及其未来轨迹有潜在碰撞威胁，然后将障碍检测结果存储在对应的栅格矩阵中。

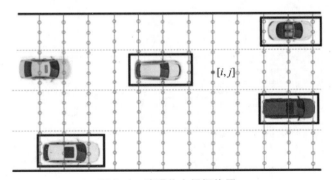

图 6.4　障碍物占据栅格图

6.3.3 避障和轨迹重新规划

1. 道路安全边界约束

根据三角形不等式定理，线性不等式约束可以将车辆保持在左右道路边界内，如图 6.5 所示。C 是预测轨迹上当前时刻的目标点，A 和 B 分别是 C 在左右两侧道路边界上的投影，则有

$$\begin{cases} \overrightarrow{CA} \cdot \overrightarrow{AB} < 0 \\ \overrightarrow{CB} \cdot \overrightarrow{AB} > 0 \end{cases} \quad (6.27)$$

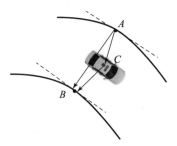

图 6.5 边界约束

2. 轨迹重新规划和凸化非凸集

熟练驾驶员车道变更决策总是在安全性（与碰撞相关的风险）、舒适性、稳定性和行车效率之间进行权衡。借鉴熟练驾驶员的开车技巧，本节提出了动态威胁评估与决策模型。对于参与交通行为的车辆个体而言，安全性约束是硬约束，而舒适性、动力性则可以放宽为软约束。

如图 6.6 所示，智能汽车超越前方缓慢行驶的车辆有 3 种轨迹可以选择，这是典型的非凸集问题，也会给优化求解带来一定的挑战。智能汽车在轨迹规划过程中需要决定通过哪一侧来超车，并找到超越障碍车的最优轨迹。凸化非凸集是将优化问题转化为凸优化问题，使其更容易获得最优解，可以通过动态规划（DP）直接凸化道路规划层中的道路约束条件，从而缩小可行搜索区域，能够非常有效地、实时地解决复杂环境的规划问题。通过求解时空栅格上的动态规划问题，来凸化非凸的道路约束。具体方法详见下面的算法 1 和算法 2。

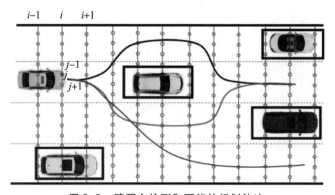

图 6.6 障碍车检测和可能的规划轨迹

为评估被控车辆换道成本，设计动态规划目标函数如下：

$$\text{cost} = \left\| \begin{bmatrix} \Delta X & \Delta Y & \Delta \Psi & \text{LaneState} \end{bmatrix} \right\|_{\boldsymbol{Q}_{\text{traj}}} \quad (6.28)$$

式中，ΔX，ΔY，$\Delta \Psi$ 分别用来评估所选车道的换道成本；LaneState 用来评估所选车道是否被占用，如果被占用，那么其成本被人为地设定为无穷大；$\boldsymbol{Q}_{\text{traj}}$ 是轨迹优化的权重矩阵。

算法 1：预选车道
输入：智能车辆位置，栅格图
输出：optlane
1： for each path index i in X direction
2：   for each path index j in Y direction
3：   find the corresponding $j_{\min}$ to minimize the object equation (6.28)
4：   optlane(i) = $j_{\min}$
5：   end
6： end

算法 2：上层道路规划
输入：本车位置、轨迹占据矩阵、障碍物位置、optlane，border
输出：update_border
1： for each path index i in X direction
2：   check the left side
3：   for j = optlane(i)：1，do
4：   check the obstacle
5：   if no obstacle
6：   update_border = border
7：   else
8： update_border = obstacles' safe boundary
9：   end
10： do the same operation for the right side
11： end

换道成本在轨迹优化成本地图中存储和更新，如图 6.7 所示，地图矩阵中每个元素是换道评价指标的总和；然后通过实时动态规划可以得到最优的轨迹和更新以后的新的虚拟道路边界，如图 6.8 所示，图中点画线为规划得到的新的虚拟道路边界线。

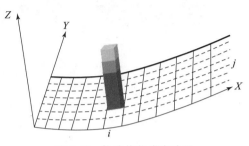

图 6.7　轨迹优化成本地图

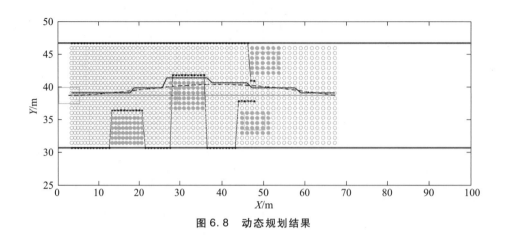

图 6.8 动态规划结果

在式（6.28）中，目标函数是根据从当前位置 $[i,j]$ 到下一个位置 $[i+1, j']$ 的车道变化、行驶距离和偏航角的变化来计算的。根据预测状态 x_{k+1}，并在时间 $(t+k)$ 处重复进行动态规划，并最终获得最优换道策略及其轨迹。

图 6.9 中以 X 和 Y 方向的函数形式绘制了成本地图矩阵。显然，当检测到不可通过障碍时，总代价将达到无穷大值，这意味着智能汽车不能跨越这些障碍或其他交通参与者，见图 6.9 中的条状矩形，其他区域则为可通行的区域，也即优化问题的可行搜索空间。

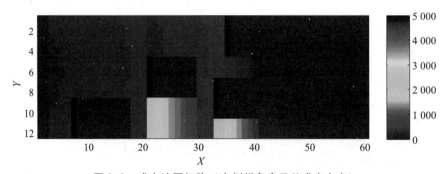

图 6.9 成本地图矩阵（右侧样条表示总成本大小）

图 6.10 所示为障碍物检测栅格图：粗实线为道路左右两侧边界线；小圆圈为前方道路网格点，矩形代表智能汽车和其他交通参与车辆；椭圆为道路上障碍车辆的安全边界；细实线为上层道路规划预选的道路；细点画线为 MPC 最终的轨迹预测结果。从图 6.10 中可以看出，当智能车辆根据当前车辆状态预测到未来的运动轨迹接近障碍椭圆约束边界时，上层车道规划器会把车道向左或向右改变，以避开障碍车辆。经过多次优化迭代，预测轨迹的曲线与椭圆

安全边界相切,这可以保证该轨迹规划算法获得最优轨迹。同时也可以看出,车道预选策略将非凸问题转换为凸问题,从而保证获得唯一可行解。

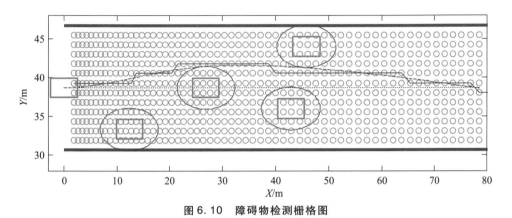

图 6.10　障碍物检测栅格图

至此,该问题转化为具有线性约束的二次规划问题,且通过动态规划进行车道选择,从而保证了该问题的凸性和可行解的唯一性,因此可以通过 MATLAB 自带的 quadprog 函数在线优化获得最优解。

模型预测轮廓控制 MATLAB 代码

6.4　仿真试验与性能评价

换道、超越动态或静态障碍物以及在弯道上的车道保持等,是高速公路或城市道路上典型的行车场景。在这些交通场景中平稳安全地驾驶,需要对周围动态环境有深刻理解,从而预测交通参与者可能发生的行为动态,并采取相应的应对策略,以确保智能车辆的安全性与行车效率。为了评价基于 MPCC 的轨迹规划算法在复杂交通场景的性能与表现,在数值模拟中实现了两种典型的交通场景,包括直线行驶和转弯过程中的静态障碍物避障和低速车辆超车。本节预先设计了仿真场景,并用三次样条曲线描述了道路和参考轨迹。表 6.1 中列出了仿真主要参数。

表 6.1 仿真主要参数

参数	符号	参数值
整车质量/kg	m	1 351
横摆转动惯量/(kg·m^2)	I_z	2 031
质心到前轴的距离/m	a	1.04
质心到后轴的距离/m	b	1.56
车轮半径/m	R_w	0.28
计算步长/s	ΔT	0.01
轮胎模型的形状系数	C	2
预测步长/m	H_p	60
控制步长/m	H_c	60

在场景一中,在直线行驶的路上有 4 个障碍车辆,在场景二是在急转弯过程中,两者都是静态环境下的避障。另外两种工况则是在直线和急转弯道路上的动态避障。仿真结果给出了包括智能车辆和障碍车辆在内的运动轨迹,并给出了受控车辆的前轮转向角和规划的车速时间历程曲线。这里假设智能汽车的初始速度为 54 km/h,限速为 120 km/h。

6.4.1 直线道路避障工况

1. 静态避障

图 6.11 展示了静态障碍物避障的结果,可以清楚地观察到智能车辆的纵向车速增加到最大允许速度。图 6.11(a)中显示智能车辆根据预先选择的最低代价的轨迹超越左侧障碍物,然后回转转向盘继续沿参考轨迹行驶。这里可以明显看出智能车辆车可以从障碍车左侧或者右侧避障,但在轨迹规划中,通过车道预选策略得到综合成本最小的轨迹。

2. 动态避障

在超车工况下,前方 4 辆车为低速行驶的障碍车(车速恒定为 20 km/h),其轨迹和控制结果如图 6.12 所示。由于智能车辆前面存在移动的障碍物,在转向开始时车速略有减小,然后加速到最大速度,即 120 km/h。图 6.12(b)表明 MPC 的前轮转向可以保持智能车辆的侧向稳定性。

第六章 基于轮廓控制的纵向和侧向运动集成

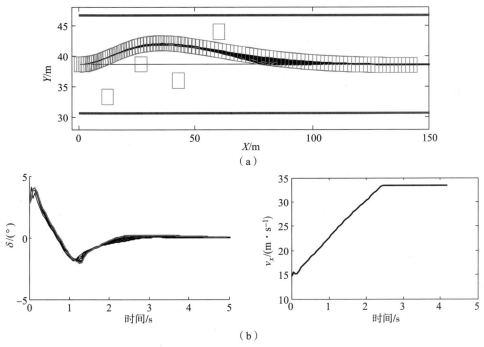

图 6.11 直线道路条件下的静态避障

（a）智能车辆和静态障碍车辆的轨迹（细线曲线簇为智能车辆的预测轨迹，中心直线为参考轨迹）；

（b）智能车辆前轮转向角和纵向速度规划结果（细线曲线簇为预测转向角）

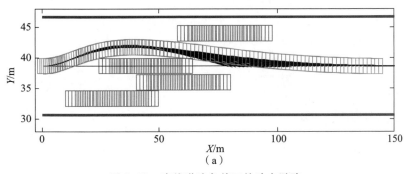

图 6.12 直线道路条件下的动态避障

（a）智能车辆和动态障碍车辆的轨迹（细线曲线簇为智能车辆的预测轨迹，中心直线为参考轨迹）

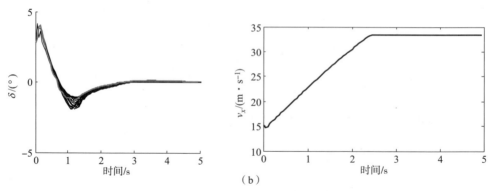

图 6.12 直线道路条件下的动态避障(续)
(b)智能车辆前轮转向角和纵向速度规划结果(细线曲线簇为预测转向角)

6.4.2 急转弯道路避障

在本节中,轨迹规划发生在有障碍车辆的急转弯道路上。转弯半径约为 15 m,受侧向加速度约束,车辆行驶速度可由 MPC 调节,以适应转向曲率半径。

1. 静态避障

从图 6.13(a)中可以发现,在开始转弯时,智能车辆转向盘转向略有相反(转向盘向左转,见图 6.13(b)中的转向角控制)以增加瞬时转弯半径以及急转弯的敏捷性。然后将转向盘向右转,进入弯道。车辆在转弯开始时降低了行驶速度。在转弯过程中,速度较低,以保持侧向加速度在约束范围内,然后在即将离开弯道时加速,速度调节将有利于车辆在转弯过程中的敏捷性。在超过低速行驶的障碍车辆后,所规划的轨迹继续沿着参考轨迹向前行驶。

2. 动态避障

在本节中,设计了动态障碍场景来验证所设计的轨迹规划策略的性能表现。智能车辆的初速度为 15 m/s,其他障碍车辆在智能车辆前方以 3 m/s 的速度低速行驶。图 6.14(a)显示了智能车辆和动态障碍车辆的行驶轨迹。图 6.14(b)描述了前轮转向角和纵向速度规划结果。由此可见,该方法可以产生适当的加减速控制,以确保智能车辆在急转弯转向时的安全性。

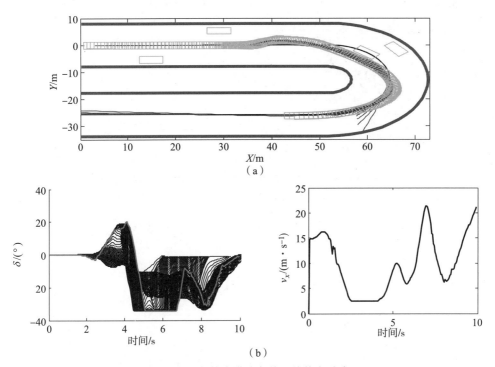

图 6.13　急转弯道路条件下的静态避障

（a）智能车辆和静态障碍车辆的轨迹（细线曲线簇为智能车辆的预测轨迹，连续实线为参考轨迹）；

（b）智能车辆前轮转向角和纵向速度规划结果（细线曲线簇为预测转向角）

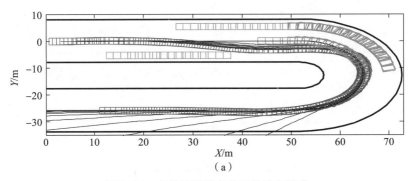

图 6.14　急转弯道路条件下的动态避障

（a）智能车辆和动态障碍车辆的轨迹（细线曲线簇为智能车辆的预测轨迹，连续实线为参考轨迹）

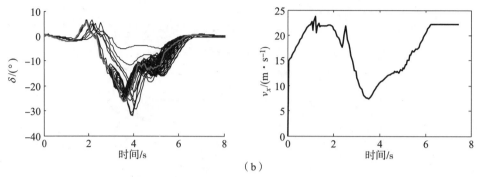

(b)

图 6.14　急转弯道路条件下的动态避障（续）

（b）智能车辆前轮转向角和纵向速度规划结果（细线曲线簇为预测转向角）

6.5　本章小结

本章针对智能车辆运动规划问题，提出了一种基于分层控制的纵向速度控制和侧向运动控制集成的轨迹规划方法，该方法由轨迹决策和轨迹跟踪层组成。通过实时动态规划方法来对轨迹预选中的道路约束进行重新规划，以保证有限界最优问题有可行解。针对高速避障问题设计了椭圆和矩形不等式的组合约束，并提出了一种基于轮廓控制的模型预测方法，通过求解标准二次凸问题，从而获得最大化的纵向前行速度和最小化的侧向轨迹跟踪误差，从而达到对智能汽车运动的集成控制。

本章分别在具有静态障碍物和低速动态障碍物的直线道路和急转弯道路上验证了轨迹规划算法的性能。结果表明，所提出的轨迹规划方法可以使智能车辆在预定的安全边界远离障碍物，并在急转弯行驶过程中以适当的速度引导智能车辆。

6.6　参考文献

[1] UHLEMANN E. Time for autonomous vehicles to connect [connected vehicles] [J]. IEEE Vehicular Technology Magazine, 2018, 13 (3): 10-13.

[2] REN H, CHEN S, YANG L, et al. Optimal path planning and speed control integration strategy for UGVs in static and dynamic environments [J]. In IEEE Transactions on Vehicular Technology, 2020, 69 (10): 10619 – 10629.

[3] KEELING G. Legal necessity, pareto efficiency & justified killing in autonomous vehicle collisions [J]. Ethical Theory and Moral Practice, 2018, 21 (2): 413 – 427.

[4] QIN H L, MENG Z H, MENG W, et al. Autonomous exploration and mapping system using heterogeneous UAVs and UGVs in GPS – denied environments [J]. IEEE Transactions on Vehicular Technology, 2019, 68 (2): 1339 – 1350.

[5] HU X M, CHEN L, TANG B, et al. Dynamic path planning for autonomous driving on various roads with avoidance of static and moving obstacles [J]. Mechanical Systems and Signal Processing, 2018, 100: 482 – 500.

[6] HU C A, QIN Y C, CAO H T, et al. Lane keeping of autonomous vehicles based on differential steering with adaptive multivariable super – twisting control [J]. Mechanical Systems and Signal Processing, 2019, 125 (15): 330 – 346.

[7] REN, H B, ZHAO Y Z, CHEN S Z, et al. Design and implementation of a battery management system with active charge balance based on the SOC and SOH online estimation [J]. Energy, 2019, 166 (2): 908 – 917.

[8] HU C A, WANG Z F, TAGHAVIFAR H, et al. MME – EKF – based path – tracking control of autonomous vehicles considering input saturation [J]. IEEE Transactions on Vehicular Technology, 2019, 68 (6): 5246 – 5259.

[9] MATTHIJS K, MATS J, LEO L, et al. Trends in vehicle motion control for automated driving on public roads [J]. Vehicle System Dynamics, 2019, 57 (7): 1028 – 1061.

[10] SARKER A, SHEN H Y, RAHMAN M, et al. A review of sensing and communication, human factors, and controller aspects for information – aware connected and automated vehicles [J]. IEEE Transactions on Intelligent Transportation Systems, 2019: 1 – 23.

[11] KATRAKAZAS C, QUDDUS M, CHEN W H, et al. Real – time motion planning methods for autonomous on – road driving: state – of – the – art and future research directions [J]. Transportation Research Part C: Emerging Technologies, 2015, 60: 416 – 442.

[12] CLAUSSMANN L, REVILLOUD M, GRUYER D, et al. A review of motion planning for highway autonomous driving [J]. IEEE Transactions on Intelligent

Transportation Systems, 2019: 1 - 23.

[13] BIPLAB K P, HIMANSHU R, PARHI D R. Path planning of humanoids based on artificial potential field method in unknown environments [J]. Expert Systems, 2019, 36 (2): 1 - 12.

[14] RASEKHIPOUR Y, KHAJEPOUR A, CHEN S K, et al. A potential field - based model predictive path - planning controller for autonomous road vehicles [J]. IEEE Transactions on Intelligent Transportation Systems, 2016, 18 (5): 1255 - 1267.

[15] YU Z P, ZHANG R X, XIONG L, et al. Robust hierarchical controller with conditional integrator based on small gain theorem for reference trajectory tracking of autonomous vehicles [J]. Vehicle System Dynamics, 2019, 57 (8): 1143 - 1162.

[16] LIU C L, LIN C Y, WANG Y Z, et al. Convex feasible set algorithm for constrained trajectory smoothing [C]//2017 American Control Conference (ACC), 2017: 4177 - 4182.

[17] LIU C L, LIN C Y, TOMIZUKA M. The convex feasible set algorithm for real time optimization in motion planning [J]. SIAM Journal on Control and Optimization, 2018, 56 (4): 2712 - 2733.

[18] MÓNICA L G. Today is to see and know: an argument and proposal for integrating human cognitive intelligence into autonomous vehicle perception [J]. Electronic Imaging, 2019, 15: 54 - 1 - 54 - 9 (9).

[19] NASCIMENTO A M, VISMARI L F, MOLINA C B S T, et al. A systematic literature review about the impact of artificial intelligence on autonomous vehicle safety [J/OL]. 2019. https://arxiv.org/abs/1904.02697.

[20] RODRIGUES M, MCGORDON A, GEST G, et al. Adaptive tactical behaviour planner for autonomous ground vehicle [C]//2016 UKACC 11th International Conference on Control (CONTROL), 2016: 1 - 8.

[21] WANG S M, FANG M C, HWANG C N. Vertical obstacle avoidance and navigation of autonomous underwater vehicles with h_∞ controller and the artificial potential field method [J]. The Journal of Navigation, 2019, 72 (1): 207 - 228.

[22] ALANIZ A. Model predictive control with application to real - time hardware and guided parafoil [D]. Cambridge: Massachusetts Institute of Technology, 2004.

[23] 李宏胜. 轮廓跟踪运动控制系统关键技术的研究 [D]. 南京：东南大学, 2005.
[24] GAO Y, LI X X, ZHANG Y L. Constrained receding horizon contouring error control for a feed drive system [C]//37th Chinese Control Conference (CCC), 2018: 171-175.

第六章附录 Ⅰ　非线性系统的离散化和线性化

一个典型的连续系统可以描述为

$$\dot{x} = f(x, u) \quad x(0) = x_0 \tag{A1}$$

根据 Taylor 公式展开可得

$$f(x, u) = f(x, u)\big|_{(x_0, u_0)} + \frac{\partial f}{\partial x}(x - x_0) + \frac{\partial f}{\partial u}(u - u_0) = \frac{\partial f}{\partial x}x + \frac{\partial f}{\partial u}u + \delta(x, u)\big|_{(x_0, u_0)} \tag{A2}$$

式中，$\delta(x, u)\big|_{(x_0, u_0)} = f(x, u)\big|_{(x_0, u_0)} - \frac{\partial f}{\partial x}x_0 - \frac{\partial f}{\partial u}u_0$；$A = \frac{\partial f}{\partial x}$，$B = \frac{\partial f}{\partial u}$。

上述连续系统可以离散化为

$$x_{k+1} = A_k x_k + B_k u_{k+1} + \delta_k \tag{A3}$$

式中，A_k, B_k, δ_k 可以通过式（A3）求得

$$\begin{bmatrix} A_k & B_k & \delta_k \\ O & & \end{bmatrix} = \exp\left(\begin{bmatrix} A & B & \delta \\ & O & \end{bmatrix}\Delta T\right) \tag{A4}$$

式中，ΔT 为离散时间系统的采样时间。即 $A_k \approx A\Delta T + I$，$B_k \approx B\Delta T$，$\delta_k \approx \delta \Delta T$ 一阶近似。

第六章附录 Ⅱ　目标函数的标准二次形式

将式（6.17）和式（6.18）代入目标函数式（6.16）中，并忽略与被优化量 χ 不相关的项，最终整理如下：

$$J = \sum_{k=1}^{N_p} \left\{ \left\| e^o(x)\big|_{x_0} + \frac{\partial e^o}{\partial x}\big|_{x_0}(x - x_0) \right\|_{Q_o}^2 + \left\| e^l(x)\big|_{x_0} + \frac{\partial e^l}{\partial x}\big|_{x_0}(x - x_0) \right\|_{Q_l}^2 - \right.$$

$$\gamma s_k + \|u_k\|_{R_u}^2 + \|\Delta u_k\|_{R_{\Delta u}}^2\}$$

$$= \sum_{k=1}^{N_p} \left\{ \left\| e^o(x) \Big|_{x_0} - \frac{\partial e^o}{\partial x}\Big|_{x_0} x_0 + \frac{\partial e^o}{\partial x}\Big|_{x_0} x \right\|_{Q_o}^2 + \left\| e^l(x) \Big|_{x_0} - \frac{\partial e^l}{\partial x}\Big|_{x_0} \right. \right.$$

$$\left. \left. x_0 + \frac{\partial e^l}{\partial x}\Big|_{x_0} x \right\|_{Q_l}^2 - \gamma s_k + \|u_k\|_{R_u}^2 + \|\Delta u_k\|_{R_{\Delta u}}^2 \right\}$$

$$= \chi^T \underbrace{\mathrm{Diag}\left\{ \begin{bmatrix} \frac{\partial e^o}{\partial x}\Big|_{x_0} & \\ & \frac{\partial e^l}{\partial x}\Big|_{x_0} \end{bmatrix}^T \begin{bmatrix} Q_o & \\ & Q_l \end{bmatrix} \begin{bmatrix} \frac{\partial e^o}{\partial x}\Big|_{x_0} & \\ & \frac{\partial e^l}{\partial x}\Big|_{x_0} \end{bmatrix}; R_u; R_{\Delta u} \right\}}_{H} \chi +$$

$$\underbrace{\mathrm{Diag}\left\{ 2\left[e^o(x)\Big|_{x_0} - \frac{\partial e^o}{\partial x}\Big|_{x_0} x_0 \quad e^l(x)\Big|_{x_0} - \frac{\partial e^l}{\partial x}\Big|_{x_0} x_0 \right] \begin{bmatrix} Q_o & \\ & Q_l \end{bmatrix} \begin{bmatrix} \frac{\partial e^o}{\partial x}\Big|_{x_0} \\ \frac{\partial e^l}{\partial x}\Big|_{x_0} \end{bmatrix}, 0, 0 \right\}}_{F} \chi$$

(A5)

式中，$\frac{\partial e}{\partial x}$ 可由式 (6.15) 对状态量 $\boldsymbol{x} = \begin{bmatrix} v_x & v_y & r & \psi & X & Y & s \end{bmatrix}^T$ 中的每一个元素求偏导得到，即

$$\begin{bmatrix} \frac{\partial e^o}{\partial x} \\ \frac{\partial e^l}{\partial x} \end{bmatrix} = \begin{bmatrix} \sin\psi_r & -\cos\psi_r & 0 & 0 & 0 & \frac{\partial e^o}{\partial s} \\ -\cos\psi_r & -\sin\psi_r & 0 & 0 & 0 & \frac{\partial e^l}{\partial s} \end{bmatrix} \quad (A6)$$

式 (A6) 中误差项对曲线长度的微分 $\frac{\partial e}{\partial s}$ 可以通过式 (A7) 计算得到

$$\frac{\partial e^o}{\partial s} = \begin{bmatrix} \frac{\mathrm{d}\psi_r}{\mathrm{d}s} & 1 \end{bmatrix} \begin{bmatrix} X - X_r & Y - Y_r \\ \frac{\mathrm{d}y}{\mathrm{d}s} & -\frac{\mathrm{d}x}{\mathrm{d}s} \end{bmatrix} \begin{bmatrix} \cos\psi_r \\ \sin\psi_r \end{bmatrix} \quad (A7)$$

$$\frac{\partial e^o}{\partial s} = \begin{bmatrix} \frac{\mathrm{d}\psi_r}{\mathrm{d}s} & 1 \end{bmatrix} \begin{bmatrix} -(Y - Y_r) & X - X_r \\ \frac{\mathrm{d}x}{\mathrm{d}s} & -\frac{\mathrm{d}y}{\mathrm{d}s} \end{bmatrix} \begin{bmatrix} \cos\psi_r \\ \sin\psi_r \end{bmatrix} \quad (A8)$$

式 (A7) 和式 (A8) 中 $\frac{\mathrm{d}\psi_r}{\mathrm{d}s}$ 由式 (6.10) 和式 (6.12) 求微分得到，即

$$\begin{aligned}\frac{\mathrm{d}\psi_\mathrm{r}}{\mathrm{d}s} &= \frac{\mathrm{d}\left(\arctan\left(\partial f_{Y\mathrm{r}}/\partial f_{X\mathrm{r}}\right)\right)}{\mathrm{d}s} = \frac{\mathrm{d}\left(\arctan\left(\dfrac{\mathrm{d}f_{Y\mathrm{r}}}{\mathrm{d}s}\bigg/\dfrac{\mathrm{d}f_{X\mathrm{r}}}{\mathrm{d}s}\right)\right)}{\mathrm{d}s} \\ &= \left(1 + \left(\frac{\mathrm{d}f_{Y\mathrm{r}}}{\mathrm{d}s}\bigg/\frac{\mathrm{d}f_{X\mathrm{r}}}{\mathrm{d}s}\right)^2\right)^{-1} \cdot \frac{\dfrac{\mathrm{d}^2 f_{Y\mathrm{r}}}{\mathrm{d}s^2}\cdot\dfrac{\mathrm{d}f_{X\mathrm{r}}}{\mathrm{d}s} - \dfrac{\mathrm{d}f_{Y\mathrm{r}}}{\mathrm{d}s}\cdot\dfrac{\mathrm{d}^2 f_{X\mathrm{r}}}{\mathrm{d}s^2}}{\left(\dfrac{\mathrm{d}f_{X\mathrm{r}}}{\mathrm{d}s}\right)^2}\end{aligned} \qquad (\mathrm{A}9)$$

式中,f_X 和 f_Y 分别为参考轨迹 (X, Y) 的拟合函数。

第七章

基于学习的模型预测运动规划方法

7.1 概　　述

　　自动驾驶的软件架构有两个主要任务，分别是环境感知和行车规划。首先，智能车辆根据其所在的位置、周围有多少可用空间来构建环境，并预测诸如车辆和行人等其他移动障碍物的意图。其次，智能车辆需要有一个目标地址，并根据感知到的信息来确定到达目的地的最佳轨迹，这就是运动规划的主要内容。其次，运动规划还将车辆动力学系统、道路约束及障碍物和交通交互考虑在内，并生成诸如转向角、制动或油门开度等执行动作。因为具有明确处理约束、早期预警潜在问题和多变量优化等优点，MPC在过去的几十年中获得了显著的成功应用。在道路附着条件受限等极端条件下驾驶时，MPC可以通过对系统状态和控制输入施加约束来降低事故的潜在风险。控制设计通常从被控制系统的模型开始。许多基于模型的控制方法的控制效果在很大程度上取决于对模型的准确描述。小的模型误差会造成预测精度的降低，同时也会导致在线优化求解的困难。

　　通过在线优化已构造的成本函数，MPC可以生成满足预测状态约束的控制序列。但实际上，由于系统的非线性、不确定性以及外部干扰的存在，真正的动态模型的构建是富有挑战性的。名义模型的辨识也同样具有挑战性，因为当智能车辆的非线性被激发或受到外部干扰影响时，这个复杂的动态和受控对象的动态将发生变化。目前，MPC中包括非线性和外部干扰在内的未建模动态描述受到更多的关注。因此，本章内容将重点回顾具有复杂动态和时变系统的非线性 MPC 的研究工作。

解决非线性 MPC 问题的经典方法之一是利用鲁棒性理论和 μ 综合来补偿不匹配的不确定性。由于先验界限包含了所有的不确定性，这将带来保守的控制动作。另一种提高模型描述精度的方法是基于学习（或在线数据驱动）的，这是一种很有潜力并更引人注目的新方法，已经在一系列应用中得到了成功的实践。

在参考文献［15］中，作者提出了一种局部线性回归方法，用于识别智能赛车的仿射时变预测模型。在参考文献［16］中，作者利用历史数据对随机 MPC 问题进行了格式化，将其重新格式化为可以有效求解的二次规划问题。Zeilinger 等人将名义模型与控制系统的附加非线性部分相结合，将控制系统建模为高斯过程（Gaussian Process，GP），以实现谨慎控制。他们将基于 GP 的 MPC 应用于自动赛车，从而在整个比赛过程中保持车辆安全。

为了提高智能车辆在极端驾驶条件下的控制性能，本章的目的是探讨基于数据驱动的 MPC 用于智能车辆安全机动规划的可能性，并提出了一种基于学习的 MPC 框架，采用基于高斯过程回归的在线学习来学习系统未建模动态的不确定性和非线性，降低真实模型与名义模型之间的偏差，从而提高其控制品质。

7.2　理论基础

7.2.1　高斯过程回归

高斯过程回归（Gaussian Process Regression，GPR）是使用高斯过程先验对数据进行回归分析的非参数概率模型（Non-parameteric Model），能够很好地适用于小规模的先验数据集，并提供对预测的不确定性评估。GPR 模型被广泛应用于机器学习，如通用监督学习任务。已知训练数据集 $D=(Z,Y)=\{(z_i,y_i)|i=1,2,\cdots,n\}$，i.e. $z_i \in \mathbf{R}^{n_z}$ 为用来进行高斯过程回归的相关特征状态向量（GP 模型自变量），$y_i \in \mathbf{R}^{n_d}$ 为 GP 模型因变量（输出量）。因此，高斯过程回归的主要目标是辨识得到由特征状态向量到输出量的映射关系，即

$$y_i = d(z_i) + w_i \tag{7.1}$$

式中，$d:\mathbf{R}^{n_z} \to \mathbf{R}^{n_d}$ 表示从 n_z 维到 n_d 维的实数空间映射；$w \sim N(0,\delta_w)$ 为高斯噪声。

高斯过程是定义在连续域上的无限多个服从高斯分布的随机变量所组成的随机过程。也就是说通过离散的数据集 D，能够得到连续域上所有自变量对应的分布规律。简单来说，高斯过程可以看成一个函数，函数的输入是 z，函数的输出是高斯分布的均值和方差。将基于训练数据的高斯过程的先验表示为

$$d(z) \sim N(\mu^d(z), \kappa(z,z')) \tag{7.2}$$

式中，$\mu(z):\mathbf{R}^{n_z \times N} \to \mathbf{R}^{n_z}$ 表示样本数据集因变量 Y 的均值函数，返回各个维度的均值，这里的均值是 0，因为假设真实值和名义模型的偏差量接近 0；$\kappa(z,z'):\mathbf{R}^{n_z \times N} \to \mathbf{R}^{n_z \times n_z}$ 是一个核函数（也叫 Kernel 函数），即样本数据集自变量 Z 的协方差函数，它定义了 z 中每一对之间的协方差，并描述了两个样本的相似度。核函数本质上表征了样本点相似性的度量方法，进而影响整个函数的概率分布形状。这里选择平方指数函数作为高斯核函数，即

$$\kappa(z_i, z_j) = \sigma^2 \exp(-\|z_i - z_j\|_2^2/(2l^2)) \tag{7.3}$$

式中，σ 和 l 是高斯核函数的超参数，σ 决定核函数的方差，其值越大，高斯核函数的方差越大，反之亦然；$l = \mathrm{diag}([l_1 \quad l_2 \quad \cdots \quad l_{n_z}])$ 决定了核函数的波动程度，l 越大函数更加平滑，同时训练数据点之间的预测方差更小，反之 l 越小则函数回归结果倾向于更加"曲折"，训练数据点之间的预测方差更大，如图 7.1 所示；$\|\cdot\|$ 是测量点和分布之间距离的多元距离，这里使用 Mahalanobis 距离函数。

高斯核函数的 MATLAB 代码实现如下。

```
function kernel = K( obj,x1,x2)
% ----------------------------------------
% SEQ kernel function:cov[ f( x1),f( x2) ]
% k( x1,x2) = var_f* exp( 0.5* ||x1 - x2||^2_M)
%
% args:
% x1:< n,N1 >
% x2:< n,N2 >
% out:
% kernel:< N1,N2,p >
% ----------------------------------------
    kernel = zeros( size( x1,2),size( x2,2),obj.p)
```

```
for pi = 1:obj.p
        D = pdist2(x1',x2','mahalanobis',obj.M(:,:,pi)).^2;
%马哈拉诺比斯距离:(xi-xj)(M-1)(xi-xj)'
        %D = pdist2(x1',x2','seuclidean',diag((obj.M).^0.5)).^2
kernel(:,:,pi) = obj.var_f(pi) * exp(-0.5*D)
end
end
```

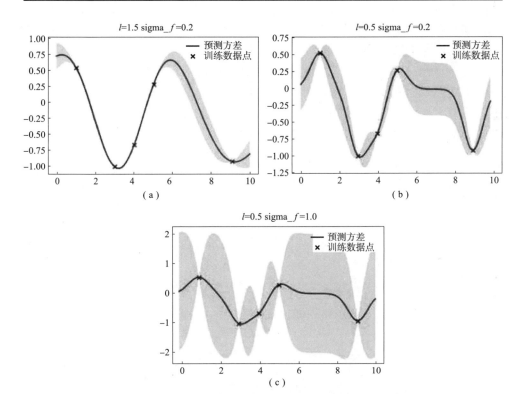

图 7.1 不同超参数下高斯过程回归的结果
(a) $l=1.5$, $\sigma=0.2$; (b) $l=0.5$, $\sigma=0.2$; (c) $l=0.5$, $\sigma=1.0$

结合观测得到的数据集 D 和 GP 模型 $d(z)$ 以及新的测量或观测点 z^*, 可以预测 GP 输出 $\hat{y}^*$, 即

$$d_{GP}(z^*) = d(z^*) \mid (Z,Y) \sim N(\mu^d(z^*), \Sigma^d(z^*)) \tag{7.4}$$

根据多元正态分布条件分布的性质可知, z^* 点的后验分布也是高斯分布, 均值和方差如下:

$$\mu^d(z^*) = \kappa(z^*,Z)\kappa(Z,Z)^{-1}Y \tag{7.5}$$

$$\Sigma^d(z^*) = \kappa(z^*,z^*) - \kappa(z^*,Z)\kappa(Z,Z)^{-1}\kappa(Z,z^*) \tag{7.6}$$

式中，$\mu^d = [\mu_1^d \quad \mu_2^d \quad \cdots \quad \mu_n^d]^T$；$\Sigma^d = [\Sigma_1^d \quad \Sigma_2^d \quad \cdots \quad \Sigma_n^d]^T$。

从上述方程中可以得出以下结论：

①均值 $\mu^d(z^*)$ 与先验数据集 Y 呈线性关系。

②在协方差中，第一部分协方差 $\kappa(z^*,z^*)$ 描述了观测数据的不确定性，为先验协方差；第二部分描述了基于先验模型和观测得到的数据使得函数分布不确定性减少的量。如果第二项接近0，说明基于观测得到的数据不确定性几乎不变；如果第二项非常大，则说明整体不确定性降低了很多。

高斯过程原理、可视化及代码实现

式（7.4）~式（7.6）就是高斯过程回归的基本公式，首先有一个高斯过程先验分布，观测到一些数据（机器学习中的训练数据），基于先验和一定的假设（联合高斯分布）计算得到高斯过程后验分布的均值和协方差。

7.2.2 超参数优化

核函数中的超参数对 GP 的预测性能有很大影响。一旦给定了核函数和先验训练数据，GP 模型就会被唯一确定。GPR 中的超参数优化是在给定输入 z 下，最大化在 $\theta^* = [l_1 \quad l_2 \quad \cdots l_n \quad \sigma]$ 条件下 Y 出现的概率。

$$Y|Z,\theta \sim N(0,\kappa_{ZZ}(\theta)) \tag{7.7}$$

使用极大似然估计的方法来获得最优的超参数组合，即

$$p(Y|Z,\theta) = (2\pi)^{-n/2}\kappa_{ZZ}^{-1/2}\exp(-1/2 Y'\kappa_{ZZ}^{-1}Y) \tag{7.8}$$

式（7.8）等价于最大化边缘对数似然的问题，即

$$\log p(Y|Z,\theta) = -\frac{n}{2}\log(2\pi) - \frac{1}{2}\log|\kappa_{ZZ}| - \frac{1}{2}Y'\kappa_{ZZ}^{-1}Y \tag{7.9}$$

最优问题可以改写为如下形式：

$$\theta^* = \underset{\theta}{\mathrm{argmin}} -\log p(Y|Z,\theta) \tag{7.10}$$

似然函数的 MATLAB 代码实现如下。

```
function logL = loglikelihood(obj,outdim,M,var_f,var_n)
    %-------------------------------------------------
    % calculate the negative log likelihood: -log(p(Y|X,
    theta))
```

```
    %  where theta are the hyperparameters and(X,Y)the training data
    %------------------------------------------------
-----------
    Y = obj.Y(:,outdim)
    K = var_f* exp( -0.5* dist2(obj.X',obj.X','mahalanobis
',M).^2)
    Ky = K + var_n* eye(obj.N)
    % calculate log(p(Y|X,theta))
    logL = -( -0.5* Y'/Ky* Y - 0.5* logdet(Ky) - obj.n/2* log(2*
pi))
    end
```

7.2.3 训练数据的在线获取

结合名义模型 f_{norm} 和附加模型不确定动态 d_{GP} 部分，受控系统真实动态的基于学习的预测模型可重新描述为

$$x_{k+1} = f(x,u) = f_{\text{norm}}(x_k,u_k) + \boldsymbol{B}_d(d_{\text{GP}}(z_k) + w) \quad (7.11)$$

式中，$x_k \in \mathbf{R}^{n_x}$ 为系统状态向量；$u_k \in \mathbf{R}^{n_u}$ 为控制输入；$z_k = [\boldsymbol{B}_{zx}x_k;\boldsymbol{B}_{zu}u_k]$，$z_k$ 为从系统状态矢量和输入中选择对系统扰动作用比较大的状态量，$\boldsymbol{B}_{zx}$ 和 $\boldsymbol{B}_{zu}$ 分别为状态量和输入量的选择矩阵；$\boldsymbol{B}_d$ 为系统模型中状态误差的选择矩阵；$w \sim N(0,\delta_w)$ 为服从高斯分布的系统过程噪声。

根据式 (7.1)，训练数据集 $D = (Z,Y)$ 中，$Z = \{z_i \mid i = 1,2,\cdots,n\}$ 为前 N 个车辆历史状态序列；Y 为高斯过程函数 $d(z)$ 的输出结果，则

$$Y = \boldsymbol{B}_d^{\text{T}}(x_{k+1} - f_{\text{norm}}(x_k,u_k)) \quad (7.12)$$

式中，$\boldsymbol{B}_d^{\text{T}}$ 为 $\boldsymbol{B}_d$ 的伪逆。

为了提高计算效率，将训练数据序列的长度设置为 N。一旦训练数据大小达到最大容量 N，多余的数据将被新数据替换。

7.3 基于学习的模型预测运动规划

7.3.1 非线性车辆动力学系统

基于车辆动力学系统的预测模型的建立，其主要矛盾是实时性和预测精度

之间的矛盾。本节中 MPC 控制设计采用考虑轮胎非线性的单轨自行车模型，如图 7.2 所示。该模型采用考虑摩擦极限的质点来描述其 XY 方向的平动、转向以及旋转运动。

选择整车质心 G 作为车辆坐标系的参考点。参数 a 和 b 分别定义了前后车轴到质心 G 的距离；v_x、v_y 和 r 分别表示车辆质心纵向、侧向速度和横摆角速率；α_f 和 α_r 为前后轮的

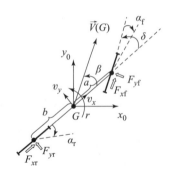

图 7.2 非线性自行车模型示意图

轮胎侧偏角；α_f 和 α_r 分别产生轮胎侧向力 F_{yf} 和 F_{yr}，从而平衡转弯过程中的离心力。

车辆动力学建模的关键是对轮胎力的精确描述。可以采用非线性自行车模型结合魔术公式来描述其真实的系统动力学过程。名义模型是使用线性化轮胎模型构建的，计算简便且与实际值近似。轮胎的侧偏刚度定义为轮胎力特性曲线在侧偏角为 0 的斜率，表征车辆在转向过程中轮胎抵抗侧向形变的能力。线性自行车模型可以在良好的驾驶条件下较为精确地捕捉车辆运动状态，但当侧向加速度比较大时会引起轮胎力饱和，此时线性自行车模型会失去保真度而不能准确地预测车辆状态。因此，可以使用 GP 模型结合历史数据在线回归的方法，来评估名义模型与真实系统之间的偏差。

非线性自行车模型考虑了纵向、侧向和横摆运动，其微分方程描述见第二章式（2.70）~式（2.74）。定义系统状态变量 $\boldsymbol{x} = \begin{bmatrix} v_x & v_y & r & \psi & X & Y & s \end{bmatrix}^T$，则车辆动力学系统方程可表示为如下形式：

$$\dot{\boldsymbol{x}} = f(\boldsymbol{x}, u) \tag{7.13}$$

式中，控制输入为 $u = \begin{bmatrix} T & \delta & v_s \end{bmatrix}^T$，其中 T 为制动或加速百分比；δ 为前轮转向角度输入，v_s 为车辆前进速度。

非线性轮胎模型用于真实车辆动力学模型，并使用简化的魔术公式进行描述，即

$$F = D\sin(C\arctan(\alpha)) \tag{7.14}$$

式中，D 为峰值系数，其中 $D_f = \mu b/(a+b)mg$，$D_r = \mu a/(a+b)mg$，μ 为路面摩擦系数；C 为反映轮胎力饱和度的形状因子。

用于线性名义车辆模型的线性化轮胎模型可描述为

$$F_f = C_f \alpha_f, \quad F_r = C_r \alpha_r \tag{7.15}$$

式中，C_f 和 C_r 分别为每个轮胎的线性侧偏刚度；α_f 和 α_r 分别为前后轮胎侧偏角。

7.3.2 问题描述

对于动态或不可预测障碍物的局部避障规划是智能车辆决策模块中的典型任务。如图 7.3 所示,智能车辆超越前方缓慢行驶的车辆有 2~3 种轨迹可以选择,这是一个典型的非凸问题,在单个可行区域内可能存在多个局部最优点。同时,由于解的收敛性较低,甚至存在振荡,在障碍物比较多的情况下,通过动态规划进行轨迹再规划并不总是存在最优可行解的。

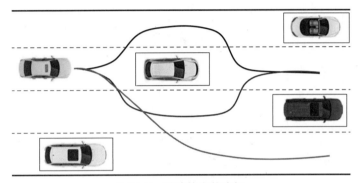

图 7.3 避障的交替路径

为了定义可搜索空间,采用 $E(x) \in \mathbf{R}^2$ 来定义智能车辆占用的空间。同时,假设有 M 个障碍物,由 $o^{(1)}, o^{(2)}, \cdots, o^{(M)} \in \mathbf{R}^2$ 表示,道路边界用 $R(x)$ 描述。因此,最优问题公式可以表述为

$$[x^*, u^*] = \operatorname{argmin} J(x, u)$$
$$\text{s. t.} \quad x_0 = x_s, x_{k+1} = f(x_k, u_k) \quad (7.16)$$
$$h(x_k, u_k) \leq 0$$
$$E(x_k) \cap O^{(m)} \cap R^C = \varnothing, \forall m = 1, 2, \cdots, M$$

式中,J 为代价函数;f 是与车辆动力学相关的等式约束;不等式约束 h 描述了车辆状态约束或控制约束条件,如最大横摆角速度或侧向加速度,以及道路边界约束;R^C 是道路的绝对补集,即非驾驶区域,避障约束则由一组集合公式来保证。

避障的目标是在可行的空间内找到一组可行的轨迹序列,并确保智能车辆遵守交通规则。智能车辆的预测轨迹可以表示为 $x = (x_0, x_1, \cdots, x_N)$,其中,用下标"0"表示当前时刻,$N$ 表示预测步长。

1. 目标函数

参考轨迹由弧长 s 使用分段三次样条函数描述,详见参考文献[11]。如

图 7.4 所示，在控制速度 v_s 下，目标位置和智能车辆的预测位置之间在预测范围内产生滞后误差。与第六章类似，控制器的主要目标是最大化前进速度，最小化所需的参考轨迹与智能车辆位置之间的轮廓误差。在曲线坐标 lo 中定义了纵向前进误差和侧向轮廓误差。轮廓误差 e^o 和前进误差 e^l 可以通过以下方式计算：

$$\begin{bmatrix} e^l \\ e^o \end{bmatrix} = \begin{bmatrix} -\cos\psi_r(s) & -\sin\psi_r(s) \\ \sin\psi_r(s) & -\cos\psi_r(s) \end{bmatrix} \begin{bmatrix} X - X_r \\ Y - Y_r \end{bmatrix} \quad (7.17)$$

航向误差为

$$e^\psi = \psi - \psi_r \quad (7.18)$$

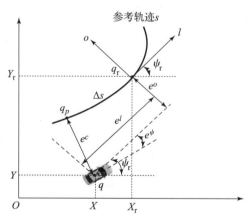

图 7.4　参考轨迹曲线坐标系 lo

2. 约束条件

对于避障约束的描述有两种典型的安全约束方法：一种是避免智能车辆的车身与周围障碍车辆重叠，另一种是使智能车辆保持在安全边界以内。通常，在避障轨迹规划算法中，潜在障碍物通过圆形、矩形或椭圆形来描述。为了算法的简洁性以及编程的易实现性，可以采用椭圆不等式来描述避障约束。椭圆方程可以描述为

$$\rho = \left(\begin{bmatrix} \cos\psi_o & \sin\psi_o \end{bmatrix} \begin{bmatrix} X - X_o \\ Y - Y_o \end{bmatrix} \Big/ a \right)^2 + \left(\begin{bmatrix} -\sin\psi_o & \cos\psi_o \end{bmatrix} \begin{bmatrix} X - X_o \\ Y - Y_o \end{bmatrix} \Big/ b \right)^2 \quad (7.19)$$

式中，(X, Y) 是智能车辆的位置；(X_o, Y_o) 是周围第 N 个障碍车辆几何中心的绝对位置；ψ_o 为障碍车辆偏航角；椭圆的长短轴 a、b 可根据安全裕度进行

调整。

避免碰撞的不等式约束描述如下：
$$1 - \rho \leq 0 \qquad (7.20)$$

如图 7.5 所示，道路边界约束可以描述为

$$e_{\text{off}} = \sqrt{e_l^2 + e_o^2}/R_{\text{track}} - 1 \leq 0 \qquad (7.21)$$

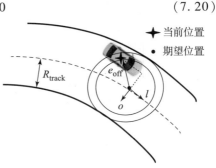

图 7.5　智能车辆的轨道边界约束

优化问题通常有两类约束问题，即硬约束（Hard Constraint）和软约束（Soft Constraint）。硬约束通常是在任何时候都"必须"满足的约束，如车辆运动学或动力学约束；软约束则是尽可能满足的"希望"或"偏好"，如智能车辆远离障碍物的距离。约束条件会存在以下几种可能性。

①约束合适，简化了目标函数的求解，去掉了鞍点，留下来最值点（正常约束）。

②约束过多，发现不可能满足所有的约束条件，可行域为空集（过约束）。

③约束不足，发现可行域太大，搜索算法很费时（欠约束）。

为了使问题可行解的求解变得更为容易，引入指示函数，将通过软约束来松弛这种期望或偏好的约束条件。非正实数的理想指示函数可以表示为

$$I^-(x) = \begin{cases} 0, & x \leq 0 \\ \infty, & x > 0 \end{cases} \qquad (7.22)$$

示性函数也称为障碍函数，通过示性函数将这类约束转化为软约束并累加到目标函数中，而理想障碍函数一般是非光滑的，这使得数值优化具有挑战性。因此，在实际的二次规划问题中，可微松弛障碍函数被用于优化，如对数障碍函数、S 形（Sigmoid）障碍函数或线性整流（Rectified Linear Unit, ReLU）障碍函数。一种改进的可以避免梯度消失的线性整流障碍函数将被用于提高优化求解器的性能，即

$$B'(x) = q_b(|x| + x)/2 \approx q_b(\sqrt{(c + \gamma x^2)/\gamma} + x)/2 \qquad (7.23)$$

式中，q_b，c 和 γ 为可调参数，q_b 是障碍函数的松弛因子，当 $q_b \to +\infty$ 时，B' 将逼近 I^-；c 和 γ 为障碍函数的形状因子，当增加 γ 和减小 c 时，B' 接近理想的线性整流函数。

ReLU 函数的 MATLAB 代码实现如下：

```
function error_relex = Relu(error)
    gamma = 1000
        error_relex = 5 * ( sqrt((4 + gamma * ( -0.1 - error).^
2)/gamma) - ( -0.1 - error))
end
```

式(7.23)可以处理为一个松弛的障碍函数，并作为软约束合并到目标函数中，即

$$B^r(e_{\text{off}}) = q_b(\sqrt{(c + \gamma e_{\text{off}}^2)/\gamma} + e_{\text{off}})/2 \qquad (7.24)$$

最终，二次目标函数为

$$J = \sum_{k=0}^{N_p-1} \{\|e_k^c\|_{q_c}^2 + \|e_k^l\|_{q_l}^2 + \|e_k^\psi\|_{q_\psi}^2 + \|u_k\|_{q_u}^2 + \|B_k^r\|_{q_l}^2\} \qquad (7.25)$$

式中，q_* 是对各子目标函数的权重系数。

智能车辆的行驶速度限制在 1~30 m/s，前轮胎的最大转向角为 20°。出于稳定性和安全性考虑，对质心侧向加速度的约束为

$$|a_y| \leqslant 0.4g \qquad (7.26)$$

同理，侧向加速度约束也可以通过障碍函数作为软约束添加到目标函数中。

3. 凸化非凸可行区域

交通环境是高度动态的，可能瞬息万变。由于驾驶场景的复杂多变，规划问题或优化问题中的可行域是非凸的，而且非凸优化的可行解不能保证是优化问题的全局最优解，同时也会由于求解实时性要求而无法获得可行解。对于技术熟练的驾驶员来说，变道和超越缓慢行驶的车辆是一个与周围车辆动态交互的过程。非凸优化问题转化为凸优化问题的方法通常有以下两种。

①修改目标函数，使之转化为凸函数。
②抛弃一些约束条件，使新的可行域为凸集并且包含原可行域。

为了提高计算求解效率，提出了一种简单而有效的可行域凸化方法。在智能车辆的可感知区域，通过构造虚拟障碍区域找到并连接最近的两个障碍车辆，然后将距离最近的两个障碍车辆合并为一个较大的障碍车辆。这种方法将人为地排除转向角较大的可能，并降低大横摆角以及侧向载荷转移量，减少侧翻的潜在风险。伪代码将在下面算法1中给出。

算法 1：构型空间凸化

输入：智能车辆位置，障碍车辆位置，道路边界
 输出：外加虚拟障碍车辆 $o^{(m)}$
   1：在智能车辆前方 10 m 和后方 2 m 之间寻找障碍车辆
   2：每个障碍车辆都具有潜在的碰撞风险
   3：计算两个障碍车辆之间的距离 D^{ij}
   4：查找最近的两个障碍车辆 $[m,n] = \min(D^{ij})$
   5：通过虚拟障碍车辆将两个障碍车辆合并，将非凸空间凸化
 结束

7.3.3 标称 MPC 问题描述

MPC，也称为滚动时域控制（Rotating Horizon Control，RHC），是一种用于多目标控制和约束满足的先进的过程控制方法。MPC 可以预测有限时间 N_p 范围内的未来动态，并优化行为控制输入序列 $u^*_{0:N_p-1}$ 以得到控制目标的全局最优解，同时将线性优化得到的控制序列 u^*_0 的第一个控制量应用于控制对象，如图 7.6 所示。

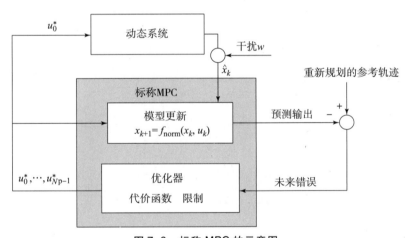

图 7.6 标称 MPC 的示意图

最终，标称 MPC 问题可以描述为

$$u_{0:N_p-1}^* = \arg\min J_o(x_k, u_k) + J_{\text{end}}(x_{N_p})$$
$$\text{s.t.} \quad x_{k+1} = f_{\text{norm}}(x_k, u_k),$$
$$x_0 = \hat{x},$$
$$x_l \leq x_k \leq x_u, \quad k = 0, 1, \cdots, N_p - 1 \tag{7.27}$$
$$u_l \leq u_k \leq u_u,$$
$$\Delta u_l \leq \Delta u_k \leq \Delta u_u$$

式中，J_o 为阶段成本函数，而 Lyapunov 函数 $J_{\text{end}} = \{\|e_k^c\|_{q_c}^2 + \|e_k^l\|_{q_l}^2 + \|e_k^o\|_{q_o}^2 + \|B_k^r\|_{q_r}^2\}|_{k=N_p}$ 作为受控非线性系统终端成本用以保证系统稳定性。MPC 的主要目标是在满足约束条件的同时，找到最优控制策略以最小化目标函数。约束条件通常包括车辆动力学描述的等式方程、避免碰撞以及执行器的物理约束，包含转向、制动和传动系统。

7.3.4 基于学习的 MPC 问题描述

标称 MPC 的性能取决于对受控系统模型的精确描述。然而，模型描述的精度总是受到系统未建模动态、残余不确定性或外部干扰的影响。这些偏差可能会损害 MPC 的控制表现。为了提高模型的预测能力，评估标称模型的残余不确定性，提高动态模型的预测精度，本节设计基于 GPR 的方法，通过在线回归获得受控系统的未建模动态，即从历史数据中学习，得到动态非参数 GP 模型。如图 7.7 所示，基于学习的 MPC 问题可以描述为

$$\mu_{0:N_p}^x, u_{0:N_p-1}^* = \arg\min J_o(\mu_k^x, u_k) + J_{\text{end}}(\mu_{N_p}^x)$$
$$\text{s.t.} \quad \mu_{k+1}^x = f_{\text{norm}}(\mu_k^x, u_k) + B_d(d_{\text{GP}}(z_k) + w)$$
$$\mu_0^x = \bar{x}, \Sigma_0^x = 0, z_k = [B_{zx}\mu_k; B_{zu}u_k]$$
$$u_l \leq u_k \leq u_u, \Delta u_l \leq \Delta u_k \leq \Delta u_u \quad k = 0, 1, \cdots, N_p - 1 \tag{7.28}$$
$$x_l \leq \mu_k^x \leq x_u$$

这里用下标"GP"来表示 GP 模型的预测结果是随机变量；GP 模型的输入为 $z_k = [v_x \quad v_y \quad r \quad T \quad \delta]^T$，$B_d = [1 \quad 1 \quad 1 \quad 0 \quad 0 \quad 0 \quad 0]^T$，这就意味着状态 $[v_x, v_y, r]$ 受到从 GP 模型中回归的未建模动态量的影响。

系统动态函数 f 包含标称模型以及考虑随机扰动的 GP 模型，因此其预测的状态也符合随机分布。非线性系统函数可以在 (μ^x, μ^u) 附近进行一阶 Taylor 展开，即

$$f(x, u) \approx f(\mu^x, \mu^u) + \nabla f(\mu^x, \mu^u)[x - \mu^x \quad u - \mu^u]^T \tag{7.29}$$

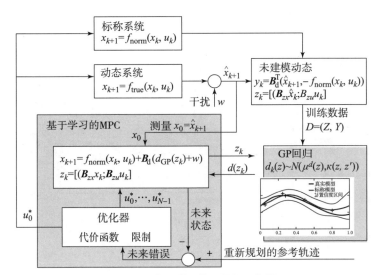

图 7.7 基于学习的 MPC 示意图

方程（7.29）的结果可以近似为联合高斯分布，其均值为 μ_{k+1}^x，方差为 Σ_{k+1}^x。假设扰动 d_{GP} 与当前时刻的状态量 x_k 相互独立，利用扩展卡尔曼滤波器可以近似地更新被控系统下一时刻的均值和协方差量，即

$$\mu_{k+1}^x = f_{\text{norm}}(\mu_k^x, u_k) + \boldsymbol{B}_d \mu_k^d \tag{7.30}$$

$$\Sigma_{k+1}^x = [\nabla_{x_k} f_{\text{norm}}(\mu_k^x, u_k), \boldsymbol{B}_d] \Sigma_k^x [\nabla_{x_k} f_{\text{norm}}(\mu_k^x, u_k), \boldsymbol{B}_d]^T \tag{7.31}$$

在此，假设 x_{k+1} 的测量结果是理想的，于是有 $E(x) = \mu_0^x, \Sigma_0^x = 0$。

高斯过程回归的 MATLAB 代码实现如下。

```
function[mu_y,var_y] = eval(obj,x,varargin)
% -----------------------------------------------
% Evaluate GP at the points x
% args:
%   x: <n,Nx> point coordinates
% out:
%   muy: <p,Nx> E[Y] = E[gp(x)]
%   vary: <p,p,Nx> Var[Y] = Var[gp(x)]
% -----------------------------------------------
Nx = size(x,2); % size of dataset to be evaluated
% Calculate posterior mean mu_y for each output dimension
```

```matlab
KxX = obj.K(x,obj.X)
mu_y = zeros(obj.p,Nx)
for pi = 1:obj.p % GP 模型输出(因变量 d 个数)
    mu_y(pi,:) = obj.mu(x) + KxX(:,:,pi) * obj.alpha(:,pi)
end

% Calculate posterior covariance var_y
var_y = zeros(obj.p,obj.p,Nx)
for pi = 1:obj.p
for i = 1:Nx
    %(less efficient) v = obj.L \ obj.K(x(:,i),obj.X)'
    v = obj.L(:,:,pi) \ KxX(i,:,pi)'
    % A = LL' A-1 = (L'-1)*(L-1)
    K = obj.K(x(:,i),x(:,i))
    var_y(pi,pi,i) = K(:,:,pi) - v'*v; %
end
end

% --------------------(DEPRECATED)---------------------------
%% SLOW BUT RETURNS THE FULL COVARIANCE MATRIX INSTEAD OF ONLY THE DIAGONAL(VAR)
% KxX = obj.K(x,obj.X)
% muy = obj.mu(x) + KxX * obj.inv_KXX_sn * (obj.Y - obj.mu(obj.X))
% vary = obj.K(x,x) - KxX * obj.inv_KXX_sn * KxX'
% --------------------(DEPRECATED)---------------------------
end
```

基于学习的模型预测 MATLAB 代码

7.4 仿真试验与结果讨论

在本节中,为了验证所提出的方法的控制效果,设计了两种典型的超车工况,即在直线道路和 L 形弯道上智能车辆超越前方低速行驶的障碍车辆。同时,为了证明可行域重构方法的有效性,构建了多车道上可能从左侧或右侧进行超车的场景,如图 7.8 所示。

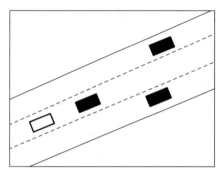 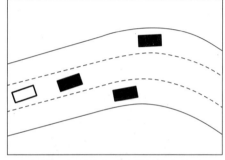

图 7.8 在直线道路和 L 形弯道上智能车辆超越前方低速行驶的障碍车辆
(为便于理解,障碍车辆用实心矩形表示,智能车辆用空心矩形表示)

采用简化的预测模型,将基于学习的 MPC(从历史数据中还原了未建模的动力学系统)与传统的标称 MPC 进行性能上的比较,并对基于学习的 MPC 的控制性能进行分析。预测步长是处理器计算能力和优化是否全局最优之间的折中 0。两种控制算法选择的预测步长均为 N_p = 15。在两种仿真场景中,障碍车辆的行驶速度均为 5 m/s,且智能车辆的初始速度设定为 10 m/s。算法采用 MATLAB 优化工具箱中的 fmincom 函数的内点算法求解非线性规划问题。表 7.1 列出了仿真的主要参数。

表 7.1 仿真的主要参数

参数	符号	参数值
整车质量/kg	m	1 351
横摆转动惯量/(kg·m²)	I_z	2 031
质心到前轴的距离/m	a	1.04
质心到后轴的距离/m	b	1.56

续表

参数	符号	参数值
车轮半径/m	R_w	0.28
前轮侧向刚度/(N·rad^{-1})	C_f	74 000
后轮侧向刚度/(N·rad^{-1})	C_r	70 000
采样时间/s	ΔT	0.15
最大优化迭代次数/次	—	30

7.4.1 直线道路上避障

图 7.9 显示了针对可行区域采用凸化方法和不采用凸化方法的避障重新规划结果。其结果显示,所提出的可行区域凸化方法可以提高重新规划运动的质量,并能够有效抑制侧向载荷转移,提高车辆的驾驶舒适性。

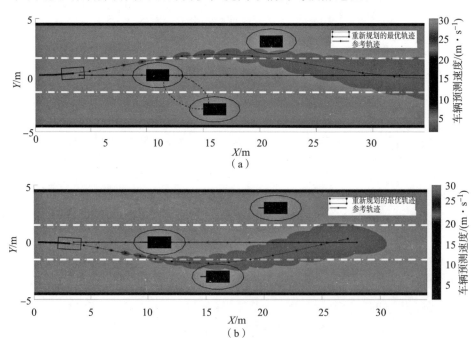

图 7.9 直线道路上重新规划的最优路径对比(空心矩形为智能车辆,实心矩形为障碍车辆;粗实线为车辆的轨迹,点画线为预测的未来轨迹)
(a) 基于凸化可行区域方法的轨迹重新规划结果;(b) 传统的轨迹重新规划结果

图 7.10 显示了包括均值和 2σ 置信区间的预测结果。对于纵向速度预测而言,不确定性区间随着滚动时域增加,大部分不确定性来自传感器噪声引起的累积误差;对于侧向速度和横摆角速度预测,不确定性在大转向输入期间产

生，这是由车辆建模的非线性引起的。

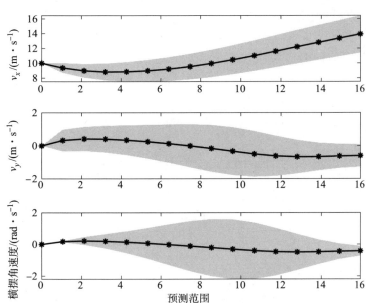

图 7.10 考虑 GP 不确定性的直线道路上的车辆状态评估
（带星号的线为车辆状态的均值，阴影区域为 95% 置信区域，即对应 $\pm 2\sigma$ 标准差）

车辆侧向加速度对比如图 7.11 所示。可以得出结论，受控系统的非线性是通过 GPR 模型从在线数据中学习的，因此受控系统的非线性可以被视为是合理的。结果表明，在侧向加速度较低的情况下，基于学习的 MPC 的控制性能优于线性 MPC。

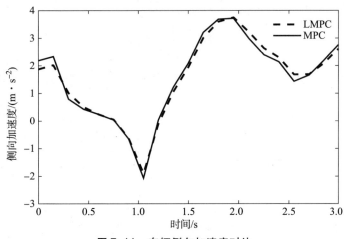

图 7.11 车辆侧向加速度对比

从图 7.12 中可以看出，在整个运动规划过程中，当车辆需要比较大的偏航角来避开障碍物时，车辆速度会随之减小。只有当转向输入比较小时，智能车辆提高行驶速度以超越障碍车辆，从而提高其行驶效率和侧向稳定性。同时，一旦转向角减小到零，车速将加速到最大。

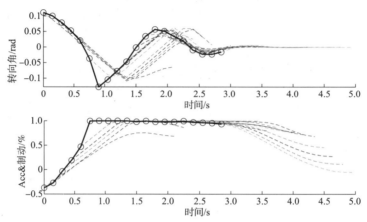

图 7.12　转向角和纵向运动控制规划（曲线簇是预测的控制输入，而最优控制序列的初值用作系统控制输入，标记为圆圈）

7.4.2　L 形弯道上避障

如图 7.13 所示，通过椭圆不等式约束来保证智能车辆与障碍车辆不发生

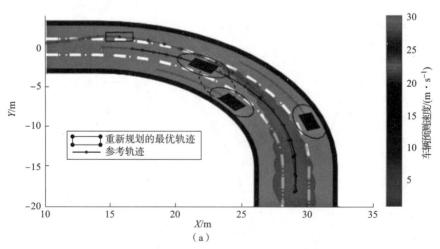

图 7.13　L 形弯道上重新规划的最优轨迹对比（空心矩形为智能车辆，实心矩形为障碍车辆；粗实线为车辆轨迹，点画线为预测的未来轨迹）

（a）基于凸化可行区域方法的轨迹重新规划结果

第七章 基于学习的模型预测运动规划方法

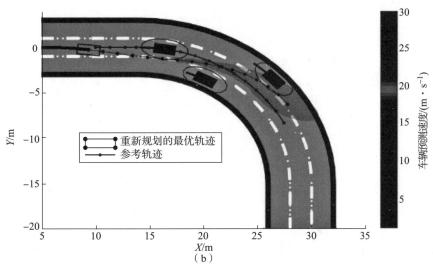

图 7.13 L 形弯道上重新规划的最优轨迹对比（空心矩形为智能车辆，实心矩形为障碍车辆；粗实线为车辆轨迹，点画线为预测的未来轨迹）（续）
（b）传统的轨迹重新规划结果

碰撞。同时，基于所提出的凸化可行区域方法，通过添加虚拟椭圆形约束（图 7.13（b）中的虚线椭圆），将距离最近的两个障碍物合并为一个较大的障碍物，从而提高规划算法优化求解器的收敛速度，未来预测状态的协方差用具有一定透明度的椭圆表示。可以发现，随着预测范围的增加，预测结果的不确定度也会增大。考虑 GP 不确定性的 L 形曲线弯道上重新规划的最优轨迹如图 7.14 所示。

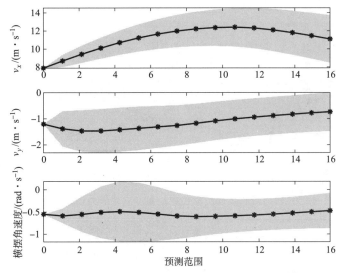

图 7.14 考虑 GP 不确定性的 L 形曲线弯道上车辆状态评估

从图 7.15 可以看出，与线性 MPC 算法相比，基于学习的 MPC 侧向加速度更小。其结果表明，基于凸化可行域方法重新规划的轨迹可以保持智能车辆的安全性和舒适性。如果减少采样时间步长 ΔT，如图 7.16 所示，转向或驾驶控制会更平滑，但同时也会造成更多的计算量，从而影响优化求解的实时性能。因此，采样时间步长的大小应该在计算负荷和控制效果之间进行权衡。

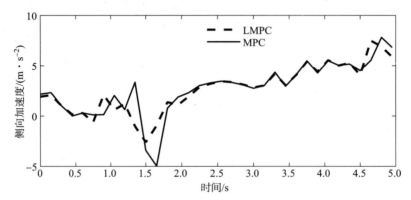

图 7.15　车辆侧向加速度对比

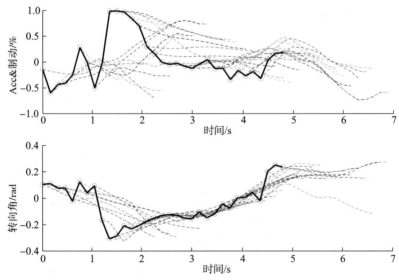

图 7.16　转向角和纵向运动控制规划（曲线簇为预测控制输入）

车辆状态预测的均方根误差（RMSE）如表 7.2 所示。这表明通过 GP 从历史数据中的学习，可以获取系统的不确定性和未建模动态，这将会提高预测模型的保真度，从而提高运动规划的控制性能。

表7.2 车辆状态预测的均方根误差

参数	道路形式			
	直线道路		L形道路	
	有 GP	无 GP	有 GP	无 GP
纵向速度 v_x/(m·s^{-1})	0.341 5	0.028 8	0.051 0	0.212 3
侧向速度 v_y/(m·s^{-1})	0.040 9	0.025 9	0.064 8	0.158 3
横摆角速率 r/(rad·s^{-1})	0.024 7	0.020 4	0.070 7	0.256 9

7.5 本章小结

本章提出了一种基于学习的 MPC 框架，用于复杂驾驶场景中的安全机动规划。为了提高 MPC 中车辆状态预测的精度，本章基于高斯过程回归理论，从在线收集的车辆状态数据中学习受控系统的非线性特性及其未建模动态量。得到的结论总结如下。

①将名义系统模型与 GP 动力学相结合可以保证在所有预测范围内满足约束。

②引入线性整流激活函数，将硬约束转化为软约束，提高了在线计算效率，提高了优化器的可行性。同时，设计了两个典型的超车规划场景，验证了该方法的有效性。轨迹重新规划的结果可以保证智能车辆的安全性和舒适性，并对外界干扰和未建模动态都具有鲁棒性。

7.6 参考文献

[1] RAAIJMAKERS M. Towards environment perception for highly automated driving：With a case study on roundabouts [D]. Eindhoven：Eindhoven University of Technology，2017.

[2] FORBES M G，PATWARDHAN R S，HAMADAH H，et al. Model predictive control in industry：challenges and opportunities [J]. IFAC–Papers on Line，2015，48（8）：531–538.

[3] ROSOLIA U, DE BRUYNE S, ALLEYNE A G. Autonomous vehicle control: a nonconvex approach for obstacle avoidance [J]. IEEE Transactions on Control Systems Technology, 2016, 25 (2): 469-484.

[4] BERNTORP K, QUIRYNEN R, UNO T, et al. Trajectory tracking for autonomous vehicles on varying road surfaces by friction-adaptive nonlinear model predictive control [J]. Vehicle System Dynamics, 2019, 58 (5): 705-725.

[5] KATRAKAZAS C, QUDDUS M, CHEN W H, et al. Real-time motion planning methods for autonomous on-road driving: state-of-the-art and future research directions [J]. Transportation Research Part C: Emerging Technologies, 2015, 60: 416-442.

[6] LIU J, JAYAKUMAR P, STEIN J L, et al. A nonlinear model predictive control formulation for obstacle avoidance in high-speed autonomous ground vehicles in unstructured environments [J]. Vehicle System Dynamics, 2017, 56 (6): 853-882.

[7] BRUNTON S L, KUTZ J N. Data-driven science and engineering: machine learning, dynamical systems, and control [M]. Cambridge: Cambridge University Press, 2019.

[8] KABZAN J, HEWING L, LINIGER A, et al. Learning-based model predictive control for autonomous racing [J]. IEEE Robotics and Automation Letters, 2019, 4 (4): 3363-3370.

[9] SEBORG D E, MELLICHAMP D A, EDGAR T F, et al. Process dynamics and control [M]. New York: John Wiley & Sons, Inc., 2019.

[10] MESBAH A. Stochastic model predictive control with active uncertainty learning: a survey on dual control [J]. Annu. Rev. Control, 2018, 45: 107-117.

[11] REN H, CHEN S, YANG L, et al. Optimal path planning and speed control integration strategy for UGVs in static and dynamic environments [J]. IEEE Transactions on Vehicular Technology, 2020, 69 (10): 10619-10629.

[12] PICHÉ S, SAYYAR-RODSARI B, JOHNSON D, et al. Nonlinear model predictive control using neural networks [J]. IEEE Control Syst. Mag, 2000, 20 (3): 53-62.

[13] THANGAVEL S, LUCIA S, PAULEN R, et al. Dual robust nonlinear model predictive control: a multi-stage approach [J]. J. Process Control, 2018, 72: 39-51.

[14] WANG Y, KANG F, WANG T, et al. A robust control method for lateral stability control of in-wheel motored electric vehicle based on side slip angle observer [J]. Shock and Vibration, 2018: 1-11.

[15] ROSOLIA U, BORRELLI F. Learning how to autonomously race a car: a predictive control approach [J]. IEEE Transactions on Control Systems Technology, 2019, 28 (6): 2713-2719.

[16] ROSOLIA U, ZHANG X, BORRELLI F. Data-driven predictive control for autonomous systems [J]. Annu. Rev. Control Robot. Auton. Syst., 2018, 1: 259-285.

[17] HEWING L, KABZAN J, ZEILINGER M N. Cautious model predictive control using Gaussian process regression [J]. IEEE Transactions on Control Systems Technology, 2019, 28 (6): 2736-2743.

[18] RASMUSSEN C E. Gaussian processes in machine learning [C]//In Summer School on Machine Learning, 2003: 63-71.

[19] LIU W J, LIU C, CHEN G, et al. Gaussian process-based model predictive control for overtaking in autonomous driving [J]. Front Neurorobot, 2021: 34483873.

[20] REN H, SHIM T, RYU J, et al. Development of effective bicycle model for wide ranges of vehicle operations [J]. SAE Technical Paper, 2014.

[21] PACEJKA H B. Tire and vehicle dynamics [M]. Amsterdam: Elsevier, 2005.

[22] NGUYEN T, LA H M, LE T D, et al. Formation control and obstacle avoidance of multiple rectangular agents with limited communication ranges [J]. IEEE Transactions on Control of Network Systems, 2016, 4 (2): 680-691.

[23] BOYD S, BOYD S P, VANDENBERGHE L. Convex optimization [M]. Cambridge: Cambridge University Press, 2004.

[24] LIU C, LIN C Y, MASAYOSHI T. The convex feasible set algorithm for real time optimization in motion planning [J]. Siam Journal on Control & Optimization, 2017, 56 (4): 2712-2733.

[25] SAWMA J, KHATOUNIAN F, MONMASSON E, et al. The effect of prediction horizons in MPC for first order linear systems [C]//2018 IEEE International Conference on Industrial Technology (ICIT), 2018: 316-321.

第八章
经典的自动驾驶轨迹跟踪方法

> 智能车辆运动控制关系到车辆的安全、稳定、舒适和经济性。运动控制通常包括侧向控制和纵向控制两个部分：侧向控制主要通过控制车辆转向使其在期望的轨迹上运动，即根据上层运动规划输出的轨迹、曲率等信息进行跟踪控制，以减少跟踪误差，同时保证车辆行驶的稳定性和舒适性；纵向控制则主要负责车辆油门、制动的控制，进而使车辆按一定的速度和加速度行驶，二者协同工作以使智能车辆按照预定的参考轨迹行驶。

根据轨迹跟踪算法使用车辆模型的不同，可以将其分为两种类型，即无模型的跟踪方法和基于模型的跟踪方法。其中，基于模型的方法又可分为基于车辆运动学模型和基于车辆动力学模型的侧向和纵向轨迹跟踪方法。本章将详细介绍几种比较经典的自动驾驶轨迹跟踪方法。

8.1 线控二次最优控制 LQR 轨迹跟踪控制算法

LQR 即线性二次型调节器，其对象是现代控制理论中以状态空间形式给出的线性系统，是一种最优的控制方法，而最优控制方法必须构建一个目标评价函数，LQR 目标函数为对象状态和控制输入的二次型函数，而 LQR 控制算法的实质是没有条件约束的线性控制方法。因此，基于 LQR 的轨迹跟踪精度在非线性工况下很有可能大幅度下降，甚至可能会导致车辆在运行中失去稳定性。2018 年初，百度无人驾驶平台 Apollo 2.0 发布，其侧向控制的主体是前馈控制器 + 反馈控制器，而反馈控制器的设计依赖于 LQR 模型。

8.1.1 LQR 最优控制

LQR 轨迹跟踪控制算法，是在已知目标轨迹坐标点的前提下，通过 LQR 最优控制车辆加速度及前轮转角，使车辆按照期望车速沿着给定轨迹行进到目标点位。其控制对象为线性系统，模型的表达形式为状态空间形式，目标函数为系统状态变量 x 与控制输入 u 的二次型函数。图 8.1 所示为一基础开环系统。

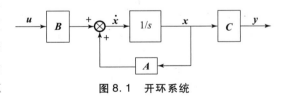

图 8.1 开环系统

其状态空间表达式为

$$\begin{cases} \dot{x} = Ax + Bu \\ y = Cx \end{cases} \quad (8.1)$$

为更好地实现控制效果，可以设计状态反馈控制器 $u = -Kx$，实现全状态反馈，如图 8.2 所示。

将反馈代入开环系统得到闭环状态反馈系统状态方程为

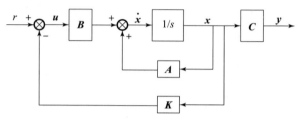

图 8.2 闭环状态反馈系统

$$\begin{cases} \dot{x} = (A - BK)x = A_c x \\ y = Cx \end{cases} \quad (8.2)$$

通过改变反馈控制矩阵 K，可以使系统的极点达到期望状态，LQR 最优控制目标就是找到最优的反馈控制矩阵 K。首先设计反映控制效果的代价函数 J：

$$J = \frac{1}{2} \int_0^\infty x^T Q x + u^T R u \, dt \quad (8.3)$$

最优反馈矩阵 K 应使得代价函数 J 最小，将 $u = -Kx$ 代入代价函数式 (8.3) 得到

$$J = \frac{1}{2} \int_0^\infty x^T (Q + K^T R K) x \, dt \quad (8.4)$$

式中，Q 为半正定对称矩阵；R 为正定对称矩阵，两者均是人为选定的加权系数矩阵。一般地，Q 值选得大意味着，要使代价函数 J 减小，那么 x 需要更小，也意味着闭环系统的矩阵 $(A - BK)$ 的特征值处于 s 左半平面更远的地方，这样系统状态能以更快的速度达到稳态。另外，大的 R 意味着对控制量 $u(t)$ 的幅值有更多的限制，如系统输入的能量消耗，那么系统状态衰减将会变慢。

为了得到反馈控制矩阵 K，假设存在一个常数矩阵 P，使得如下微分方程成立，即

$$\frac{d}{dt}(x^T P x) = -x^T (Q + K^T R K) x \quad (8.5)$$

将式 (8.5) 代入式 (8.4) 可得

$$J = -\frac{1}{2} \int_0^\infty \frac{d}{dt}(x^T P x) \, dt = \frac{1}{2} x^T(0) P x(0) \quad (8.6)$$

这里假设闭环系统是稳定的，也就是当 t 趋于无穷时，$x(t)$ 趋于 0。

将式 (8.2) 代入式 (8.5) 左边，整理可得

$$x^T((A-BK)^TP + P(A-BK) + Q + K^TRK)x = 0 \tag{8.7}$$

式（8.7）成立的充要条件是括号内的式子恒等于 0，于是有

$$A^TP + PA + Q + K^TRK - K^TB^TP - PBK = 0 \tag{8.8}$$

为了消除上式关于 K 的二次型，令 $K = R^{-1}B^TP$，并代入式（8.8），于是得到 Riccati 方程，即

$$PA + A^TP - PBR^{-1}B^TP + Q = 0 \tag{8.9}$$

通过上述式子，可以求得 P，则最优反馈矩阵 K 为

$$K = R^{-1}B^TP \tag{8.10}$$

以上为连续时间 LQR 最优控制，实际工程中，更多时候需要用到离散时间 LQR 控制，离散系统的表达式如下：

$$x(k+1) = Ax(k) + Bu(k) = (A - BK)x(k) \tag{8.11}$$

设计代价函数 J 为

$$J = \sum_{n=1}^{\infty}(x^T(n)Qx(n) + u^T(n)Ru(n)) \tag{8.12}$$

引入离散时间黎卡提方程，可得 P 表达式为

$$P = A^TPA - A^TPB(R + B^TPB)^{-1}B^TPA + Q \tag{8.13}$$

通过求解黎卡提方程，可得离散系统最优反馈矩阵 K 为

$$K = (R + B^TPB)^{-1}B^TPA \tag{8.14}$$

8.1.2 基于 LQR 的轨迹跟踪控制

1. 车辆运动学模型

车辆运动学模型如图 8.3 所示，在惯性坐标系下，(x, y) 为车辆质心的坐标，δ 为前轮偏角，β 为车体的质心侧偏角，v 为车速，l 为轴距，a 为质心到前轴的距离，b 为质心到后轴的距离。

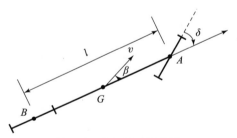

图 8.3 车辆运动学模型

车辆运动学模型如下（详细推导过程详见 2.4.1 节）：

$$\begin{cases} \dot{x} = v\cos\psi \\ \dot{y} = v\sin\psi \\ \dot{\psi} = v\tan(\delta/l) \\ \dot{v} = a \end{cases} \tag{8.15}$$

针对离散系统，其运动学方程为

$$\begin{cases} x(k+1) = x(k) + v(k)\cos(\psi(k))\Delta t \\ y(k+1) = y(k) + v(k)\sin(\psi(k))\Delta t \\ \psi(k+1) = \psi(k) + v(k)\tan(\delta(k))/l \\ v(k+1) = v(k) + a(k)\Delta t \end{cases} \qquad (8.16)$$

式中，Δt 为离散系统时间间隔。

2. 算法逻辑过程

LQR 轨迹跟踪控制算法逻辑如图 8.4 所示。

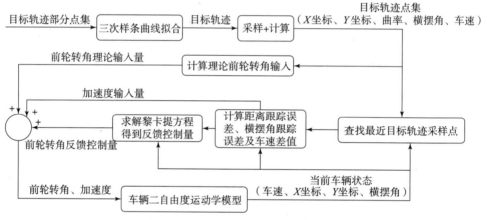

图 8.4　LQR 轨迹跟踪控制算法逻辑

首先针对已知目标轨迹的部分点位 X, Y 坐标，进行三次样条曲线拟合，对目标轨迹每 0.1 s 取一个点，得到目标轨迹各采样点的 X 和 Y 坐标、轨迹各点曲率以及轨迹各采样点偏航角（轨迹切线与 X 轴夹角）。通过对目标轨迹的偏航角变化率进行分析判断，设定目标轨迹上各点对应的目标车速，具体如下：

$$\begin{cases} \text{speed\_profile}[i] = \text{target\_speed}, & |\psi(k+1) - \psi(k)| \in [0, \pi/4] \\ \text{speed\_profile}[i] = 0, & \text{其他} \end{cases}$$

(8.17)

将目标轨迹的最后一个点位目标车速设为 0，即 speed_profile[-1] = 0，以保证到达目标终点时停车。

通过计算当前车辆所处位置与目标轨迹各采样点间的距离，比较选择出距离当前车辆最近的目标轨迹采样点，计算与该点的最小距离 e，即距离跟踪误差。计算车辆当前横摆角与目标轨迹最近采样点横摆角差值 e_ψ，即横摆角跟踪误差。如图 8.5 所示，结合车辆运动学模型，可得轨迹跟踪误差模型的状态空间表达式：

$$x(k+1) = Ax(k) + Bu(k) \quad (8.18)$$

式中，$A = \begin{bmatrix} 1 & \mathrm{d}t & 0 & 0 \\ 0 & 0 & v & 0 \\ 0 & 0 & 1 & \mathrm{d}t \\ 0 & 0 & 0 & 0 \end{bmatrix}$；$B = \begin{bmatrix} 0 \\ 0 \\ 0 \\ \dfrac{v}{L} \end{bmatrix}$；$x(k) = \begin{bmatrix} e[k] \\ (e[k+1] - e[k])/\mathrm{d}t \\ e_\psi[k] \\ (e_\psi[k+1] - e_\psi[k])/\mathrm{d}t \end{bmatrix}$。

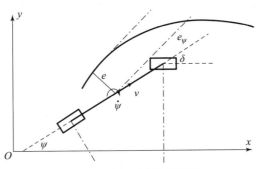

图 8.5 轨迹跟踪误差模型

利用线性二次型性能指标，代价函数 J 如下：

$$J = \sum_{n=1}^{\infty} (x^\mathrm{T} Q x + u^\mathrm{T} R u) \quad (8.19)$$

通过调整前轮转角输入，实现能量函数最小，其中 $x^\mathrm{T} Q x$ 反映了轨迹跟踪误差大小，$u^\mathrm{T} R u$ 反映了控制所需能量大小，Q 为 4×4 对角矩阵，R 为 1×1 对角矩阵。引入离散时间黎卡提方程，通过式（8.9）可以得到引入参量 P，通过式（8.10）得到离散系统最优反馈矩阵 K。前轮转角控制量为

$$\begin{cases} \delta = \delta_{\mathrm{fa}} + \delta_{\mathrm{fb}} \\ \delta_{\mathrm{fa}} = \arctan(L/R) = \arctan(L\kappa) \\ \delta_{\mathrm{fb}} = -Kx[0,0] \end{cases} \quad (8.20)$$

式中，δ_{fa} 为前轮转角理论值；δ_{fb} 为前轮转角反馈控制值；κ 为目标轨迹最近采样点曲率。

将距离最近的目标轨迹点的车速与实际车速做差，得到加速度控制量 a。将前轮转角 δ 与加速度 a 输入车辆运动学模型，实现车辆状态信息更新。每采样时间 ΔT 更新一次车辆状态信息，并计算车辆与目标轨迹终点间距离，判断是否到达终点。

LQR 轨迹跟踪控制算法的 Python 代码实现如下：

```python
def solve_DARE(A,B,Q,R):
    """
    solve a discrete time_Algebraic Riccati equation(DARE)
    """
    X = Q
    maxiter = 150
    eps = 0.01
    for i in range(maxiter):
        Xn = A.T*X*A - A.T*X*B* \la.inv(R+B.T*X*B)*B.T*X*A+Q
        #通过迭代求解离散时间黎卡提方程,X 即 P
        if(abs(Xn-X)).max() < eps:#判断 Xn 与 X 的差的最大值小于 0.01 时,把 Xn 赋给 X
            X = Xn
            break
        X = Xn

    return Xn

def dlqr(A,B,Q,R):
    """Solve the discrete time lqr controller.
    x[k+1] = A x[k] + B u[k]
    cost = sum x[k].T*Q*x[k] + u[k].T*R*u[k]
    # ref Bertsekas, p.151
    """

    X = solve_DARE(A,B,Q,R)#求解离散时间黎卡提方程

    K = np.matrix(la.inv(B.T*X*B+R)*(B.T*X*A))#计算反馈控制增益 K

    eigVals,eigVecs = la.eig(A-B*K)#计算闭环系统的特征值和特征向量
    return K,X,eigVals
```

```python
def lqr_steering_control(state,cx,cy,cyaw,ck,pe,pth_e):
    ind,e = calc_nearest_index(state,cx,cy,cyaw)#查距离最近目标轨迹采样点

    k = ck[ind]#距离最近目标轨迹采样点对应曲率
    v = state.v#v 为此时车辆车速
    th_e = pi_2_pi(state.yaw - cyaw[ind])#横摆角跟踪误差

    A = np.matrix(np.zeros((4,4)))#设定轨迹跟踪误差模型中系统矩阵
    A[0,0] = 1.0
    A[0,1] = unicycle_model.dt
    A[1,2] = v
    A[2,2] = 1.0
    A[2,3] = unicycle_model.dt
    # print(A)

    B = np.matrix(np.zeros((4,1)))#设定轨迹跟踪误差模型中控制矩阵
    B[3,0] = v/unicycle_model.L

    K,_,_ = dlqr(A,B,Q,R)#求解黎卡提方程,得到全反馈控制系数 K

    x = np.matrix(np.zeros((4,1)))#设定轨迹跟踪误差模型中状态变量

    x[0,0] = e#距离跟踪误差
    x[1,0] = (e - pe)/unicycle_model.dt#距离跟踪误差变化率
    x[2,0] = th_e#横摆角跟踪误差
    x[3,0] = (th_e - pth_e)/unicycle_model.dt#横摆角跟踪误差变化率
    ff = math.atan2(unicycle_model.L* k,1)#前轮转角理论值
    fb = pi_2_pi((-K* x)[0,0])#前轮转角反馈控制值
    delta = ff + fb#前轮转角

    return delta,ind,e,th_e#输出前轮转角,距离最近目标轨迹采样点,距离跟踪误差,横摆角跟踪误差
```

轨迹跟踪 LQR Python 代码

8.1.3 仿真实例

输入目标点集如下：

$x = [0, 6.0, 12.5, 10.0, 7.5, 3.0, -1.0]$

$y = [0, -3.0, -5.0, 6.5, 3.0, 5.0, -2.0]$

车辆轴距为 0.5 m，目标车速设为 10 km/h，车辆前轮最大转角为 45°，采样时间为 0.1 s，对 LQR 轨迹跟踪算法进行验证仿真主要参数如表 8.1 所示。如图 8.6 和图 8.7 所示，LQR 轨迹跟踪算法可以实现对给定轨迹的跟踪，并能将车速控制在 10 km/h。

表 8.1 仿真主要参数

参数	符号	参数值
整车质量/kg	m	1 351
横摆转动惯量/(kg·m²)	I_z	2 031
质心到前轴的距离/m	a	1.04
质心到后轴的距离/m	b	1.56
车轮半径/m	R_w	0.28
采样时间/s	ΔT	0.01

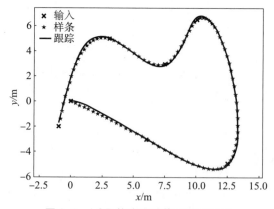

图 8.6 LQR 轨迹跟踪算法跟踪结果

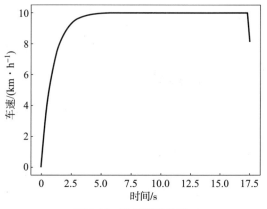

图 8.7 轨迹跟踪速度

如图 8.8 和图 8.9 所示，前轮转角存在高频阶跃，会使得舒适性变差，车辆稳定性降低，轮胎磨损加重。因此，需要对控制量前轮转角进行平滑处理，每次新计算出的前轮转角与前两个周期的控制量输出进行加权处理，得到前轮转角作为控制量输入系统进行车辆控制，具体计算公式如式（8.21）所示：

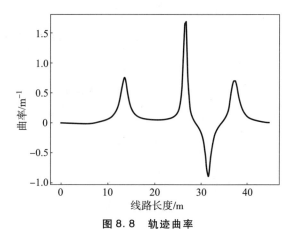

图 8.8 轨迹曲率

$$\begin{cases} \delta_{k\_\text{smooth}} = w_{k-2}\delta_{k-2} + w_{k-1}\delta_{k-1} + w_k\delta_k \\ w_{k-2} + w_{k-1} + w_k = 1 \end{cases} \quad (8.21)$$

式中，δ 为各周期前轮转角；δ_{k_smooth} 为经平滑后前轮转角；w 为权重值。

将经平滑处理的仿真结果与未经平滑处理的仿真结果进行对比，如图 8.10 和图 8.11 所示。

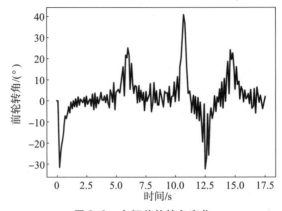

图 8.9 车辆前轮转角变化

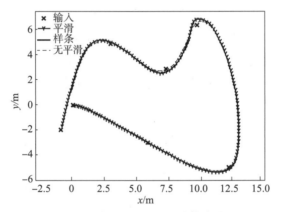

图 8.10 有无平滑处理跟踪轨迹对比

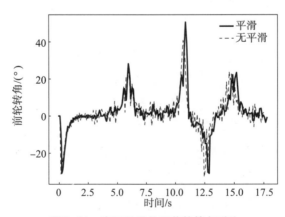

图 8.11 有无平滑处理前轮转角对比

如图 8.10 和图 8.11 所示，经过平滑处理后，前轮转角的抖振幅度与频率明显降低，但跟踪效果不如未经平滑处理结果，但偏差不大。

8.1.4 小结

线性二次最优控制 LQR 理论是现代控制理论中发展较为成熟的一种状态空间设计法，对于系统动力学为线性微分方程且目标为二次型的控制问题，LQR 控制器被广泛应用。利用 LQR 可得到状态线性反馈的最优控制规律，易于构成闭环最优控制，控制效果较稳定。LMI 利用较小的控制能量使系统状态变量维持在零值附近，且同时可以对不稳定系统进行整定。但使用该算法在曲率变化较大的路段进行跟踪控制时，会使得跟踪误差变大而导致跟踪失败，因此往往需要结合其他控制算法如前馈控制来进行无误差跟踪。

8.2 PID 轨迹跟踪算法

无模型的侧向控制即传统的比例、积分、微分（Proportion, Integration, Differentiation, PID）控制算法，将车辆当前的轨迹跟踪偏差作为输入量，对跟踪偏差进行比例、积分和微分控制得到转向控制量，即根据轨迹的纵向/侧向误差、角度/曲率误差或者若干车辆姿态状态变量的综合误差，利用比例、积分、微分参数计算出跟踪已有轨迹所需的转向盘转角，完成车辆的轨迹跟踪。PID 控制原理如图 8.12 所示。

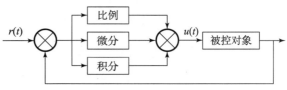

图 8.12 PID 控制原理

比例控制：比例控制器的输出与当前状态与目标状态的差值成比例。比例大时，则更快逼近目标值，但比例大容易超调；比例小时，超调现象减弱，但是响应时间会变得很长。同时，当仅有比例控制时，系统输出存在稳态误差。

积分控制：积分控制器的输出与输入误差信息的积分成正比。积分控制一般被用来消除系统的稳态误差。

微分控制：微分控制器的输出与输入误差信号的变化率成正比。微分控制可以用来减小纯比例控制的超调。

PID 控制连续形式表达式：

$$e(t) = r(t) - y(t) \tag{8.22}$$

$$u(t) = K_P e(t) + K_I \int_0^t e(t)\,\mathrm{d}t + K_D \frac{\mathrm{d}e(t)}{\mathrm{d}t} + u_0 \tag{8.23}$$

式中，K_P、K_I、K_D 分别为比例因子、积分因子、微分因子；e 为输入与输出的偏差；u 为被控对象的控制量；u_0 为控制量的基准值，即 $e = 0$ 时的控制量。

离散化处理后的表达式：

$$u(k) = K_P e(k) + K_I \sum_{j=0}^{k} e(j) + K_D [e(k) - e(k-1)] + u_0 \tag{8.24}$$

式中，k 为采样序号，$k = 0,1,2,\cdots$；$u(k)$ 为第 k 次采样时刻的计算机输出值；$e(k)$ 为第 k 次采样时刻输入的偏差值。

8.2.1 Frenet 坐标系

自动驾驶技术的难点之一在于规划控制过程中难以表达车辆与道路之间的相对位置，导致二者的相对关系不明确。传统算法在笛卡儿坐标系下规划出的轨迹对于开放道路有良好的效果，但是对于公路环境基于 Frenet 坐标系的控制算法有更好的适应性。在 DAPRA 智能汽车挑战赛期间，由斯坦福大学提出的轨迹规划算法将侧向偏移（Lateral Offset）定义为相对于基础轨迹的垂直距离。由于基础轨迹为道路中心线，这样的定义方式使得道路与车辆之间的关系更为直观。

相对于笛卡儿坐标系 (x, y)，Frenet 坐标系 (S, e_y) 能够更为直观地描述道路位置信息。在 Frenet 坐标系中，S 表示沿曲线走过的轨迹长度，e_y 表示车辆侧向距离误差，将车辆每时每刻的位置状态分解在 S 和 e_y 两个方向来描述车辆的运动状态，如图 8.13 所示。Frenet 坐标系可以将车辆的二维运动问题解耦为两个一维运动问题，一维问题比二维问题容易求解。

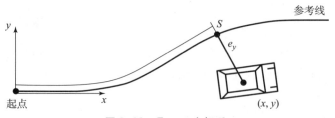

图 8.13 Frenet 坐标系

图 8.14 所示为笛卡儿坐标系与 Frenet 坐标系的位置示意图。Frenet 坐标系的建立基于一个给定的参考线（可以是任意曲线），一般情况下定义为车道的中心线。e_ψ 表示车辆偏航角方向与轨迹当前点处切向量的夹角，即航向偏差；

ψ_r、ψ 分别表示当前点处切向量角度和当前车辆偏航角。

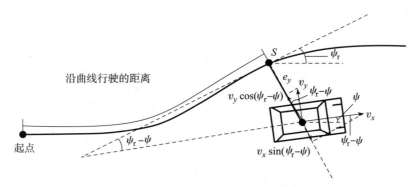

图 8.14　笛卡儿坐标系与 Frenet 坐标系的位置示意图

将车辆纵向、侧向速度 v_x、v_y 沿 e_y 所在方向投影得侧向偏差变化率，即

$$\dot{e}_y = v_y \cos(\psi_r - \psi) - v_x \sin(\psi_r - \psi) \tag{8.25}$$

依据相似三角形原理，有

$$\frac{v_x \cos(\psi_r - \psi) + v_y \sin(\psi_r - \psi)}{} = \frac{R - e_y}{R} \tag{8.26}$$

整理得

$$\dot{S} = \frac{v_x \cos(\psi_r - \psi) + v_y \sin(\psi_r - \psi)}{1 - \kappa(S) e_y} \tag{8.27}$$

式中，$\kappa(S)$ 表示在轨迹中心线横坐标 S 处的曲率，$\kappa = 1/R$。

如图 8.15 所示，横摆角跟踪误差定义为 $e_\psi = \psi - \psi_r$，代入式（8.26）和式（8.27）有

$$\dot{S} = \frac{v_x \cos(e_\psi) - v_y \sin(e_\psi)}{1 - \kappa(S) e_y} \tag{8.28}$$

$$\dot{e}_y = v_x \sin(e_\psi) + v_y \cos(e_\psi) \tag{8.29}$$

且横摆角误差变化率为

$$\dot{e}_\psi = \omega_z - \kappa \dot{S} \tag{8.30}$$

即

$$\dot{e}_\psi = \omega_z - \frac{v_x \cos e_\psi - v_y \sin e_\psi}{1 - \kappa(S) e_y} \kappa(S) \tag{8.31}$$

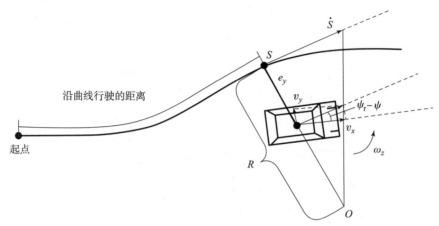

图 8.15 Frenet 坐标系下的轨迹跟踪误差示意图

8.2.2 车辆模型

1. 车辆动力学模型

如图 8.16 所示，根据牛顿第二定律，车辆纵向速度变化率、侧向速度变化率、横摆角速度变化率分别描述为

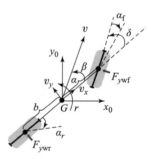

图 8.16 车辆二自由度模型

$$\dot{v}_x = a - \frac{F_{y_f}\sin\delta}{m} + \omega_z v_y \quad (8.32)$$

$$\dot{v}_y = \frac{F_{y_f}\cos\delta + F_{yr}}{m} - \omega_z v_x \quad (8.33)$$

$$\dot{\omega}_z = \frac{aF_{y_f}\cos\delta - bF_{yr}}{I_z} \quad (8.34)$$

轮胎侧偏角为

$$\alpha_f = \delta - \arctan\left(\frac{v_y + a\omega_z}{v_x}\right) \quad (8.35)$$

$$\alpha_r = -\arctan\left(\frac{v_y - b\omega_z}{v_x}\right) \quad (8.36)$$

轮胎侧向力（魔术公式）为

$$F_{y_f} = D_f\sin[C_f\tan^{-1}(B_f\alpha_f)] \quad (8.37)$$

$$F_{yr} = D_r\sin[C_r\tan^{-1}(B_r\alpha_r)] \quad (8.38)$$

离散化处理得

$$v_{x(k+1)} = v_{xk} + \Delta T\left(a_k - \frac{F_{yfk}\sin\delta_k}{m} + \omega_{zk}v_{yk}\right) \tag{8.39}$$

$$v_{y(k+1)} = v_{yk} + \Delta T\left(\frac{F_{yfk}\cos\delta_k + F_{yrk}}{m} - \omega_{zk}v_{xk}\right) \tag{8.40}$$

$$\omega_{z(k+1)} = \omega_{zk} + \Delta T\left(\frac{l_f F_{yfk}\cos\delta_k - l_r F_{yrk}}{I_z}\right) \tag{8.41}$$

式中，ΔT 为离散时间。

2. 轨迹跟踪误差模型

由 8.2.1 节可以得出，在 Frenet 坐标系中的车辆轨迹跟踪误差模型描述如下：

$$\dot{e}_\psi = \omega_z - \frac{v_x\cos e_\psi - v_y\sin e_\psi}{1 - \kappa(S)e_y}\kappa(S) \tag{8.42}$$

$$\dot{S} = \frac{v_x\cos e_\psi - v_y\sin e_\psi}{1 - \kappa(S)e_y} \tag{8.43}$$

$$\dot{e}_y = v_x\sin e_\psi + v_y\cos e_\psi \tag{8.44}$$

将上述方程进行欧拉离散，可以近似地将车辆的运动表示为车辆速度的函数，即

$$e_{\psi(k+1)} = f_{e\psi}(x_k) = e_{\psi k} + \Delta T\left(\omega_{zk} - \frac{v_{xk}\cos e_{\psi k} - v_{yk}\sin e_{\psi k}}{1 - \kappa(S_k)e_{yk}}\kappa(S_k)\right) \tag{8.45}$$

$$S_{(k+1)} = f_s(x_k) = S_k + \Delta T\left(\frac{v_{xk}\cos e_{\psi k} - v_{yk}\sin e_{\psi k}}{1 - \kappa(S_k)e_{yk}}\right) \tag{8.46}$$

$$\dot{e}_{y+1} = f_{ey}(x_k) = e_{yk} + \Delta T(v_{xk}\sin e_{\psi k} + v_{yk}\cos e_{\psi k}) \tag{8.47}$$

式中，ΔT 为离散时间。

车辆动力学模型的 Python 代码实现如下。

```python
def _DynModel(x,x_glob,u,np,dt,PointAndTangent):
#This function computes the system evolution. Note that the discretization is deltaT and therefore is needed that
    #deltaT <= dt and(dt/deltaT) = integer value 整数值
    #Vehicle Parameters
m=1.98 #车辆质量
lf=0.125 #前轮轴距
lr=0.125 #后轮轴距
Iz=0.024 #转动惯量
    #轮胎模型参数
```

```python
Df = 0.8 * m * 9.81/2.0
Cf = 1.25
Bf = 1.0
Dr = 0.8 * m * 9.81/2.0
Cr = 1.25
Br = 1.0
#Discretization Parameters
deltaT = 0.001
x_next = np.zeros(x.shape[0])
cur_x_next = np.zeros(x.shape[0])
#Extract the value of the states 提取状态值
delta = u[0]#前轮转角
a = u[1]#加速度
psi = x_glob[3]
X = x_glob[4]
Y = x_glob[5]
vx = x[0]#纵向速度
vy = x[1]#侧向速度
wz = x[2]#横摆角速度
epsi = x[3]
s = x[4]
ey = x[5]
#Initialize counter 初始化计数器
i = 0
while(i + 1) * deltaT <= dt:
#Compute tire split angle 计算轮胎侧偏角
alpha_f = delta - np.arctan2(vy + lf * wz,vx)
alpha_r = - np.arctan2(vy - lr * wz,vx)
    #Compute lateral force at front and rear tire 计算轮胎侧向力(魔术公式)
Fyf = Df * np.sin(Cf * np.arctan(Bf * alpha_f))
Fyr = Dr * np.sin(Cr * np.arctan(Br * alpha_r))
#Propagate the dynamics of deltaT
    #绝对坐标系下状态量
```

```
x_next[0] = vx + deltaT* (a - 1/m* Fyf* np.sin(delta) + wz* vy)
x_next[1] = vy + deltaT* (1/m* (Fyf* np.cos(delta) + Fyr) - wz* vx)
x_next[2] = wz + deltaT* (1/Iz* (lf* Fyf* np.cos(delta) - lr* Fyr))
x_next[3] = psi + deltaT* wz
x_next[4] = X + deltaT* (vx* np.cos(psi) - vy* np.sin(psi))
x_next[5] = Y + deltaT* (vx* np.sin(psi) + vy* np.cos(psi))
    #曲线坐标系下状态量
cur = Curvature(s, PointAndTangent) #曲率
cur_x_next[0] = vx + deltaT* (a - 1/m* Fyf* np.sin(delta) + wz* vy)
cur_x_next[1] = vy + deltaT* (1/m* (Fyf* np.cos(delta) + Fyr) - wz* vx)
cur_x_next[2] = wz + deltaT* (1/Iz* (lf* Fyf* np.cos(delta) - lr* Fyr))
cur_x_next[3] = epsi + deltaT* (wz - (vx* np.cos(epsi) - vy* np.sin(epsi))/(1 - cur* ey)* cur)
cur_x_next[4] = s + deltaT* ((vx* np.cos(epsi) - vy* np.sin(epsi))/(1 - cur* ey))
cur_x_next[5] = ey + deltaT* (vx* np.sin(epsi) + vy* np.cos(epsi))

#Update the value of the states
psi = x_next[3]
    X = x_next[4]
    Y = x_next[5]
vx = cur_x_next[0]
vy = cur_x_next[1]
wz = cur_x_next[2]
epsi = cur_x_next[3]
    s = cur_x_next[4]
ey = cur_x_next[5]
if s < 0:
```

```
    print("Start Point:",x," Input:",u)
    print("x_next:",x_next)
#Increment counter
i = i + 1


    return cur_x_next,x_next
```

8.2.3　PID 轨迹跟踪控制器设计

控制器采用比例控制,具体表达式如下。

侧向控制:

$$\delta(k) = K_{P1}e_\psi(k) + K_{P2}e_y(k) \qquad (8.48)$$

式中,比例因子 $K_{P1} = -0.6$,$K_{P2} = -0.9$。

纵向控制:

$$a_x(k) = K_{P3}[v_r - v(k)] \qquad (8.49)$$

式中,a_x 为纵向加速度;v_r 为参考车速;比例因子 $K_{P3} = 1.5$。

PID 轨迹跟踪的 Python 代码实现如下。

```
    class PID:
""" Create the PID controller used for path following at constant speed
    Attributes:
        solve:given x0 computes the control action 给定 x0(当前状态位置)计算控制量
    """

    def __init__(self,vt):
""" Initialization
        Arguments:
vt:target velocity
        """
self.vt = vt # 参考速度
self.uPred = np.zeros([1,2]) # 控制量

startTimer = datetime.datetime.now() # datetime.datetime.now 返
```

回当前系统时间
```
endTimer = datetime.datetime.now();
deltaTimer = endTimer - startTimer
self.solverTime = deltaTimer
self.linearizationTime = deltaTimer
self.feasible = 1

def solve(self,x0):
"""Computes control action
    Arguments:
        x0:current state position 当前状态位置
    """
vt = self.vt
self.uPred[0,0] = -0.6*x0[5]-0.9*x0[3] # x0[3]epsi 为横摆误差 x0[5]ey 为侧向跟踪误差
self.uPred[0,1] = 1.5*(vt-x0[0])
```

轨迹跟踪 PID Python 代码

8.2.4 仿真实例

给定参考轨迹为 L 形轨迹，轨道半宽为 0.4 m，如图 8.17 所示。

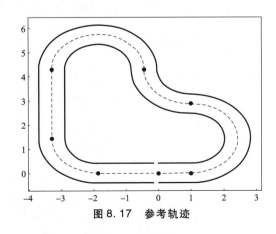

图 8.17 参考轨迹

仿真主要参数如表 8.2 所示。

表 8.2 仿真主要参数

参数	符号	参数值
整车质量/kg	m	1.98
前轴距/m	l_f	0.125
后轴距/m	l_r	0.125
横摆转动惯量/(kg·m^2)	I_z	0.024
采样时间/s	ΔT	0.1
参考车速/(m·s^{-1})	v_t	0.8
初始车速/(m·s^{-1})	v_0	0.5

仿真结果如图 8.18 所示,实线为跟踪轨迹,虚线为参考轨迹。

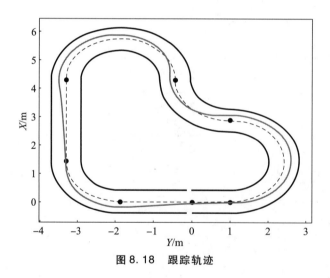

图 8.18 跟踪轨迹

各参数变化情况如图 8.19 ~ 图 8.25 所示,其横坐标均为路程,即小车沿曲线走过的轨迹长度。

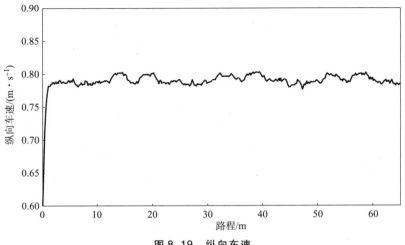

图 8.19 纵向车速

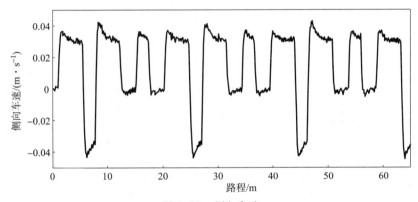

图 8.20 侧向车速

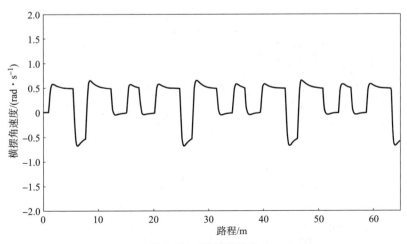

图 8.21 横摆角速度

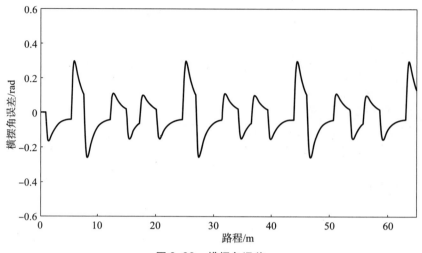

图 8.22　横摆角误差

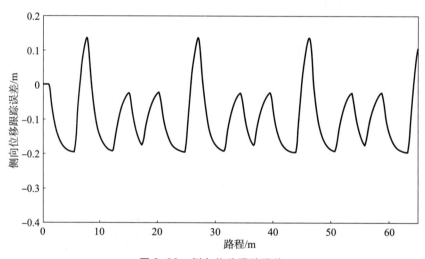

图 8.23　侧向位移跟踪误差

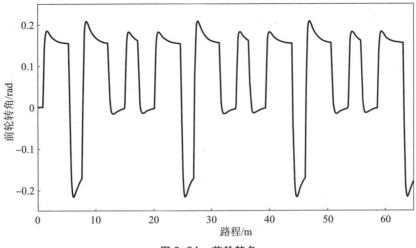

图 8.24 前轮转角

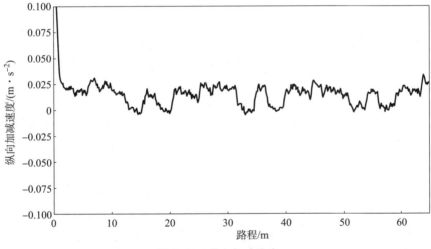

图 8.25 纵向加减速度

8.2.5 小结

PID 控制最大的优势在于不需要深入地研究被控系统的模型，也不需要被控对象的模型结构和参数，只需要得到车辆与目标轨迹之间的偏差就可以达到很好的控制效果，快速实现闭环控制，具有调整方便、参数调整与工程指标紧密接触的优点。PID 控制在工程上应用广泛，而在车辆侧向控制中存在固有劣势：其控制效果的好坏取决于控制参数，针对不同的模型或者轨迹状况可能需要不同的 PID 参数才能实现稳定控制，而其参数的标定需要大量的实验测试，且无法根据状态的变化适时地改变控制参数，如在低速时整定的 PID 控制参数，当车辆速度变化时，控制器便无法适应；同时，PID 算法对外界干扰的鲁棒性较差，且其控制量的输出具有滞后性，无法满足车辆在高速行驶过程中的有效控制。

8.3 纯跟踪算法

纯跟踪算法是一种典型的侧向控制方法，最早由 R. Wallace 在 1985 年提出。纯跟踪算法基于车辆运动学约束，采用二自由度自行车模型，并使用了"预瞄距离"的概念，即根据预瞄距离寻找目标轨迹中符合条件的目标轨迹点，判断逻辑就是寻找目标轨迹上哪个点和当前车辆位置（即当前后轮位置）的相对距离等于预瞄距离。具体做法：首先以当前位置为圆心，预瞄距离为半径画圆，该圆与目标轨迹的交点就是当前时刻的目标点（即目标后轮位置）；然后通过控制前轮转角使车辆能够从当前位置运动到目标位置，即在阿克曼转向的条件下，控制一定的前轮偏角使得车辆沿一个圆弧以恒定的速度从当前后轮位置运动到目标后轮位置。

纯跟踪算法假定已知轨迹点的 x、y 坐标，通过在每个控制周期选取一定步长后的预瞄点，并用一条圆弧将当前位置与预瞄点位连接起来，即期望车辆行驶的轨迹，并根据运动学模型推导出所需前轮转角。

8.3.1 算法实现过程

设定一预瞄距离 L_f，即每步控制周期循环时，预瞄点位置与当前车辆所处位置间距离。首先根据预瞄距离，从目标轨迹点集中选取当前车辆位置所对应的预瞄点。图 8.26 和图 8.27 所示为纯跟踪算法逻辑图及原理图。

以车辆后轴作为基点，当车辆行驶到 S 点时，设定轨迹上 L_f 距离的一点 G 为预瞄点，弧线 SG 为期望车辆轨迹，其与车辆当前的航向满足相切关系。根据三角形 OSG 正弦定理，可得

$$\frac{L_f}{\sin(2\alpha)} = \frac{R}{\sin\left(\frac{\pi}{2} - \alpha\right)} \tag{8.50}$$

根据式（8.50）可得转弯半径为

$$R = \frac{L_f}{2\sin\alpha} \tag{8.51}$$

要使车辆绕圆弧$\widehat{SG}$运动,前轮转角应满足式(8.52):

$$\delta_\mathrm{f} = \arctan\left(\frac{2L\sin\alpha}{L_\mathrm{f}}\right) \qquad (8.52)$$

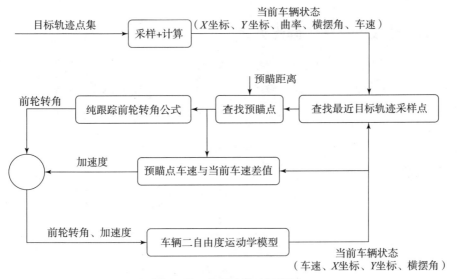

图 8.26　纯跟踪算法逻辑图

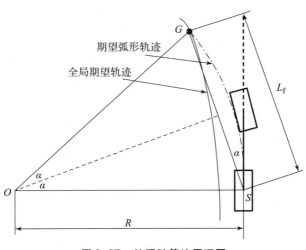

图 8.27　纯跟踪算法原理图

将车辆放入地面坐标系,可得车辆航向与SG连线夹角α为

$$\alpha = \arctan\left(\frac{Gy - Sy}{Gx - Sx}\right) - \psi \qquad (8.53)$$

式中，ψ 为车辆横摆角。如果车速为负值，则 α 取其互补角。将目标车速与当前车速作差，求得车速误差，即输入加速度控制量，将加速度与前轮转角输入车辆运动学模型，更新车辆状态，开始下一次循环，直到到达仿真时间或到达目标终点。

8.3.2 纯跟踪算法预瞄点讨论

纯跟踪算法首先需要在目标轨迹点集中取一预瞄点，当车辆即将行驶至目标点时，目标轨迹点已无法满足预瞄点距离需求，导致算法停止，针对此情况有两种处理方法。

第一种是在无法满足预瞄点距离需求后，将目标终点作为预瞄点进行计算，可以理解为在每个周期内通过控制前轮转角，使车辆沿一圆弧行驶向目标点，具体逻辑如图 8.28 所示。

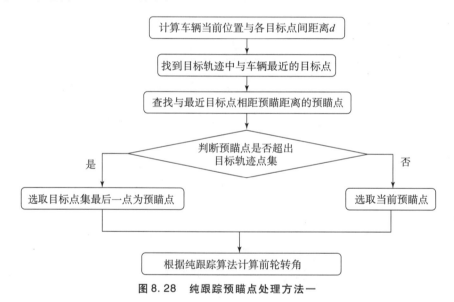

图 8.28　纯跟踪预瞄点处理方法一

纯跟踪算法的 Python 代码实现如下。

```
def calc_target_index(state,cx,cy):
    dx =[state.x - icx for icx in cx]
    dy =[state.y - icy for icy in cy]
    d =[abs(math.sqrt(idx* * 2 + idy* * 2))for(idx,idy)in zip
(dx,dy)]
    #计算车辆当前位置与目标轨迹各点间距离
```

```python
    ind = d.index(min(d))#找到目标轨迹中与车辆最近的点
    L = 0.0
    while Lf > L and(ind + 1) < len(cx):#寻找预瞄点
        dx = cx[ind + 1] - cx[ind]
        dy = cx[ind + 1] - cx[ind]
        L + = math.sqrt(dx* * 2 + dy* * 2)
        ind + = 1
    return ind

def pure_pursuit_control(state,cx,cy,pind):
    ind = calc_target_index(state,cx,cy)#寻找预瞄点
        if pind > = ind:
            ind = pind
    if ind < len(cx):
       tx = cx[ind]
       ty = cy[ind]
    else:#如果预瞄点超出目标轨迹点集,取目标点集最后一点为预瞄点
       tx = cx[ -1]
       ty = cy[ -1]
       ind = len(cx) -1
    alpha = math.atan2(ty - state.y,tx - state.x) - state.yaw #得到α角
    if state.v < 0:#back
       alpha = math.pi - alpha
       # if alpha > 0:
       # alpha = math.pi - alpha
       # else:
       # alpha = math.pi + alpha
    delta = math.atan2(2.0 * unicycle_model.L * math.sin(alpha)/Lf,1.0)#得到前轮转角
    return delta,ind
```

第二种是对目标点集进行扩展,根据终点位置的车辆横摆角,对终点后的轨迹点集进行扩展,如式(8.54)所示:

$$\begin{cases} cx[i+1] = cx[i] + idl\cos(c\psi[i]) \\ cy[i+1] = cy[i] + idl\sin(c\psi[i]) \\ c\psi[i+1] = c\psi[i] \end{cases} \qquad (8.54)$$

式中，dl 为单位时间，idl 取值根据目标轨迹最后两点的 x、y 推导出的横摆角与目标轨迹横摆角作差判断、决定，具体逻辑如图 8.29 所示。

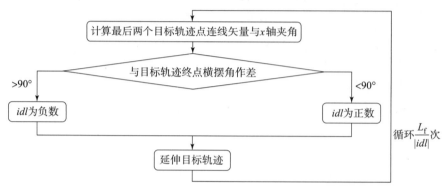

图 8.29　纯跟踪预瞄点处理方法二

目标点集扩展的 Python 代码实现如下。

```
def extend_path(cx,cy,cyaw):

    dl = 0.1 #单位时间设为 0.1
    dl_list = [dl]*(int(Lf/dl)+0)

    for idl in dl_list:
        move_direction = math.atan2(cy[-1]-cy[-2],cx[-1]-cx[-2])#前进方向等于 atan(dy/dx)
        is_back = abs(move_direction - cyaw[-1]) >= math.pi/2.0
        if is_back:#is_back 逻辑值为前进方向减去目标轨迹终点横摆角,大于 90 度
            idl* = -1 #idl 取-0.1
        cx = np.append(cx,cx[-1]+idl*math.cos(cyaw[-1]))
        cy = np.append(cy,cy[-1]+idl*math.sin(cyaw[-1]))
        cyaw = np.append(cyaw,cyaw[-1])#对目标轨迹点集进行扩充
```

```
return cx,cy,cyaw
```

纯跟踪控制的结果与预瞄距离 L_f 有很大关系。通常，L_f 与车速成正比或者取一定值，也有研究者利用驾驶经验动态调整预瞄距离，提升轨迹跟踪效果。

纯跟踪 Python 代码

8.3.3 仿真实例

通过车辆对目标点集的跟踪效果，验证纯跟踪控制算法的有效性，并探究纯跟踪算法效果与预瞄距离 L_f 间的关系，以及两种预瞄点处理方法的跟踪结果对比。

1. 验证纯跟踪算法的有效性

采用纯跟踪算法对目标点集进行跟踪，验证纯跟踪算法的有效性。仿真主要参数如表 8.3 所示。

表 8.3 仿真主要参数

参数	符号	参数值
车辆轴距/m	l	2.9
车辆目标车速/(km·h^{-1})	v_{ref}	10
预瞄距离/m	L_f	0.3
采样时间/s	ΔT	0.1
车速差值增益/s	k_v	1
前轮最大转角/(°)	δ_{max}	35

输入目标点集如下：

$$x = \{0, 0.1, 0.2, \cdots, 49.7, 49.8, 49.9\}$$
$$y = 2x\sin(x/8)$$

输出采用纯跟踪算法的轨迹曲线、前轮转角 – 时间曲线、车速 – 时间曲线、横摆角速度 – 时间曲线，如图 8.30 ~ 图 8.33 所示。

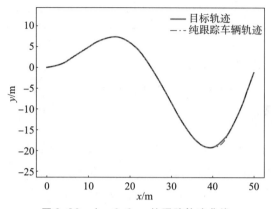

图 8.30 $L_f = 0.3$ m 纯跟踪轨迹曲线

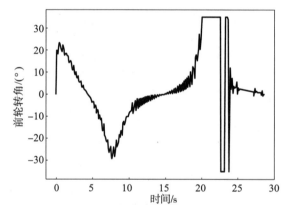

图 8.31 $L_f = 0.3$ m 纯跟踪前轮转角 - 时间曲线

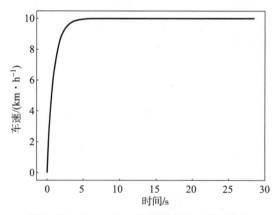

图 8.32 $L_f = 0.3$ m 纯跟踪车速 - 时间曲线

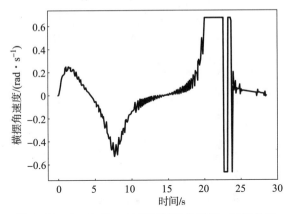

图 8.33 $L_f=0.3$ m 纯跟踪横摆角速度 – 时间曲线

图 8.30 轨迹曲线中实线代表目标轨迹曲线,点画线代表纯跟踪车辆轨迹曲线,除了在横坐标 40 m 处急弯后产生小范围波动外,其余时间车辆可以实现对目标曲线的较小偏差跟踪。由图 8.31 所示前轮转角 – 时间曲线,可以观察到控制量存在振荡,会发生车轮摆振情况,这与预瞄距离取值较小有关,具体将在下一小节说明。图 8.32 所示为车速 – 时间曲线,由图可知车辆在直线行驶和弯道行驶时,能保证将车速稳定在 10 km/h。图 8.33 所示为横摆角速度 – 时间曲线,由图可知车辆在转弯过程中,最大横摆角速度出现在车轮转角最大时,为 0.67 rad/s,没有出现失稳情况。根据仿真结果,在低速 10 km/h 情况下,纯跟踪可以实现车辆对于给定轨迹的跟踪。

2. 纯跟踪预瞄距离对控制效果的影响规律

根据上节仿真结果,分别选取预瞄距离 L_f 为 0.3 m、1 m、6 m 进行仿真,输出不同预瞄距离的轨迹曲线、前轮转角 – 时间、车速 – 时间及横摆角速度 – 时间的对比图像,如图 8.34 ~ 图 8.37 所示。

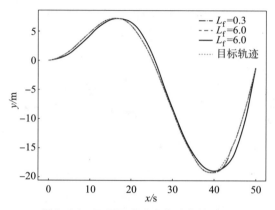

图 8.34 不同预瞄距离轨迹曲线对比

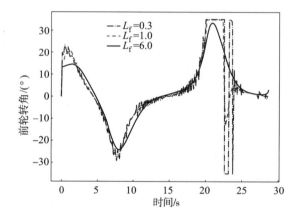

图 8.35 不同预瞄距离前轮转角-时间对比

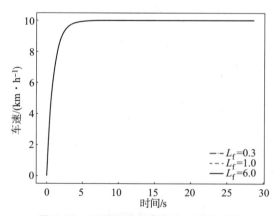

图 8.36 不同预瞄距离车速-时间对比

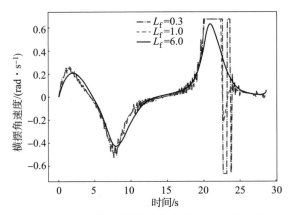

图 8.37 不同预瞄距离横摆角速度 – 时间对比

当预瞄距离为 0.3 m 时，如图 8.35 点画线所示，预瞄距离过小，导致前轮转角频繁阶跃变化，产生振荡，反馈到车辆轨迹表现为在目标轨迹周围振荡，跟踪效果较差，且由于频繁调节转角，导致横摆角速度阶跃变化，舒适性较差。当预瞄距离为 1 m 时，如图 8.35 虚线所示，前轮转角存在小范围波动，仅在局部发生阶跃，车辆轨迹可以跟随目标轨迹，且跟踪效果很好，横摆角速度变化也较为平稳，仅存在小范围波动。当预瞄距离为 6 m 时，如图 8.35 实线所示，前轮转角变化平稳，但控制精度下降，在曲率较大轨迹处会与目标轨迹发生偏离。综上所述，预瞄距离越短，控制精度越高，但会产生振荡而使控制效果变差；预瞄距离越长，控制效果趋于平滑，振荡减弱，但预瞄距离过大会使得控制精度下降，控制出现延迟。因此，选择合适的预瞄距离，可以大幅提升纯跟踪算法的控制效果。

3. 两种预瞄点处理方式的跟踪结果对比

根据 8.3.2 节，当车辆即将行驶至目标终点时，目标轨迹点会无法满足预瞄点距离需求，导致算法停止。针对此情况有两种处理方法：第一种是当目标轨迹点无法满足预瞄点需求时，将最后一个目标轨迹点作为预瞄点；第二种是当目标轨迹点无法满足预瞄点需求时，根据目标轨迹的最后两个点延长目标轨迹。根据上一节结果，以预瞄距离 $L_f = 1$ m 为例，对比两种预瞄点处理方式跟踪结果，如图 8.38 ~ 图 8.45 所示。

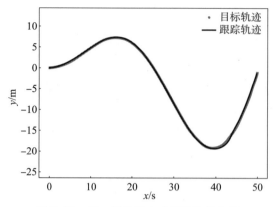

图 8.38　第一种处理方式跟踪结果曲线

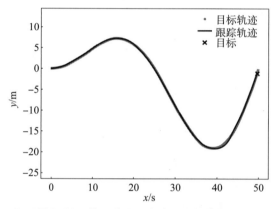

图 8.39　第二种处理方式跟踪结果曲线

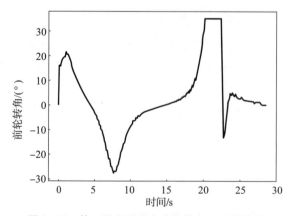

图 8.40　第一种处理方式前轮转角 – 时间曲线

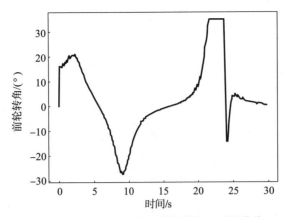

图 8.41　第二种处理方式前轮转角 – 时间曲线

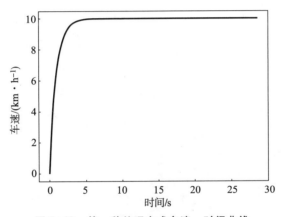

图 8.42　第一种处理方式车速 – 时间曲线

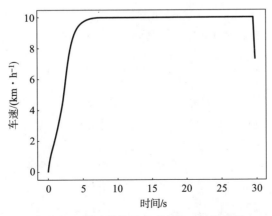

图 8.43　第二种处理方式车速 – 时间曲线

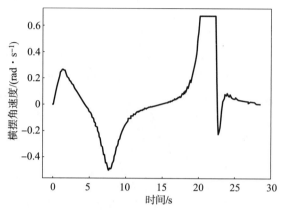

图 8.44　第一种处理方式横摆角速度 – 时间曲线

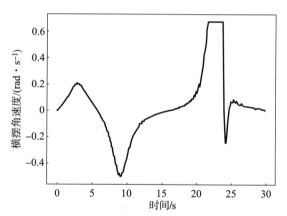

图 8.45　第二种处理方式横摆角速度 – 时间曲线

由图 8.44 和图 8.45 可知，两种处理方式对于控制效果影响不大，跟踪结果曲线显示第二种处理方式的目标轨迹曲线延长，到达目标点时间更长，但总体差别不大。

8.3.4　小结

纯跟踪算法的应用广泛，对外界干扰的鲁棒性较好，但合适的预瞄距离和初始速度，对纯跟踪算法控制效果影响很大。若预瞄距离过小，在控制更精确的同时会导致跟踪轨迹的振荡和系统跟随不稳定；若预瞄距离过大，在控制效果趋于平滑的同时会导致车辆对期望轨迹的跟随能力减弱；而初始速度的增大会导致稳态误差、超调量以及系统响应时间的增加。因此，纯跟踪算法在高速行驶的条件下控制效果较差,尤其是在高速情况下转弯行驶时。在实际情况中高速条件会加剧轮胎的侧偏,轮胎的侧偏效应会减少车辆转弯的弧度,这使得跟踪的效果会有明显的偏差。

8.4 本章小结

本章总结了几种经典的轨迹跟踪算法,不同的控制方法在应用场景上都存在一定的局限性,并具有较强的互补性,因此在实际使用中,综合使用这些方法会更有效。对几种不同轨迹跟踪方法在鲁棒性、轨迹要求、转弯内切、超调、稳态误差、适用场景等几方面的性能进行对比,如表 8.4 所示。

表 8.4 不同轨迹跟踪方法对比

算法	性能					
	鲁棒性	轨迹要求	转弯内切	超调	稳态误差	适用场景
PID	较差	无	不会	速度增加存在超调	速度增加时变大	轨迹曲率较小及低速的跟踪场景
纯跟踪	较好	无	高速会恶化	速度增加存在超调	速度增加时变大	轨迹连续或不连续或者低速的跟踪场景
前轮反馈	好	曲率连续	不会	速度增加存在超调	速度增加时变大	轨迹平滑的中低速跟踪场景
后轮反馈	较差	曲率二阶连续	不会	速度增加存在超调,曲率快速变化时超调特别严重	速度增加时变大	轨迹平滑的低速泊车跟踪场景
LQR	较差	曲率连续	不会	曲率快速变化时超调特别严重	较小,除非速度特别大	轨迹平滑的中高速城市驾驶跟踪场景

8.5 参考文献

[1] 狄桓宇,张亚辉,王博,等. 自动驾驶横向控制模型及方法研究综述

[J]. 重庆理工大学学报（自然科学），2021，35（7）：71-81.

[2] 郑苏. 无人驾驶汽车轨迹跟踪控制研究[D]. 锦州：辽宁工业大学，2021.

[3] 张栩源，李军. 基于LQR双PID的智能电动汽车轨迹跟踪横纵向协同控制[J]. 汽车安全与节能学报，2021，12（3）：346-354.

[4] 化祖旭. 自动驾驶汽车路径跟踪控制算法综述[J]. 装备制造技术，2021（6）：100-103.

[5] 张栩源，李军，化祖旭. 自动驾驶汽车路径跟踪控制[J]. 汽车工程师，2021（1）：14-17.

第九章
基于前馈与反馈的轨迹跟踪方法

随着智能汽车技术的迅速发展，车辆控制系统的可靠性、精确性、实用性引起了社会的广泛关注。智能汽车通过横/纵向控制使车辆按照规划层得到的实时轨迹行驶。纵向控制的目标是使智能汽车稳定地跟随期望车速；侧向控制是通过控制前轮转角等输入量使车辆按照给定的参考轨迹行驶。目前国内外侧向控制器主要有比例微分控制器、模型预测控制器、状态反馈控制器等。尽管它们在高/低速等不同工况下都具有良好的跟踪效果，但是都需要满足参考轨迹的连续性和可微性相关的一些标准。一旦这些条件达不到要求，进行避障急转弯时轨迹不可避免地会出现一些奇异点，这些奇异点表现为参考轨迹的位置、方向或曲率的跳跃或突然变化，导致较大的跟踪误差，从而降低控制器性能，影响侧向车辆动力学控制。虽然Elbanhawi M等人已经提出了向控制器提供连续参考轨迹的插值算法，但可能会很耗时，这样在紧急避障的情况下就很难执行。另一种处理不连续参考轨迹的替代方法是在控制设计中考虑到它，如Pereira等人提出了一种基于几何方法的时变模型预测控制器，将其耦合到阿克曼转向几何模型中，即使所提出的控制器提供了一个平滑的转向角度，但其在高速行驶的工况下性能较差。因此，从位置上对非连续参考轨迹进行改进就显得尤为重要。

针对以上问题，本章首先根据车辆跟踪误差动力学模型设计前馈控制器，通过补偿部分扰动量来减小参考轨迹扰动量对状态量的影响；然后输入H_2鲁棒状态反馈控制律使系统渐进稳定，即跟踪误差收敛于0；最后利用线性矩阵不等式（Linear Matrix Inequality，LMI）把闭环系统的极点配置在扇形区域内并求出鲁棒反馈增益矩阵K，保证控制器减小轨迹误差和扰动量影响的同时具有良好的稳定性和动态性。

9.1 车辆动力学模型

9.1.1 车辆动力学模型

车辆动力学模型会影响智能车辆的控制性能。当车辆速度一定时，车辆轨迹控制是对车辆侧向动力学控制，因此采用具有横摆和侧向运动的车辆二自由度模型，如图 9.1 所示。

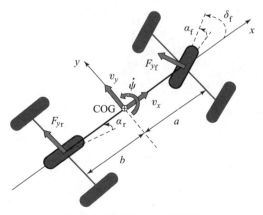

图 9.1 车辆二自由度模型

可得到车辆侧向动力学状态空间模型为

$$\frac{\mathrm{d}}{\mathrm{d}t}\begin{bmatrix} v_y \\ r \end{bmatrix} = \begin{bmatrix} -\dfrac{\Delta_1}{mv_x} & -v_x - \dfrac{\Delta_2}{mv_x} \\ -\dfrac{\Delta_2}{I_z v_x} & -\dfrac{\Delta_3}{I_z v_x} \end{bmatrix} \begin{bmatrix} v_y \\ r \end{bmatrix} + \begin{bmatrix} \dfrac{2C_f}{m} \\ \dfrac{2C_f a}{I_z} \end{bmatrix} \delta_f \quad (9.1)$$

式中,$\Delta_1 = 2(C_f + C_r)$;$\Delta_2 = 2(C_f L_f - C_r L_r)$;$\Delta_3 = 2(C_f L_f^2 + C_r L_r^2)$;$C_f$ 或 C_r 为单轮侧偏刚度;v_x 为车辆纵向速度。

9.1.2 预瞄误差模型

侧向控制的目的是尽量减少两个跟踪误差,即偏航角误差与侧向轨迹误差,如图 9.2 所示。偏航角误差为实际转向角与期望转向角之间的误差 e_ψ;侧向轨迹误差为车辆质心与参考轨迹之间的误差 e_y。预瞄点为沿偏航角误差 e_ψ 方向距离质心为 L 的点,由几何关系可得

$$\dot{\psi}_{\mathrm{ref}} = v_x \kappa_{\mathrm{ref}} \quad (9.2)$$

$$e_\psi = \psi - \psi_{\mathrm{ref}} \quad (9.3)$$

$$e_y = (Y_{\mathrm{COG}} - Y_{\mathrm{ref}})\cos\psi_{\mathrm{ref}} - (X_{\mathrm{COG}} - X_{\mathrm{ref}})\sin\psi_{\mathrm{ref}} \quad (9.4)$$

$$e_L = e_y + L\sin e_\psi \quad (9.5)$$

式中,ψ 为智能车辆偏航角;ψ_{ref} 和 $\dot{\psi}_{\mathrm{ref}}$ 分别为期望偏航角、期望横摆角速度;e_ψ、e_y 和 e_L 分别为偏航角误差、侧向轨迹误差和预瞄投影偏差;v_x 和 κ 分别为车辆纵向行驶车速、参考轨迹曲率。

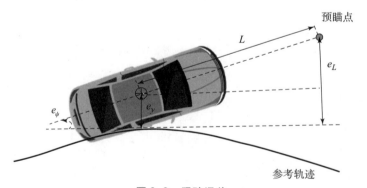

图 9.2 跟踪误差

选取状态量 $\xi(t) = [e_L \ \dot{e}_L \ e_\psi \ \dot{e}_\psi]$,根据式(9.1)、式(9.4)、式(9.5)可得状态方程为

$$\dot{\xi}(t) = \begin{bmatrix} 0 & 1 & 0 & 0 \\ 0 & a_{22} & a_{23} & a_{24} \\ 0 & 0 & 0 & 1 \\ 0 & a_{42} & a_{43} & a_{44} \end{bmatrix} \xi(t) + \begin{bmatrix} 0 \\ b_{21} \\ 0 \\ b_{41} \end{bmatrix} \delta_f(t) + \begin{bmatrix} 0 & 0 \\ c_{21} & c_{22} \\ 0 & 0 \\ c_{41} & c_{42} \end{bmatrix} \begin{bmatrix} \kappa_{\text{ref}} & \dot{\kappa}_{\text{ref}} \end{bmatrix}^T$$

(9.6)

式中，$\xi = \begin{bmatrix} e_y & \dot{e}_y & e_\psi & \dot{e}_\psi \end{bmatrix}^T$ 为状态量；κ_{ref} 和 $\dot{\kappa}_{\text{ref}}$ 分别为期望道路曲率及其一阶变化率；$a_{22} = -\dfrac{L\Delta_1}{mv_x} - \dfrac{\Delta_2}{v_x I_z}$；$a_{23} = \dfrac{L\Delta_2}{I_z} + \dfrac{\Delta_1}{m}$；$a_{24} = \dfrac{L\Delta_1 - \Delta_2}{v_x m} + \dfrac{L^2 \Delta_2 - L\Delta_3}{v_x I_z}$；$a_{42} = -\dfrac{\Delta_2}{v_x I_z}$；$a_{43} = \dfrac{\Delta_2}{I_z}$；$a_{44} = \dfrac{L\Delta_2 - \Delta_3}{v_x I_z}$；$b_{21} = \dfrac{2C_f}{m} + \dfrac{2C_f aL}{I_z}$；$b_{41} = \dfrac{2C_f a}{I_z}$；$c_{21} = -\dfrac{\Delta_2}{m} - v_x^2 - \dfrac{\Delta_3 L}{I_z}$；$c_{22} = -Lv_x$；$c_{41} = -\dfrac{\Delta_3}{I_z}$；$c_{42} = -v_x$。

9.2 车辆行驶稳定性约束

车辆行驶稳定性是指汽车在行驶过程中，在外部因素作用下，汽车尚能保持正常行驶状态和方向，不致失去控制而产生滑移、倾覆等现象的能力。为了更加贴近于实际车辆的动力学模型，选用基于轮胎模型的车辆二自由度动力学模型进行相平面分析，从而得到车辆的行驶稳定性约束。

在附着系数 $\mu = 0.5$，纵向速度恒定无控制状态的仿真环境下，取 $\begin{bmatrix} \beta & \dot{\beta} & v_y & \dot{\psi} \end{bmatrix}$ 作为车辆的状态变量，以 $\begin{bmatrix} v_y & \dot{\psi} \end{bmatrix}$ 为初始条件，基于式（9.1）的二自由度动力学模型进行求解得到在不同纵向车速和前轮转角输入下车辆行驶稳定性相位图。

图 9.3 (a)～图 9.3 (d) 分别代表 δ_f 为 0°和 10°，v_x 为 10 m/s 和 15 m/s 时，在多组不同初始状态向量 $\begin{bmatrix} v_y & \dot{\psi} \end{bmatrix}$ 为初始条件下得到的 $v_y - \dot{\psi}$ 的相轨迹变化图。在图 9.3 中，$[0, 0]$ 状态点为车辆最终的平衡位置点；"*"代表系统能够回到平衡位置的根轨迹状态曲线；空心圆点代表发散根轨迹曲线。由图 9.3 (a)、图 9.3 (b) 可知，当前轮转角为 0 时，纵向车速不影响平衡点的位置，平衡点位于 0 点，但随着车速的增大，圆点数量减少，稳定性区域减小。由图 9.3 (c)、图 9.3 (b) 可知，车辆以 10°的前轮转角行驶时，平衡点处的横摆角速度和侧向速度均不为 0，且纵向速度越大，平衡点处的侧向速度越大，配合区域越小。

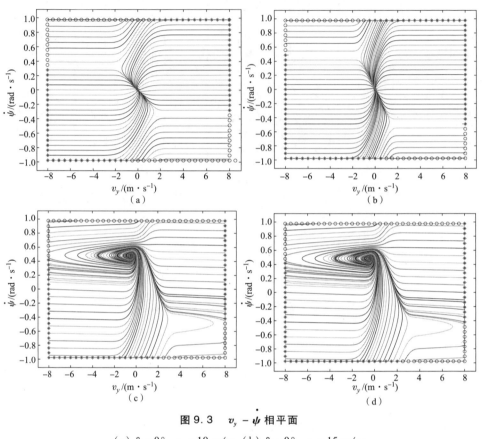

图 9.3　$v_y - \dot{\psi}$ 相平面

(a) $\delta_f = 0°$, $v_x = 10$ m/s; (b) $\delta_f = 0°$, $v_x = 15$ m/s;
(c) $\delta_f = 10°$, $v_x = 10$ m/s; (d) $\delta_f = 10°$, $v_x = 15$ m/s

通过离散线性处理 $v_y - \dot{\psi}$ 相平面图，可得到车辆行驶稳定性区域 W 为

$$W_1 = \{(\dot{\psi}, v_y) \mid \dot{\psi} \geqslant k_1 v_y + l_1\} \tag{9.7}$$

$$W_2 = \{(\dot{\psi}, v_y) \mid \dot{\psi} \leqslant k_2 v_y + l_2\} \tag{9.8}$$

$$W_3 = \left\{(\dot{\psi}, v_y) \mid \dot{\psi} \leqslant \left|\frac{\mu g}{v_x}\right|\right\} \tag{9.9}$$

$$W = W_1 \cap W_2 \cap W_3 \tag{9.10}$$

式中，k_1、k_2、l_1、l_2 分别为阈值参数；μ 为地面附着系数；g 为重力加速度；v_x 为车辆纵向行驶速度。

由式（9.3）、式（9.4）、式（9.5）可得 v_y 和 $\dot{\psi}$ 的代数关系如下：

第九章 基于前馈与反馈的轨迹跟踪方法

$$\begin{cases} v_y = v_{\text{yref}} + \dot{e}_L - L\dot{e}_\psi \\ \dot{\psi} = \dot{\psi}_{\text{ref}} + \dot{e}_\psi \end{cases} \tag{9.11}$$

根据车辆行驶稳定性区域式（9.10）和 v_y、$\dot{\psi}$ 的代数关系对跟踪误差进行处理，如其满足区域式（9.12），则车辆行驶处于稳定区域内，即

$$\begin{cases} \dot{e}_{L\min} \leqslant \dot{e}_L \leqslant \dot{e}_{L\max} \\ \dot{e}_{\psi\min} \leqslant \dot{e}_\psi \leqslant \dot{e}_{\psi\max} \end{cases} \tag{9.12}$$

9.3 纵向控制器设计

控制器的最终目标是通过对前轮转角的平顺控制从而实现对给定轨迹的稳定跟踪。根据上述动力学方程可知，需设计控制器使系统的状态量最终收敛为零，同时还需考虑参考轨迹扰动量对状态量的影响。因此，控制器的反馈输入由两个反馈组成，包括前馈与鲁棒增益反馈，即

$$\delta_f(t) = u_{\text{FF}}(t) + u_{\text{FB}}(t) \tag{9.13}$$

式中，u_{FF} 表示前馈控制量输入；u_{FB} 表示反馈控制量输入。

9.3.1 前馈补偿控制

前馈输入的目标是消除矢量 $\boldsymbol{\psi}_{\text{ref}}$ 对状态误差矢量 $\boldsymbol{\xi}$ 的影响，然而由式（9.6）可知，扰动量会对两个状态量产生影响，所以不能用前轮转向角完全消除跟踪误差，只能实现部分消除，可以用前馈消除扰动量对 $\dot{e}_y$ 的影响。由式（9.6）可得前馈控制量输入为

$$u_{\text{FF}}(t) = \begin{bmatrix} -c_{21}/b_{21} & -c_{22}/b_{21} \end{bmatrix} \begin{bmatrix} \kappa & \dot{\kappa} \end{bmatrix}^{\text{T}} \tag{9.14}$$

将前馈代入式（9.6）简化为

$$\dot{\boldsymbol{\xi}}(t) = \boldsymbol{A}\boldsymbol{\xi}(t) + \boldsymbol{B}\delta_f(t) + \boldsymbol{D}'\boldsymbol{\kappa}_{\text{ref}}(t) \tag{9.15}$$

式中，$\boldsymbol{A} = \begin{bmatrix} 0 & 1 & 0 & 0 \\ 0 & a_{22} & a_{23} & a_{24} \\ 0 & 0 & 0 & 1 \\ 0 & a_{42} & a_{43} & a_{44} \end{bmatrix}$，$\boldsymbol{B} = \begin{bmatrix} 0 \\ b_{21} \\ 0 \\ b_{41} \end{bmatrix}$，$\boldsymbol{D}' = \begin{bmatrix} 0 & 0 \\ 0 & 0 \\ 0 & 0 \\ c_{41} - \dfrac{b_{41}}{b_{21}}c_{21} & c_{42} - \dfrac{b_{41}}{b_{21}}c_{22} \end{bmatrix}$。

从式（9.15）可以得出前馈消除了扰动量对侧向轨迹误差的影响，但是

系统的状态量仍然受到轨迹跟踪误差的影响,所以有必要通过鲁棒反馈控制来减小这种干扰。

9.3.2 结合 H_2 性能约束和极点约束的鲁棒控制

设计 H_2 性能约束保证期望道路曲率对偏航角误差变化率的影响在一个较小的范围内,系统输出 $z(t)$ 与 w_{ref} 之间的传递函数为

$$z(t) = H\boldsymbol{\xi}(t) \tag{9.16}$$

式中,$\boldsymbol{H} \in \boldsymbol{R}^{4\times 4}$ 为一个加权矩阵。

为了使 $\boldsymbol{\kappa}_{ref}$ 对目标状态的影响是衰减的,需满足如下条件:

$$\|z\|^2 < \varepsilon \|\boldsymbol{\kappa}_{ref}\|^2 \tag{9.17}$$

式中,ε 为衰减系数。

设计鲁棒增益反馈确保跟踪误差 $\boldsymbol{\xi}$ 向 0 以指数收敛。同时,减小扰动量对系统跟踪误差 $\boldsymbol{\xi}$ 的影响,确保期望道路的跟随和增强航向回路的阻尼特性。鲁棒反馈由式(9.18)给出:

$$u_{FB}(t) = -\boldsymbol{K}\boldsymbol{\xi}(t) \tag{9.18}$$

式中,$\boldsymbol{K} = [k_1 \quad k_2 \quad k_3 \quad k_4]^T$ 为反馈增益矩阵。

将鲁棒性反馈 $u_{FB}(t) = -\boldsymbol{K}\boldsymbol{\xi}(t)$ 代入状态方程(9.15),可得

$$\dot{\boldsymbol{\xi}}(t) = (\boldsymbol{A} - \boldsymbol{BK})\boldsymbol{\xi}(t) + \boldsymbol{D}'\boldsymbol{\kappa}_{ref}(t) \tag{9.19}$$

在控制理论与实践中的一个基本问题是设计反馈控制律,将闭环系统的极点配置在所期望的位置上,以保证闭环系统具有所要求的动态和稳态性能。利用李雅普诺夫定理来判断式(9.19)所示状态空间的稳定性。若系统稳定,则满足

$$\exists \zeta > 0: \dot{V}_{\xi(t)} + 2\zeta V_{\xi(t)} < 0 \tag{9.20}$$

式中,ζ 为任意正实数。

令 $V_{\xi(t)} = \boldsymbol{\xi}^T(t)\boldsymbol{P}\boldsymbol{\xi}(t)$,$\boldsymbol{P} = \boldsymbol{P}^T$,若 $\boldsymbol{P} > 0$,则 $V_{\xi(t)} > 0$,则 $V_{\xi(t)}$ 正定,$\dot{V}_{\xi(t)}$ 负定,此时系统稳定。

同时满足衰减条件式(9.17)和稳定性条件式(9.20),重新整理为如下不等式:

$$\dot{V}_{\xi(t)} + 2\zeta V_{\xi(t)} + z^T(t)z(t) - \varepsilon\boldsymbol{\kappa}_{ref}^T(t)\boldsymbol{\kappa}_{ref}(t) < 0 \tag{9.21}$$

于是有

$$\dot{V} = \boldsymbol{\xi}^T(\boldsymbol{A}-\boldsymbol{BK})^T\boldsymbol{P}\boldsymbol{\xi} + \boldsymbol{\kappa}_{ref}^T\boldsymbol{D}'^T\boldsymbol{P}\boldsymbol{\xi} + \boldsymbol{\xi}^T\boldsymbol{P}(\boldsymbol{A}-\boldsymbol{BK})\boldsymbol{\xi} + \boldsymbol{\xi}^T\boldsymbol{P}\boldsymbol{D}'\boldsymbol{\kappa}_{ref} \tag{9.22}$$

$$2\zeta V = 2\zeta\boldsymbol{\xi}^T\boldsymbol{P}\boldsymbol{\xi} \tag{9.23}$$

$$z^T z = \boldsymbol{\xi}^T\boldsymbol{H}^T\boldsymbol{H}\boldsymbol{\xi} \tag{9.24}$$

根据矩阵 Schur 补定理，将式（9.22）、式（9.23）、式（9.24）代入式（9.21）得

$$\begin{bmatrix} \boldsymbol{\xi} \\ \boldsymbol{\kappa}_{\text{ref}} \end{bmatrix}^{\text{T}} \begin{bmatrix} (A-BK)^{\text{T}}P + P(A-BK) + 2\zeta P + H^{\text{T}}H & PD' \\ (PD')^{\text{T}} & -\varepsilon I \end{bmatrix} \begin{bmatrix} \boldsymbol{\xi} \\ \boldsymbol{\kappa}_{\text{ref}} \end{bmatrix} < 0 \quad (9.25)$$

由此可得

$$\begin{bmatrix} (A-BK)^{\text{T}}P + P(A-BK) + 2\zeta P + H^{\text{T}}H & PD' \\ (PD')^{\text{T}} & -\varepsilon I \end{bmatrix} < 0 \quad (9.26)$$

将 $M = KP^{-1}$，$Q = P^{-1}$ 代入不等式（9.26），用 Schur 补定理将其转换为线性矩阵不等式形式：

$$\begin{bmatrix} AQ + QA^{\text{T}} - M^{\text{T}}B^{\text{T}} - BM + 2\zeta Q + D'D'^{\text{T}}/\varepsilon & (HQ)^{\text{T}} \\ (HQ) & -I \end{bmatrix} < 0 \quad (9.27)$$

其中，需要满足 $\zeta > 0$，$0 < \varepsilon < 1$。较大的衰减速率 ζ 能提高收敛速率，而较小的 ε 能减小扰动量对目标状态量的影响，但这两个目标不能同时满足，需要进行权衡调试。

根据极点配置原理可知，式（9.27）将传递函数的极点位置配置在 S 平面 ζ 的左侧，提高了系统的收敛速度，为了使系统具有更好的稳定性，利用线性矩阵不等式（9.28）和不等式（9.29）将极点配置在以 R 为半径的圆、角度为 ϑ 的扇形平面内（符号需要加下标进行区分，本节内），LMI 极点配置扇形区域如图 9.4 所示。

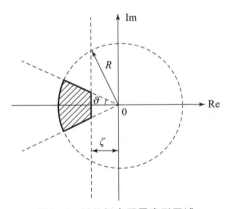

图 9.4　LMI 极点配置扇形区域

$$\begin{bmatrix} -RQ & AQ - BM \\ (AQ - BM)^{\text{T}} & -RQ \end{bmatrix} < 0 \quad (9.28)$$

$$\begin{bmatrix} (AQ - BM + Q^{\text{T}}A^{\text{T}} - M^{\text{T}}B^{\text{T}})\sin\vartheta & (AQ - BM - Q^{\text{T}}A^{\text{T}} + M^{\text{T}}B^{\text{T}})\cos\vartheta \\ (Q^{\text{T}}A^{\text{T}} - M^{\text{T}}B^{\text{T}} - AQ + BM)\cos\vartheta & (AQ - BM + Q^{\text{T}}A^{\text{T}} - M^{\text{T}}B^{\text{T}})\sin\vartheta \end{bmatrix} < 0 \quad (9.29)$$

由式（9.28）描述的圆形区域，限制了允许的最大无阻尼自然频率 $w_{\text{d}} =$

$R\sin\vartheta$；由式（9.29）描述的扇形区域则确保最小阻尼比 $\xi_d = R\cos\vartheta$。最后，通过求解线性矩阵不等式（9.27）、不等式（9.28）和不等式（9.29），得到具有 H_2 性能约束和极点配置约束的鲁棒状态反馈增益 $K = PM$。

9.4 仿真验证

利用 MATLAB LMI 工具包求解鲁棒状态反馈增益 K，在 Python 中构建车辆动力学模型和轨迹模型进行轨迹跟踪控制。仿真主要参数如表 9.1 所示。

表 9.1 仿真主要参数

参数	符号	参数值
整车质量/kg	m	1 828
横摆转动惯量/(kg·m^2)	I_z	3 503
质心到前轴的距离/m	a	1.22
质心到后轴的距离/m	b	1.53
前轮转向刚度/(N·rad^{-1})	C_f	105 700
后轮转向刚度/(N·rad^{-1})	C_r	75 000

基于动力学模型的鲁棒控制器的评价指标不仅是跟踪精度，还需要重点考虑跟踪过程中的稳定性。在普通车辆行驶稳定性的测试中，双移线工况是使用频率较高的一种测试路段。国内外也有较多的学者以双移线轨迹进行智能车辆轨迹跟踪能力的测试。因此，采用参考文献［12］中的双移线轨迹，对所设计的控制器进行仿真测试，其方程如下：

$$Y_{\text{ref}}(X) = \frac{d_{y_1}}{2}(1 + \tanh(z_1)) - \frac{d_{y_2}}{2}(1 + \tanh(z_2)) \tag{9.30}$$

$$\psi_{\text{ref}}(X) = \arctan\left(d_{y_1}\left(\frac{1}{\cosh(z_1)}\right)^2\left(\frac{1.2}{d_{x_1}}\right) - d_{y_2}\left(\frac{1}{\cosh(z_2)}\right)^2\left(\frac{1.2}{d_{x_2}}\right)\right) \tag{9.31}$$

式中，$z_1 = \frac{2.4}{25}(X - 27.19) - 1.2$；$z_2 = \frac{2.4}{21.95}(X - 56.46) - 1.2$；$d_{x_1} = 25$；$d_{x_2} = 21.95$；$d_{y_1} = 4.05$；$d_{y_2} = 5.7$。

9.4.1 不同车速下的鲁棒性验证

不同车速下的鲁棒性验证如图 9.5～图 9.9 所示。

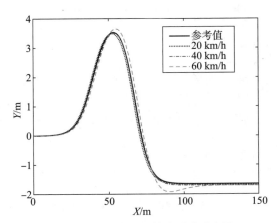

图 9.5　不同车速下轨迹跟踪对比图

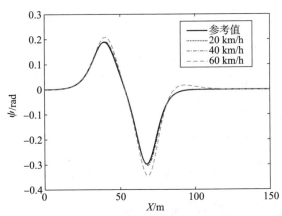

图 9.6　不同车速下横摆角对比图

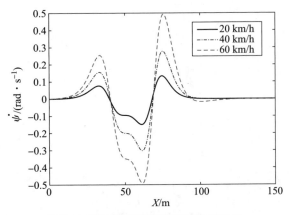

图 9.7　不同车速下横摆角速率对比图

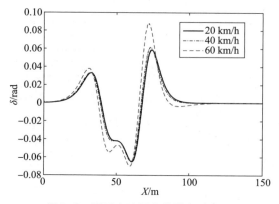

图 9.8　不同车速下车轮转角对比图

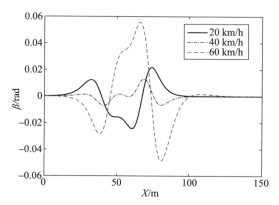

图 9.9　不同车速下质心侧偏角对比图

9.4.2　不同附着系数下的鲁棒性验证

不同附着系数下的鲁棒性验证如图 9.10～图 9.14 所示。

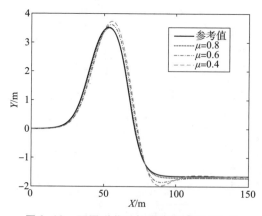

图 9.10　不同附着系数下路径轨迹对比图

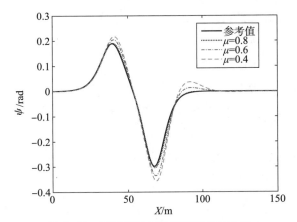

图 9.11 不同附着系数下横摆角对比图

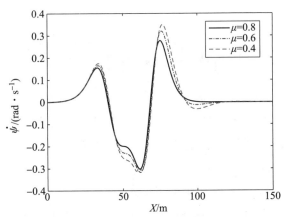

图 9.12 不同附着系数下横摆角速率对比图

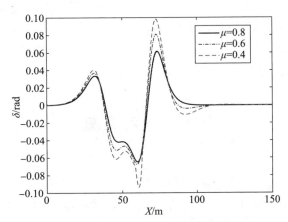

图 9.13 不同附着系数下车轮转角对比图

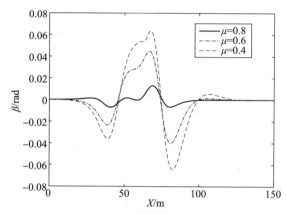

图 9.14　不同附着系数下质心侧偏角对比图

9.5　本章小结

　　本章以车辆二自由度模型为基础,进一步建立跟踪误差车辆侧向动力学模型,为了保证车辆在不连续轨迹仍然具有良好的跟踪性能,减少轨迹奇异点对控制器的影响,设计前馈控制器减弱轨迹对状态量扰动的影响、H_2 鲁棒状态反馈控制律使系统渐进稳定。利用线性矩阵不等式方法将闭环系统的极点配置在扇形区域并求出鲁棒反馈增益矩阵,保证系统具有良好的动态和稳态特性。研究结果表明,前馈和鲁棒反馈控制算法在满足动力学约束的前提下能减弱奇异点对轨迹跟踪的影响,对不连续轨迹跟踪效果较优,跟踪误差小,实用性高,鲁棒性强。该控制器能进一步扩展,通过加入变目标车速控制可实现更为灵活的纵/侧向控制。

9.6　参考文献

[1] PENDLETON S D, ANDERSEN H, DU X X, et al. Perception, planning, control, and coordination for autonomous vehicles [J]. Machines, 2017, 5 (1): 1-54.

[2] 陈龙, 解云鹏, 蔡英凤, 等. 极限工况下无人驾驶车辆稳定跟踪控制 [J]. 汽车工程, 2020, 42 (8): 1016-1026.

[3] MARINO R, SCALZI S, NETTO M. Nested PID steering control for lane keeping in autonomous vehicles [J]. Control Engineering Practice, 2011, 19 (12): 1459-1467.

[4] REN H, CHEN S, YANG L, et al. Optimal path planning and speed control integration strategy for UGVs in static and dynamic environments [J]. IEEE Transactions on Vehicular Technology, 2020, 69 (10): 10619-10629.

[5] CHEN Y, CHEN S, REN H, et al. Path tracking and handling stability control strategy with collision avoidance for the autonomous vehicle under extreme conditions [J]. IEEE Transactions on Vehicular Technology, 2020, 69 (12): 14602-14617.

[6] 刘凯, 陈慧岩, 龚建伟, 等. 高速无人驾驶车辆的操控稳定性研究 [J]. 汽车工程, 2019, 41 (5): 514-521.

[7] ZAKARIA M A, ZAMZURI H, MAMAT R, et al. Dynamic curvature path tracking control for autonomous vehicle: experimental results [J]. International Conference on Connected Vehicles and Expo, 2014: 264-269.

[8] ELBANHAWI M, SIMIC M, JAZAR R. The role of path continuity in lateral vehicle control [J]. Procedia Computer Science, 2015, 60: 1289-1298.

[9] PEREIRA G C, SVENSSON L, LIMA P F, et al. Lateral model predictive control for over-actuated autonomous vehicle [J]. IEEE Intelligent Vehicles Symposium, 2017: 310-316.

[10] FURUYA S, IRISAWA J. LMI-based robust H_2 control design with regional pole constraints for damping power system oscillations [J]. International Transactions on Electrical Energy Systems, 2005, 15 (1): 13-29.

[11] 俞立. 鲁棒控制: 线性矩阵不等式处理方法 [M]. 北京: 清华大学出版社, 2002.

[12] XIANG C, PENG H, WANG W, et al. Path tracking coordinated control strategy for autonomous four-in-wheel-motor independent-drive vehicles with consideration of lateral stability [J]. Proceedings of the Institution of Mechanical Engineers, Part D: Journal of Automobile Engineering, 2021, 235 (4): 1023-1036.

第十章
基于模型预测的轨迹跟踪方法

对于智能车辆的跟踪控制已有众多学者进行了研究，并提出了多种跟踪控制方法，具体有 PID 算法、纯跟踪算法、Stanley 算法、模型预测控制算法等。但 PID 算法、纯跟踪算法、Stanley 算法都只是利用当前的系统误差来设计控制器。人们对这些控制器的设计过程中都利用了构建模型对智能车辆未来状态的估计（或者说利用模型估计未来的运动趋势）。每个控制周期只选择一个目标路点作为跟踪对象，因此也可以认为以上控制器只利用了模型进行向前一步的预测。那么如果在更远的未来，参考轨迹变化不是那么平缓，并且有很多弯度小的部分，则只利用一步预测很难对整条轨迹进行有效的跟踪。为了让智能车辆的控制器更有前瞻性，设计控制器必须得利用模型对未来状态进行多步预测。虽然各类控制算法的形式和求解方式存在诸多差异，但这些算法都具有相同的控制思想：根据能够反映系统状态的预测模型并结合系统状态变量和控制量的各类约束预测未来一段时间的系统输出状态，循环求解带约束条件的优化控制问题，得到一个最优控制输入使得系统在未来一段时间内达到最优的性能指标。

国际自动控制联合会（IFAC）在 2014 年发布的一项调查报告指出，PID 仍然是工业领域最具影响力的控制技术，紧随其后的就是模型预测控制。PID 和 MPC 本质上都是通过系统状态反馈解决跟踪问题的一类控制器，通过控制执行机构跟随期望的状态或者轨迹。其不同之处在于，如图 10.1 所示，PID 控制是通过当前状态的跟踪误差来调节当前采样周期的执行器动作；MPC 则是通过当前状态以及被控对象的物理模型来预测未来一段时间内系统的行为

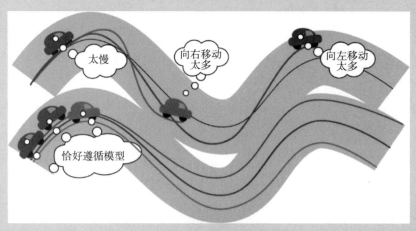

图 10.1　PID 与 MPC 的异同

状态，进而在一定的约束条件下，通过在线优化得到能够实现对期望轨迹获得最佳跟踪效果的一系列控制执行器动作，然后只将第一步动作作为控制输入给系统，被控系统执行完毕后进入下一个采样周期，再次反馈其当前的状态给MPC控制器，以重复整个控制过程。

两种控制方法各有优劣：PID控制方法简单，工程实现容易且不依赖系统模型，因此是一种无模型控制的控制方法，但会存在超调问题，且难以处理多输入/多输出（MIMO）问题；MPC理论上可以实现最优的控制性能，并且可以轻松应对MIMO系统的挑战，但其性能非常依赖预测模型的精度，且在线优化求解的实时性仍然面临挑战。

近年来，随着机器学习技术的不断进步，以及工业控制计算机运算能力的不断提高，数据驱动或者基于机器学习的技术已成功应用于现代控制系统。MPC依赖于被控系统高精度的模型来进行状态预测，进而实现复杂环境下的轨迹规划与运动控制，能够满足线性以及非线性约束条件。通过合理地设置约束条件，MPC可以确保控制行为的安全性。被用于系统状态预测以达到最优控制的数学模型，其目的是在限定范围内捕捉对象的动态。通常从物理学方法（基于牛顿定律）中推导出非线性系统动力学模型，并在期望点进行线性化处理，从而得到受控动态系统的名义模型。然而，在实际运用过程中，名义模型没有明确考虑系统的不确定性和外部干扰。因此，对于基于模型的最优控制问题来说，它很容易受到扰动或变得不可行。受控车辆的行为通常是非线性的，控制任务势必更具挑战性。一方面是难以通过物理学方法对越来越复杂的工程系统进行足够精确的建模，特别是当被控对象的运行环境存在较大不确定性时。例如，当车辆在极端操控条件下行驶时，由于被控系统的高度不确定性和对外部干扰的敏感性，名义模型将失去保真度并且不再适合用于状态预测和控制设计。另一方面，过于复杂的物理模型和非线性优化必然带来过高的计算负担，这导致此种方法通常止步于计算机仿真和实验室用于学术研究的高性能控制器，难以进一步走向能大规模量产的工业应用中。此外，传统的MPC控制是不具有进化能力的，其物理模型和控制参数并不会随被控对象和运行环境的变化（如附着条件发生变化）做出自适应的调整。

在国内，陈虹从现代控制理论的角度出发，对MPC理论进行了系统介绍，并给出了理论推导过程。杨建森等人利用MPC建立了车辆转向系统和制动系统的非线性模型，实现了汽车主动转向与主动制动的集成控制，但是当前大多数车辆并不具备四轮独立制动功能。龚建伟等人基于分层控制的思想设计了带有避障功能的轨迹重规划控制系统。孙银健将轮胎侧偏角约束纳入控制器的设计，提升了车辆在低附着路面的跟踪性能。明廷友综合考虑系统纵侧向动力学影响设计了轨迹跟踪MPC控制器。

本章首先介绍车辆非线性运动学模型的线性化和离散化，然后介绍模型预测控制的基本原理，在此基础上进行模型预测控制器的设计，在MATLAB中实现对一条给定轨迹的跟踪。

10.1　车辆模型

10.1.1　车辆运动学模型线性化

基于车辆运动学模型描述的智能车辆控制系统的一般形式为

$$\dot{X} = \begin{bmatrix} \dot{x} \\ \dot{y} \\ \dot{\psi} \end{bmatrix} = \begin{bmatrix} v\cos\psi \\ v\sin\psi \\ v\tan\delta/l \end{bmatrix} = f(X, u) \tag{10.1}$$

式中,$X = \begin{bmatrix} x & y & \psi \end{bmatrix}^T$ 为状态量;$u = \begin{bmatrix} v & \delta \end{bmatrix}^T$ 为控制量;v 为车速;δ 为前轮偏角;ψ 为车体的横摆角。

设给定的参考轨迹为

$$\dot{X}_r = f(X_r, u_r) \tag{10.2}$$

式中,$X_r = \begin{bmatrix} x_r & y_r & \psi_r \end{bmatrix}^T$;$u_r = \begin{bmatrix} v_r & \delta_r \end{bmatrix}^T$。

将式(10.1)在参考轨迹点进行 Taylor 级数展开并忽略高阶项得到

$$\dot{X} = f(X_r, u_r) + \frac{\partial f(X, u)}{\partial X}\bigg|_{\substack{X = X_r \\ u = u_r}} (X - X_r) + \frac{\partial f(X, u)}{\partial u}\bigg|_{\substack{X = X_r \\ u = u_r}} (u - u_r) \tag{10.3}$$

将式(10.3)与式(10.1)相减得到

$$\Delta \dot{X} = A_m \Delta X + B_m \Delta u \tag{10.4}$$

式中，$A_m = \begin{bmatrix} 0 & 0 & -v_r\sin\psi_r \\ 0 & 0 & v_r\cos\psi_r \\ 0 & 0 & 0 \end{bmatrix}$；$B_m = \begin{bmatrix} \cos\psi_r & 0 \\ \sin\psi_r & 0 \\ \tan\delta_r/l & v_r/l\cos^2\delta_r \end{bmatrix}$。

需要注意的是，非线性模型经过线性化后，得到的都是误差模型，即在参考点处的误差量。线性化后的模型只有在线性化的期望点 X_r 附近才有意义，距离期望点越远，线性化的模型预测误差越大。

10.1.2 线性模型离散化

由于测量具有离散的本质，现有的物理系统只能被离散地观测与控制，因此需要进行线性模型的离散化。模型的离散化是对物理系统在时间维度上的近似。离散化后的差分模型与系统真实的连续模型有一定的误差，但在更新周期较短的情况下，离散系统的状态预测误差是在可接受的范围内。

离散化处理后的模型为

$$\Delta X(k+1) = (1 + \Delta T A_m)\Delta X(k) + \Delta T B_m \Delta u(k) \tag{10.5}$$

令 $A = (1 + \Delta T A_m)$，$B = T B_m$，有

$$\Delta X(k+1) = A \Delta X(k) + B \Delta u(k) \tag{10.6}$$

式中，$A = \begin{bmatrix} 1 & 0 & -v\Delta T\sin\psi \\ 0 & 1 & v\Delta T\cos\psi \\ 0 & 0 & 1 \end{bmatrix}$；$B = \begin{bmatrix} \Delta T\cos\psi_r & 0 \\ \Delta T\sin\psi_r & 0 \\ \Delta T\tan\delta_r/l & \Delta T v_r/l\cos^2\delta_r \end{bmatrix}$。其中 ΔT 为采样时间。

从而得到新的状态空间表达式为

$$\begin{bmatrix} \Delta X(k+1) \\ \Delta u(k) \end{bmatrix} = \begin{bmatrix} A & B \\ 0 & I \end{bmatrix} \begin{bmatrix} \Delta X(k) \\ \Delta u(k-1) \end{bmatrix} + \begin{bmatrix} B \\ I \end{bmatrix} \Delta^2 u(k) \tag{10.7}$$

为了方便后续推导，将式（10.7）改写为

$$\begin{cases} \xi(k+1) = \tilde{A}\xi(k) + \tilde{B}\Delta U \\ \eta(k) = \tilde{C}\xi(k) \end{cases} \tag{10.8}$$

式中，$\xi(k) = \begin{bmatrix} \Delta X(k) \\ \Delta u(k-1) \end{bmatrix}$；$\tilde{A} = \begin{bmatrix} A & B \\ 0 & I \end{bmatrix}$；$\tilde{B} = \begin{bmatrix} B \\ I \end{bmatrix}$；$\tilde{C} = \begin{bmatrix} 1 & 0 & 0 & 0 & 0 \\ 0 & 1 & 0 & 0 & 0 \\ 0 & 0 & 1 & 0 & 0 \end{bmatrix}$。

车辆模型的 MATLAB 代码实现如下。

第十章 基于模型预测的轨迹跟踪方法

```matlab
    kesi = zeros(Nx + Nu,1);% 对应式(10.8)中的ξ(k)
    kesi(1) = u(1) - r(1);% △x,x方向位移增量
    kesi(2) = u(2) - r(2);% △y,y方向位移增量
kesi(3) = u(3) - r(3);% △φ,横摆角增量
kesi(4) = U(1);% △v,速度增量
kesi(5) = U(2);% △δ,前轮偏角增量
    T = dt;% 采样时间
    L = Length;% 车辆轴距

% 矩阵初始化
delta_u = zeros(Nx,Nu);

    a = [1 0 - vd1 * sin(t_d) * T;
      0 1 vd1 * cos(t_d) * T;
      0 0 1;];% 对应式(10.6)中的A矩阵
    b = [cos(t_d) * T 0;
        sin(t_d) * T 0;
        tan(vd2) * T/L vd1 * T/(L * (cos(vd2)^2))];% 对应式(10.6)中的B矩阵
    A_cell = cell(2,2);% 对应式(10.8)中的波浪A矩阵
    B_cell = cell(2,1);% 对应式(10.8)中的波浪B矩阵
    A_cell{1,1} = a;
    A_cell{1,2} = b;
    A_cell{2,1} = zeros(Nu,Nx);
    A_cell{2,2} = eye(Nu);
    B_cell{1,1} = b;
    B_cell{2,1} = eye(Nu);
    A = cell2mat(A_cell);
    B = cell2mat(B_cell);
    C = [1 0 0 0 0;0 1 0 0 0;0 0 1 0 0;];% 对应式(10.8)中的波浪C矩阵
```

10.2 模型预测控制

10.2.1 模型预测控制原理

模型预测控制在实现过程中有3项基本部分,分别是预测模型、滚动优化和反馈校正。下面分别对这3部分进行介绍。

预测模型是模型预测控制的基础,其主要功能是根据对象的历史信息和未来输入,预测系统未来的输出。对预测模型的形式没有做严格的限定,状态方程、传递函数这类传统的模型都可以作为预测模型。对于线性稳定系统,阶跃响应、脉冲响应这类非参数模型也可以直接作为预测模型使用。

滚动优化的模型预测控制通过某一性能指标的最优来确定控制作用,但优化不是一次离线进行,而是反复在线进行的。这就是滚动优化的含义,也是模型预测控制区别于传统最优控制的根本点。

反馈校正是为了防止模型失配或者环境干扰引起控制偏离理想状态,在新的采样时刻,控制器首先检测对象的实际输出,并利用这一实时信息对基于模型的预测结果进行修正,然后再进行新的优化。

模型预测控制的基本原理可以用图 10.2 来表示。控制过程中,始终存在一条期望参考轨迹,以时刻 k 作为当前时刻(坐标系纵轴所在位置),控制器结合当前的测量值和预测模型,预测系统未来一段时域内 $[k, k+N_p]$(也被称为预测时域)系统的输出。通过求解满足目标函数以及各种约束的优化问题,得到在控制时域内的一系列控制序列,并将该控制序列的第一个元素作为受控对象的实际控制量。在下一个时刻($k+1$)时,重复上述过程,如此滚动地完成一个个带约束的优化问题,以实现对被控对象的持续控制。

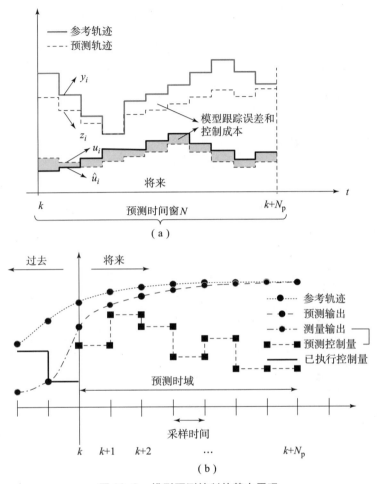

图 10.2 模型预测控制的基本原理
（a）模型预测目标函数组成；（b）模型预测原理示意图

10.2.2 模型预测控制器设计

对于线性形式的车辆运动学模型，MPC 控制器的求解可以转化为一个二次规划问题。二次规划是一个典型的数学优化问题。它的优化目标是二次实函数，带有线性或非线性约束。线性模型预测控制算法以线性模型为预测模型，是目前在模型预测控制领域中应用最为广泛的一种形式。相比于非线性模型预测控制，线性模型预测控制具有计算负担小、实时性高的优点。设预测时域为 N_p，控制时域为 N_c。

对于 10.1.2 节所得到的离散线性化模型，推导得到系统的预测输出表达式如下：

$$Y(k) = \Psi \xi(k) + \Theta \Delta U(k) \qquad (10.9)$$

式中，$Y(k) = [\eta(k+1) \; \eta(k+2) \; \cdots \; \eta(k+N_c) \; \cdots \; \eta(k+N_p)]^T$，表示预测输出；$\Delta U(k) = [\Delta u(k) \; \Delta u(k+1) \; \cdots \; \Delta u(k+N_c)]^T$，表示控制序列；

$$\Psi = [C^*A^* \; C^*A^{*2} \; \cdots \; C^*A^{*N_c} \; \cdots \; C^*A^{*N_p}]^T;$$

$$\Theta = \begin{bmatrix} C^*B^* & 0 & 0 & 0 \\ C^*A^*B^* & C^*B^* & 0 & 0 \\ \vdots & \vdots & \ddots & \vdots \\ C^*A^{*N_c-1}B^* & C^*A^{*N_c-2}B^* & \cdots & C^*B^* \\ C^*A^{*N_c}B^* & C^*A^{*N_c-1}B^* & \cdots & C^*A^*B^* \\ \vdots & \vdots & \ddots & \vdots \\ C^*A^{*N_p-1}B^* & C^*A^{*N_p-2}B^* & \cdots & C^*A^{*N_p-N_c-1}B^* \end{bmatrix}。$$

MPC 中预测过程的 MATLAB 代码实现如下。

```
  PHI_cell = cell(Np,1);% 对应式(10.9)中的 Ψ 矩阵
THETA_cell = cell(Np,Nc);% 对应式(10.9)中的 Θ 矩阵
for j = 1:1:Np
    PHI_cell{j,1} = C* A^j;
for k = 1:1:Nc
if k <= j
THETA_cell{j,k} = C* A^(j - k)* B;
else
THETA_cell{j,k} = zeros(Nx,Nu);
end
end
end
  PHI = cell2mat(PHI_cell);% size(PHI) = [Nx* Np Nx + Nu]
  THETA = cell2mat(THETA_cell);% size(THETA) = [Nx* Np Nu* (Nc +1)]
```

MPC 控制器的目标函数如下：

$$\min J = Y^T Q Y + \Delta U^T R \Delta U$$
$$= (\Psi \xi + \Theta \Delta U)^T Q (\Psi \xi + \Theta \Delta U) + \Delta U^T R \Delta U$$

$$= \underbrace{\boldsymbol{\Psi}^{\mathrm{T}}\boldsymbol{\xi}^{\mathrm{T}}\boldsymbol{Q}\boldsymbol{\Psi}\boldsymbol{\xi}}_{\text{无关项}} + \Delta \boldsymbol{U}^{\mathrm{T}}(\boldsymbol{\Theta}^{\mathrm{T}}\boldsymbol{Q}\boldsymbol{\Theta} + \boldsymbol{R})\Delta \boldsymbol{U} + 2\boldsymbol{\xi}^{\mathrm{T}}\boldsymbol{\Psi}^{\mathrm{T}}\boldsymbol{Q}\boldsymbol{\Theta}\Delta \boldsymbol{U} \quad (10.10)$$

式中，第一项为与控制序列无关项，后两项为与控制序列有关项，因此忽略第一项。将目标函数转化为二次规划形式：

$$\min J = \Delta \boldsymbol{U}^{\mathrm{T}} \boldsymbol{H} \Delta \boldsymbol{U} + \boldsymbol{f} \Delta \boldsymbol{U}$$

$$\text{s. t.} \quad \Delta \boldsymbol{U}_{\min} < \Delta \boldsymbol{U} < \Delta \boldsymbol{U}_{\max}$$

$$\boldsymbol{U}_{\min} \leqslant \boldsymbol{A}_{\mathrm{m}} \Delta \boldsymbol{U} + \boldsymbol{U} \leqslant \boldsymbol{U}_{\max} \quad (10.11)$$

式中，$\boldsymbol{H} = \begin{bmatrix} \boldsymbol{\Theta}^{\mathrm{T}}\boldsymbol{Q}\boldsymbol{\Theta} + \boldsymbol{R} & 0 \\ 0 & \zeta \end{bmatrix}$，$\zeta$ 为松弛因子；$\boldsymbol{f} = [2\boldsymbol{e}^{\mathrm{T}}\boldsymbol{Q}\boldsymbol{\Theta} \quad 0]$，$\boldsymbol{e} = \boldsymbol{\Psi}\boldsymbol{\xi}$ 为预测时域内的跟踪误差；$\boldsymbol{U} = \underbrace{[1 \ 1 \ \cdots \ 1]^{\mathrm{T}}}_{N_c \times 1} \otimes u(k-1)$；$\boldsymbol{A}_{\mathrm{m}} = \underbrace{\begin{bmatrix} 1 & 0 & \cdots & \cdots & 0 \\ 1 & 1 & 0 & \cdots & 0 \\ 1 & 1 & 1 & \ddots & 0 \\ \vdots & \vdots & \ddots & \ddots & 0 \\ 1 & 1 & \cdots & 1 & 1 \end{bmatrix}}_{N_c \times N_c} \otimes \boldsymbol{I}_{\mathrm{m}}$（$\otimes$ 为克罗内克积），用于把约束条件转换为矩阵形式。

MPC 目标函数及约束条件的 MATLAB 代码实现如下。

```
  H_cell = cell(2,2);% 对应式(10.11)中的 H 矩阵
  H_cell{1,1} = THETA'* Q* THETA + R;
  H_cell{1,2} = zeros(Nu* Nc,1);
  H_cell{2,1} = zeros(1,Nu* Nc);
H_cell{2,2} = Row;
  H = cell2mat(H_cell);
  H = 1/2* (H + H');
  error = PHI* kesi;
f_cell = cell(1,2);% 对应式(10.11)中的 f 矩阵
f_cell{1,1} = 2* error'* Q* THETA;
f_cell{1,2} = 0;
    f = cell2mat(f_cell);
    %% 以下为约束生成区域
% 不等式约束
A_t = zeros(Nc,Nc);% 生成一个 Nc 阶下三角 1 矩阵
for p = 1:1:Nc
```

```
for q = 1:1:Nc
if q <= p
        A_t(p,q) = 1;
else
        A_t(p,q) = 0;
end
end
end
  A_I = kron(A_t,eye(Nu));% 对应式(10.11)中的 $A_m$ 矩阵
  Ut = kron(ones(Nc,1),U);% 对应式(10.11)中的 U 矩阵
umin = [-1;-0.6];% 控制量的范围,第一个为车速;第二个为前轮转角
umax = [1;0.6];
delta_umin = [-0.1 ;-0.0085];% 控制量的增量范围,第一个为车速的增量;第二个为前轮转角的增量
delta_umax = [0.1 ; 0.0085];
Umin = kron(ones(Nc,1),umin);% 对应式(10.11)第二个约束条件中的上界和下界
Umax = kron(ones(Nc,1),umax);
  A_cons_cell = {A_I zeros(Nu*Nc,1); -A_I zeros(Nu*Nc,1)};
  b_cons_cell = {Umax - Ut; -Umin + Ut};
  A_cons = cell2mat(A_cons_cell);%(求解方程)状态量不等式约束增益矩阵,转换为绝对值的取值范围
  b_cons = cell2mat(b_cons_cell);%(求解方程)状态量不等式约束的取值
% 状态量约束
  M = 10; % 松弛因子
  delta_Umin = kron(ones(Nc,1),delta_umin);% 对应式(10.11)第一个约束条件的上界和下界
  delta_Umax = kron(ones(Nc,1),delta_umax);
  lb = [delta_Umin;0];%(求解方程)状态量下界,包含控制时域内控制增量和松弛因子
  ub = [delta_Umax;M];%(求解方程)状态量上界,包含控制时域内控制增量和松弛因子
```

在每一控制周期内,式(10.11)的求解可得到一系列的控制序列,即

第十章 基于模型预测的轨迹跟踪方法

$$\Delta U(k) = \begin{bmatrix} \Delta u(k) \\ \Delta u(k+1) \\ \vdots \\ \Delta u(k+N_c) \end{bmatrix} \qquad (10.12)$$

将该控制序列中第一个元素作为实际的控制输入增量作用于系统,即

$$u(k) = u(k-1) + \Delta u(k) \qquad (10.13)$$

进入下一个控制周期后,重复上述过程,如此循环实现了对车辆的轨迹跟踪控制的滚动优化。

MPC 求解和输出过程的 MATLAB 代码实现如下。

```
% 开始求解过程
% options = optimset('Algorithm','interior-point-convex')
options = optimoptions('quadprog','Display','iter','MaxIterations',100,'TolFun',1e-16)
 % options = optimset('Algorithm','interior-point-convex')
   [X,fval,exitflag] = quadprog(H,f,A_cons,b_cons,[],[],lb,ub,[],options)% 求解二次规划问题
%% 计算输出
delta_u(1) = X(1)% 求解得到的控制输入增量,第一个为车速,第二个为前轮转角
delta_u(2) = X(2)

  U(1) = kesi(4) + delta_u(1)% kesi 为上一时刻控制量增量;实现对控制量增量的累加
  U(2) = kesi(5) + delta_u(2)
u_real(1) = U(1) + vd1 % vd1 和 vd2 为参考控制量
  u_real(2) = U(2) + vd2
  delta = u_real(2)% 前轮转角实际值
  v = u_real(1)% 车速实际值
kesi(4) = U(1)
kesi(5) = U(2)
vd_p = [vd1;vd2]
```

模型预测轨迹跟踪 MATLAB 代码

|10.3　模型预测控制算法验证与分析|

为了验证所设计的 MPC 控制器的有效性,基于 MATLAB 编程进行验证,目标车速为 30 km/h,在给定一条参考轨迹的情况下,测试其对该轨迹的跟踪控制效果,表 10.1 所示为仿真主要参数。图 10.3 所示为轨迹跟踪结果示意图,其中实线为给定的参考轨迹,虚线为跟踪轨迹。从该图可以看出,模型预测控制算法能实现较为稳定的跟踪效果,在初始阶段有一段较为明显的跟踪偏差是由于前轮转角增量范围限制所导致的。

表 10.1　仿真主要参数

参数	符号	参数值
整车质量/kg	m	1 351
横摆转动惯量/(kg·m²)	I_z	2 031
质心到前轴的距离/m	a	1.04
质心到后轴的距离/m	b	1.56
车轮半径/m	R_w	0.28
采样时间/s	ΔT	0.01
轮胎模型的形状系数	C	2
预测步长/m	H_p	60
控制步长/m	H_c	60

图 10.4 ~ 图 10.6 所示分别为智能车辆在跟踪给定轨迹的过程中的车速、横摆角、前轮转角的变化情况,可以看出在跟踪的过程中,车速在目标车速值上下进行波动,车身横摆角的变化情况与参考轨迹基本相适应,前轮转角在 ± 0.6 rad 的范围内变化。综合结果表明,所设计的 MPC 控制器,对于低速行驶的智能车辆,在给定的参考轨迹下,跟踪效果误差小,控制器鲁棒性和稳定性强。

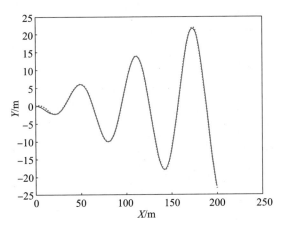

图 10.3　轨迹跟踪结果示意图

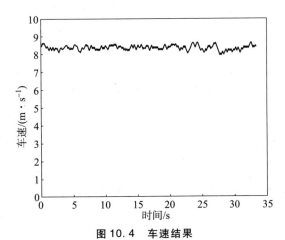

图 10.4　车速结果

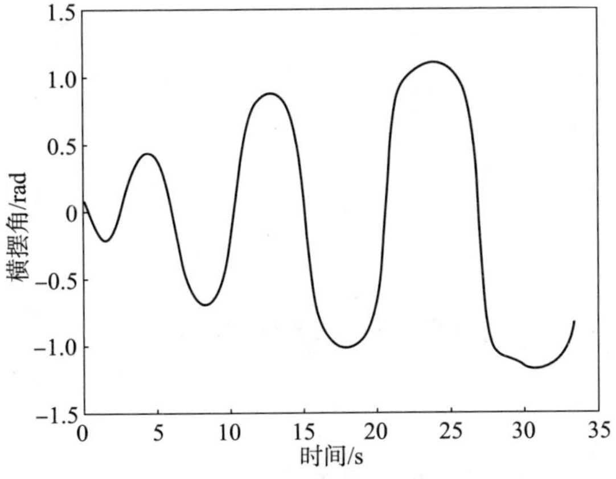

图 10.5　横摆角结果

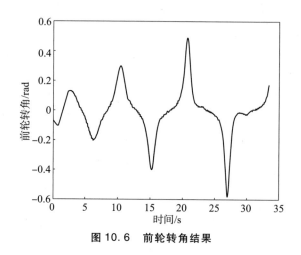

图 10.6　前轮转角结果

10.4　本章小结

基于阿克曼转向模型推导得出的车辆运动学模型,进行线性化、离散化推导得到控制系统的状态空间表达式,设计了 MPC 控制器的目标函数,并将其转化为二次规划问题进行求解,最终通过 MATLAB 代码实现对该算法的验证。模型预测控制的算法采用滚动优化策略,即在线反复进行优化计算,使模型失配和外部扰动等引起的不确定性及时得到补偿,从而得到较好的动态控制性能。对于低速行驶的智能车辆,在给定的参考轨迹下,跟踪效果误差小,控制器鲁棒性和稳定性强,能保证满足乘坐舒适性的条件下达到安全和实时的跟踪控制效果。本章对于模型预测控制的算法研究比较基础,在车辆运动学模型的基础上进行 MPC 控制器的设计,适用于低速工况,在高速工况下则需要考虑车辆动力学模型的非线性约束。

10.5　参考文献

[1] 田晓生. 智能车局部路径规划及路径跟踪方法研究 [D]. 北京：北京工业大学,2018.

［2］任巢康．基于模型预测控制的无人车轨迹跟踪与避障控制［D］．杭州：浙江大学，2020．

［3］杨阳阳．基于模型预测控制的路径跟踪控制方法研究［D］．镇江：江苏大学，2018．

［4］SAMAD T. A survey on industry impact and challenges thereof［J］．IEEE Control Systems Magazine，2017，37（1）：17－18．

［5］LINDBERG Y. A comparison between MPC and PID controllers for education and steam reformers（Master's thesis）［D］．Gothenburg：Chalmers University of Technology，2014．

［6］ROJAS J D. Data－driven control：a new important field in control theory［C］∥15th Latin－American Control Conference，2012：1－6．

［7］WISCHNEWSKI A，EULER M，GÜMÜS S，et al. Tube model predictive control for an autonomous race car［J］．Vehicle System Dynamics，2021，60（10）：1－23．

［8］KAMEL M，ALONSO－MORA J，SIEGWART R，et al. Robust collision avoidance for multiple micro aerial vehicles using nonlinear model predictive control［C］∥2017 IEEE/RSJ International Conference on Intelligent Robots and Systems（IROS），2017：236－243．

［9］喻超．当模型预测控制遇见机器学习［D］．Waterloo：滑铁卢大学，2020．

［10］陈虹．模型预测控制［M］．北京：科学出版社，2013．

［11］杨建森，郭孔辉，丁海涛，等．基于模型预测控制的汽车底盘集成控制［J］．吉林大学学报（工学版），2011（S2）：1－5．

［12］龚建伟，姜岩，徐威．无人驾驶车辆模型预测控制［M］．北京：北京理工大学出版社，2014．

［13］孙银健．基于模型预测控制的无人驾驶车辆轨迹跟踪控制算法研究［D］．北京：北京理工大学，2015．

［14］明廷友．智能汽车的轨迹跟随控制研究［D］．长春：吉林大学，2016．

第十一章
基于带约束的 iLQR 的运动规划方法

自动驾驶是被公认可显著改善人类生活的技术之一，安全性是其核心问题。事实上，智能驾驶员相比人类在预见和避免碰撞方面具有明显优势，一方面智能驾驶员在求解微分方程和计算几何交叉点方面优势明显；另一方面不会产生疲惫和走神等问题。已有大量工作（比如以可达性分析为工具）可以规划安全轨迹或者判定轨迹的安全性，但常以车辆轨迹与障碍物所占时空区域不相交作为安全验证规则，该思路虽便于理论分析，但在真实自动驾驶解决方案中并不实用。

对于自动驾驶来说，运动规划是一个具有挑战性的领域。规划模块接收来自决策和行为生成模块的高层决策或行为，以及来自感知模块的包含道路结构和所有检测到的障碍物状态的动态世界模型。该模块最终生成满足安全性和可行性约束的轨迹，并具有理想的驾驶质量。通常，运动规划器中避碰约束的表示比较复杂。此外，轨迹需要在一个时空域中生成，以处理高度动态的驾驶场景，如变道和超车与移动的障碍物。在较长视界的时空域内生成运动时，计算量往往难以处理，导致智能车辆无法实时响应突发事件。当前，复杂环境下的自动驾驶运动规划仍面临诸多挑战，主要有：

①高动态环境下的空间和时间规划需求。
②非线性车辆动力学模型和非凸避碰约束。
③实时性对高计算效率的要求。

因此，智能车辆需要一种运动规划器，该运动规划器能够：
①在时空域中产生长时间的运动。
②考虑复杂的避碰约束，以及车辆的运动学和动力学模型。
③实现实时计算，以便及时处理紧急情况。

线性二次调节器是一种经典的控制理论方法，用于设计控制器，使得线性系统在给定的性能指标下表现最优。LQR常用于控制工程、机器人学、飞行器控制以及其他控制领域。但是LQR算法需要准确的系统模型，对于非线性或不确定的系统，LQR算法的效果可能不理想，并且LQR无法处理带有约束的优化问题。

微分动态规划（Differential Dynamic Programming，DDP）是一种有效的数值方法，可以解决无约束最优控制问题。

它通过局部二次模型来近似系统的动态和成本函数，展现出二次收敛性质，并通过不断迭代优化控制策略，逐步改进控制输入，使系统在给定性能指标下达到最优。DDP能够处理非线性系统，适用于复杂的控制问题，在路径规划、机器人控制和强化学习等领域具有广泛应用，但是需要较多的迭代次数，计算比较复杂。

迭代线性二次调节器（Iterative Linear Quadratic Regulator, iLQR）是一种非常有效地解决非线性系统最优控制问题的算法。然而，它不能处理带有约束的问题。而本章介绍的约束迭代线性二次调节器（Constrained Iterative Linear Quadratic Regulator, CILQR）算法则可以有效解决具有非线性系统动力学和一般约束形式的最优控制问题。CILQR算法的核心方法如下。

①将非线性优化问题的环境动态线性化，将优化目标二阶展开，转化为LQR问题。

②在优化目标中引入障碍函数，处理优化问题约束。

③引入动态规划方法求解非线性优化问题。

LQR、DDP和CILQR的优缺点对比如表11.1所示。

表11.1 LQR、DDP和CILQR的优缺点对比

控制方法	LQR	DDP	CILQR
优点	在二次型成本函数和线性系统下表现良好	可以处理非线性系统	能处理带约束的优化问题，且计算较快
缺点	无法处理不等式约束	需要较多的迭代次数，计算量大	仍需要对系统进行线性化

本章首先介绍了iLQR基本理论；然后分别介绍了采用投影牛顿QP求解方法来处理带控制量约束的优化求解问题，以及采用障碍函数来处理状态约束、控制量约束的优化求解问题；并针对典型泊车问题为例，验证了算法的可行性和求解效率。

11.1 iLQR 算法基本原理

在之前的 LQR 算法的介绍中，详细讨论了 LQR 在线性系统中的应用。不过在实际的控制系统中，大部分系统的模型都是非线性的，传统的 LQR 只能在系统的当前状态下对系统进行线性化近似，这种近似并不能保证基于线性假设得到的最优控制率实际上真的是最优的。

由于传统的 LQR 存在上述局限性，有人对它进行了改进，提出了 iLQR 算法。

iLQR 算法的关键思想是，在每次迭代中，所有非线性约束和目标都使用一阶或二阶泰勒级数展开来近似，因此，现在对标称轨迹的偏差进行操作的近似函数可以使用离散 LQR 来求解。最优反馈控制策略在"反向传播"阶段计算，因为和 LQR 算法一样。动态规划的步骤是从轨迹的尾部开始。然后在"正向传播"期间将"反向传播"期间得到的最优控制策略产生的控制输入偏差应用于标称轨迹的控制输入量，并使用更新之后的输入量来正向模拟更新轨迹。这个过程在每次迭代中重复，直到收敛为止。

11.1.1 问题描述

首先考虑无约束运动规划问题，假设规划问题中的所有函数都具有连续的一阶和二阶导数，对于无约束非线性系统运动规划问题可以描述为

$$x^*, u^* = \underset{x,u}{\operatorname{argmin}} \left\{ L(x_N) + \sum_{k=0}^{N-1} L(x_k, u_k) \right\}$$
$$\text{s. t.} \quad x_{k+1} = f(x_k, u_k) \quad k = 0, 1, 2, \cdots, N-1 \tag{11.1}$$
$$x_0 = x_{\text{start}}$$

式中，x_k 是 k 时刻系统状态矢量；u_k 是 k 时刻系统输入矢量；N 是预测步长；$L(x_N)$ 是终端成本函数；$L(x_k, u_k)$ 是 k 时刻系统阶段成本函数；$x_{k+1} = f(x_k, u_k)$ 是系统动力学方程；$x_0 = x_{\text{start}}$ 是系统初始状态约束。

DDP/iLQR 的优化目标就是寻找一组控制序列 $U = \{u_0, u_1, \cdots, u_{m-1}, \}$，能够最小化目标函数：

$$J(x_0, U) = L(x_N) + \sum_{k=0}^{N-1} L(x_k, u_k) \tag{11.2}$$

11.1.2 反向传播

基于 Bellman 优化原理，我们定义最小成本函数 V 和动作函数 Q 分别为

$$V_k(x_k) = \min_u \{ L(x_k, u_k) + V_{k+1}(x_{k+1}) \} \quad k = 0, 1, 2, \cdots, N-1 \tag{11.3}$$

$$V_N(x_N) = L(x_N) \tag{11.4}$$

$$Q_k(x_k, u_k) = L(x_k, u_k) + V_{k+1}(x_{k+1}) \quad k = 0, 1, 2, \cdots, N-1 \tag{11.5}$$

式中，$V_k(\cdot)$ 也称为从 x_{k+1} 到终点的 cost to go；$V_k(x_k)$ 之所以只与 x_k 有关，是因为 Q 取得最小值的时候 u 是与 x 有关的，所以总体上来说 V 只与 x 有关。

根据状态方程 $x_{t+1} = f(x_t, u_t)$ 可知：

$$Q_k(x_k, u_k) = L(x_k, u_k) + V_{k+1}(f(x_k, u_k)) \quad k = 0, 1, 2, \cdots, N-1$$
$$\tag{11.6}$$

由式（11.6）可知，第 k 步的动作函数 Q_k 是 $k+1$ 步的 cost to go 最小成本加上当前步的成本 $L(x_k, u_k)$。

对 $k = 0, 1, 2, \cdots, N-1$，为求解 $V_k(x_k) = \min_{u_k} Q_k(x_k, u_k)$，对 $V_k + \delta V_k$ 进行二阶泰勒展开得

$$V_k + \delta V_k = V_k(x_k + \delta x_k) \approx V(x_k) + \frac{\partial V}{\partial x}\bigg|_{x_k} \delta x_k + \frac{1}{2} \delta x_k^{\mathrm{T}} \frac{\partial^2 V}{\partial x^2}\bigg|_{x_k} \delta x_k \tag{11.7}$$

从而得到

$$\delta V(x_k) \approx \frac{\partial V}{\partial x}\bigg|_{x_k} \delta x_k + \frac{1}{2} \delta x_k^{\mathrm{T}} \frac{\partial^2 V}{\partial x^2}\bigg|_{x_k} \delta x_k \tag{11.8}$$

同样地，把 $Q_k + \delta Q_k$ 进行二阶泰勒展开：

$$Q_k + \delta Q_k = Q(x_k + \delta x_k, u_k + \delta u_k)$$

$$\approx Q(x_k, u_k) + \frac{\partial Q}{\partial x}\bigg|_{x_k,u_k}(x-x_k) + \frac{\partial Q}{\partial u}\bigg|_{x_k,u_k}(u-u_k) +$$

$$\frac{1}{2}(x-x_k)^T \frac{\partial^2 Q}{\partial x^2}\bigg|_{x_k,u_k}(x-x_k) + \frac{1}{2}(u-u_k)^T \frac{\partial^2 Q}{\partial u^2}\bigg|_{x_k,u_k}(u-u_k) +$$

$$\frac{1}{2}(u-u_k)^T \frac{\partial^2 Q}{\partial u \partial x}\bigg|_{x_k,u_k}(x-x_k) + \frac{1}{2}(x-x_k)^T \frac{\partial^2 Q}{\partial x \partial u}\bigg|_{x_k,u_k}(u-u_k)$$

(11.9)

于是有

$$\delta Q_k \approx (Q_{kx}^T, Q_{ku}^T)(\delta x, \delta u)^T + \frac{1}{2}\begin{bmatrix}\delta x^T & \delta u^T\end{bmatrix}\begin{bmatrix}Q_{kxx} & Q_{kxu} \\ Q_{kux} & Q_{kuu}\end{bmatrix}\begin{bmatrix}\delta x \\ \delta u\end{bmatrix}$$

(11.10)

$$\begin{cases} Q_{kx} = L_x + f_x^T V_{k+1\,x} \\ Q_{ku} = L_u + f_u^T V_{k+1\,x} \\ Q_{kxx} = L_{xx} + f_x^T V_{k+1\,xx} f_x + V_{k+1\,x} f_{xx} \\ Q_{kux} = L_{ux} + f_u^T V_{k+1\,xx} f_x + V_{k+1\,x} f_{ux} \\ Q_{kuu} = L_{uu} + f_u^T V_{k+1\,xx} f_u + V_{k+1\,x} f_{uu} \end{cases}$$

(11.11)

式中，如果保留 f_{xx}、f_{uu}、f_{ux} 二阶微分项，即 DDP 优化迭代方法。经典的 DDP 需要计算动力学模型的二阶导，通常会造成计算量比较大，或者海森矩阵不满秩，通常需要正则化处理。如果仅保留一阶项，则为 iLQR。避免计算张量乘法通常让 iLQR 的求解比 DDP 更为高效。

故原问题可转化为求解 $\min_{\delta} Q_k(\delta x, \delta u)$：

$$\frac{\partial \delta Q_k}{\partial \delta u} = Q_{ku} + \frac{1}{2}Q_{kux}\delta x + \frac{1}{2}Q_{k_{xu}}^T\delta x + Q_{k_{uu}}\delta u = 0 \quad (11.12)$$

于是有

$$\delta u^* = -Q_{k_{uu}}^{-1}(Q_{kux}\delta x_k + Q_{ku}) = K\delta x_k + d \quad (11.13)$$

式中，$K = -Q_{k_{uu}}^{-1}Q_{kux}$ 为状态反馈增益矩阵；$d = Q_{k_{uu}}^{-1}Q_{ku}$ 为前馈项。

把 δu^* 代回 δV 的表达式中可以得到

$$\delta V = \delta Q(\delta x, \delta u^*)$$
$$= (Q_x + K^T Q_{uu} d + K^T Q_u + Q_{ux}^T d)^T \delta x_k +$$
$$\frac{1}{2}\delta x_k^T (Q_{xx} + K^T Q_{uu} K + K^T Q_{ux} + Q_{ux}^T K)\delta x_k + \frac{1}{2}d^T Q_{uu} d + d^T Q_u$$

(11.14)

记 $\Delta V = \frac{1}{2}d^T Q_{uu} d + d^T Q_u$，为代价函数参与增量。结合式（11.8）和式（11.14），能够得到

$$\frac{\partial V}{\partial x} = Q_x + K^T Q_{uu} d + K^T Q_u + Q_{ux}^T d \tag{11.15}$$

$$\frac{\partial^2 V}{\partial x^2} = Q_{xx} + K^T Q_{uu} K + K^T Q_{ux} + Q_{ux}^T K \tag{11.16}$$

于是有

$$\delta V = \frac{\partial V}{\partial x}\bigg|_{x_k} \delta x_k + \frac{1}{2} \delta x_k^T \frac{\partial^2 V}{\partial x^2}\bigg|_{x_k} \delta x_k + \Delta V \tag{11.17}$$

由表 11.2 可知，反向传播 s 的计算步骤：计算 $Q_{k_{uu}}$、Q_{k_u}、$Q_{k_{ux}}$；计算 d、K，并继续向前回溯。注意：在对 Q_{kuu} 求逆时，需加入正则化系数 λ，λ 可理解为迭代步长的倒数。具体求解过程如下：首先对 $Q_{k_{uu}}$ 进行特征值分解，$Q_{k_{uu}} = U^T \Lambda U$；然后对 Λ 进行变化，$\bar{\Lambda} = \text{relu}(\Lambda) + \lambda I$；最终得到逆矩阵 $\bar{Q}_{k_{uu}}^{-1} = U^T \bar{\Lambda}^{-1} U$。

表 11.2　反向传播算法流程

初始化：首先计算终端成本 $V_N(x_N)$
for $k = N - 1, \cdots, 1$, do
计算 $\delta Q_k(x_k, u_k)$
最小化 $\delta Q_k(x_k, u_k)$，从而获得最优控制策略 K 和 d
计算 δV_k
更新成本函数 V_k
end

11.1.3　前向传播

通过反向传播能够得到最优的控制量 δu^*，进而通过系统动力学方程和参考轨迹 $(\bar{X}, \bar{U})$，来更新状态轨迹：

$$\begin{cases} \delta x_k = \bar{x}_k - x_k \\ \delta u_k = K_k \delta x_k + \alpha d_k \\ \bar{u}_k = u_k + \delta u_k \\ \bar{x}_{k+1} = f(\bar{x}_k, \bar{u}_k) \end{cases} \tag{11.18}$$

式中，α 为非精确线性搜索步长因子。

$$z = \frac{J(X, U) - J(\bar{X}, \bar{U})}{-\Delta V(\alpha)} \tag{11.19}$$

式中，$\Delta V = \frac{1}{2} d^T Q_{uu} d + d^T Q_u$，于是有 $\Delta V(\alpha) = \sum_{k=0}^{N-1} \frac{1}{2} \alpha^2 d_k^T Q_{uu} d_k + \alpha d_k^T Q_u$；$J(X, U) = \phi(x_N) + \sum_{k=0}^{N-1} L(x_k, u_k)$。

前向传播更新过程如表 11.3 所示。

表 11.3 前向传播更新过程

初始化：令 $x_0^{new} = x_0$，$\alpha = 1$
for $k = 0, 1, \cdots, N-1$, do
$u_k^{new} = u_k + \alpha d_k + K_k(x_k^{new} - x_k)$
$x_{k+1}^{new} = f(x_k^{new}, u_k^{new})$
计算总的成本 J 和 $\Delta V(\alpha)$
计算 z
if   z 满足线性搜索条件
更新 $U \leftarrow U^{new}$，$X \leftarrow X^{new}$
else 减小 α，并进入 for 循环
返回 U, X

一旦完成了从定义标称轨迹、反向传播和前向传播的迭代，则标称轨迹（$\bar{x}, \bar{u}$）会被能提升性能的新的实际轨迹（x, u）所替代。通过返回并迭代应用反向传播和前向传播，标称轨迹最终将会收敛于最优轨迹。

尽管 iLQR 是解决非线性系统动力学运动规划问题的一个非常有效的算法，但 iLQR 的一个缺点就是无法处理不等式约束，而这在机器人运动规划场景中是非常重要的。以自动驾驶为例，碰撞避免和执行器限制都有不等式约束。缺少处理不等式约束的能力使 iLQR 的能力受到严重的限制。

11.2　带约束的 iLQR 问题描述及其求解

微分动态规划（DDP）或者 iLQR 是一种间接的非线性轨迹优化方法，仅在无约束的控制空间上进行优化，因此求解速度足够快，可以在小算力的智能车辆控制器上进行部署。但在实际工程问题中，需要考虑状态量或者控制量的边界，这些边界约束可以是硬约束（必须满足）或软约束（希望满足但不是必需的）。如何处理这些约束，并最大限度地减少优化迭代次数和计算量，是优化问题的关键所在。

11.2.1　问题描述

CILQR（Constrained Iterative Linear Quadratic Regulator）通过改进 iLQR 算法能解决如下带约束的问题：

$$\begin{aligned}
x^*, u^* &= \operatorname*{argmin}_{x,u} \left\{ L(x_N) + \sum_{k=0}^{N-1} L(x_k, u_k) \right\} \\
\text{s.t.} \quad x_{k+1} &= f(x_k, u_k) \quad k = 0, 1, 2, \cdots, N-1 \\
x_0 &= x_{\text{start}} \\
g^k(x_k, u_k) &< 0 \quad k = 0, 1, 2, \cdots, N-1 \\
g^N(x_N) &< 0
\end{aligned}$$
(11.20)

可以看到式（11.20）与式（11.1）相比，增加了对于状态和控制的约束。

11.2.2 基于牛顿投影的控制量约束方法

对于 iLQR 问题求解，考虑控制量的不等式约束如下：

$$\underline{b} \leqslant u \leqslant \bar{b} \tag{11.21}$$

式中，$\underline{b}$ 和 $\bar{b}$ 分别代表控制量的上下界，用来描述执行机构，如电机扭矩、前轮转角的上下极限控制量。

由式（11.13）可知，前馈项 $d^k = Q_{u_{k_m}}^{-1} Q_{k_u}$，那么对于无约束目标函数 $J = 0.5\delta u^T Q_{uu} \delta u + Q_u^T \delta u$，其全局最优解为 $-Q_{u_{k_m}}^{-1} Q_u^k$。而对于有约束的优化问题，可以通过设计二次优化问题来实现对控制量进行上下界约束，这相当于在每个时间步长来求解带控制量约束的二次规划问题，其优化问题可以描述为

$$\begin{aligned}
d^* &= \operatorname*{argmin}_{\delta u} 0.5\delta u^T Q_{uu} \delta u + Q_u^T \delta u \\
\text{s.t.} \quad & \underline{b} \leqslant u + \delta u \leqslant \bar{b}
\end{aligned}$$
(11.22)

QP 优化问题的求解比较容易且有很多成熟的求解方法。构建优化问题需遵循两个原则：一是根据贝尔曼原理，求解几个小规模的 QP 子问题比一个大规模的 QP 问题要容易很多；二是在级联 QP 优化过程中，前一个优化问题的结果可以作为后一个优化问题的热启动初始量，从而加快迭代收敛速度。基于牛顿投影的迭代方法请参阅附录一。

11.2.3 基于障碍函数的状态量和控制量约束方法

在优化问题中，状态量和控制量的约束条件通常以等式或不等式的形式给出。处理状态量和控制量约束的方法之一是障碍函数。这种方法通过将约束条件加入优化目标函数，引入一个障碍函数，将违反约束的情况惩罚化。常见的障碍函数包括对数障碍函数、逆障碍函数等。这样，通过优化障碍函数，可以间接地优化原始目标函数并考虑到约束条件。

障碍函数法通常可以更好地处理严格的约束，因为它们在约束区域内产生了无穷大的代价，从而确保了在搜索过程中始终满足约束条件。然而，这也可

能导致优化问题的数值不稳定性和收敛速度下降。

在 iLQR 中直接处理约束非常困难。例如，如果我们将约束添加到式（11.2），由于添加的约束仅在特定的时间步长应用，因此在前向传播过程中，累计的轨迹变化可能会使约束被违反。控制受限 DDP 为式（11.2）添加了约束，但仅针对控制输入，对于状态约束则不起作用。

处理约束的一种方法是引入惩罚。基本思想是使用障碍函数来构造约束函数：

$$c(x,u) = b(g(x,u)) \quad (11.23)$$

然后把障碍函数添加到目标函数中。理想的障碍函数是指示函数：

$$b^*(g(x,u)) = \begin{cases} \infty, g(x,u) \geq 0 \\ 0, g(x,u) < 0 \end{cases} \quad (11.24)$$

理想障碍函数能很好地表示原始约束。但是，因为理想障碍函数是不可微分的，所以改进后的目标函数无法用数值优化方法来进行优化。因此，我们需要找到一个既能近似指示函数同时又可微分的障碍函数。在这里，我们使用对数函数作为障碍函数，

$$b(g(x,u)) = -\frac{1}{t}\log(-g(x,u)) \quad (11.25)$$

式中，t 是大于 0 的参数。不同 t 值下函数的形状如图 11.1 所示。对数函数有几个很好的性质。首先，它通过定义确保了硬约束；其次，通过增加 t，它将渐近收敛于指标函数。

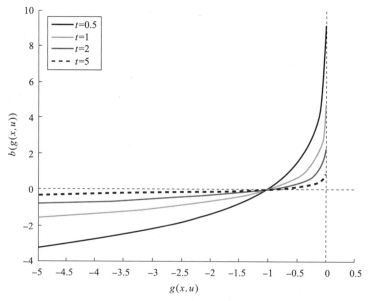

图 11.1 对数障碍函数

基于对数障碍函数，构建了 CILQR 算法的主体结构。基本思想是同时构造外循环和内循环迭代。外循环使用对数势垒函数将不等式约束转换为惩罚项。然后，内循环使用 iLQR 解决转换后的无约束问题。每次外循环迭代时，参数 t 都会增大，使得解收敛于原约束问题的最优解。CILQR 算法流程如表 11.4 所示。

表 11.4　CILQR 算法流程

结果输出：优化得到的控制序列 u，及其对应的状态轨迹 x
给定可行初始控制序列 $u, t := t^{(0)} > 0, \mu > 1, 0 < \alpha < 1$
前向传播，从而得到初始状态序列 x(u)
Repeat//外循环
　　将不等式约束通过障碍函数 $g^{(k)} < 0 \rightarrow -\frac{1}{t}\log(-g^{(k)})$
　　Repeat//内循环
　　　　通过 iLQR 计算得到 $\bar{u}$
　　　　Repeat//线性搜索
　　　　　　$\bar{u} := \alpha\,\bar{u}$
　　　　Until 满足不等式约束；
　　　　前向传播，更新状态序列 $x^*(\bar{u})$
　　Until 收敛
　　$u := \bar{u}; x := x^*; t := \mu t$
Until 收敛

该算法的三个核心成分如下。

外循环：该算法从标称轨迹开始，初始参数 $t^{(0)} > 0$。在每次迭代中，使用式（11.25）将式（11.20）中的不等式约束转换为惩罚项，然后将它们添加到式（11.1）的目标函数中。这样就能够将转换后的问题传递给内循环来解决。每次迭代后，参数 t 将乘以一个大于 1 的标量 μ。

内循环：内循环将解决外循环引入的转换后的无约束优化问题式（11.1），我们使用前面描述的 iLQR 算法来解决这个问题。

线性搜索：在 iLQR 计算过程中，通常采用线性搜索来保证收敛性。在 CILQR 中，线性搜索有一个额外的功能。虽然对数函数在定义上保证了硬约束，但在 iLQR 轨迹更新过程中仍然可能违反约束。为了解决这个问题，在线性搜索迭代中，我们继续检查更新的轨迹是否违反约束，直到满足约束。

11.3　典型算例分析

11.3.1　泊车问题

对于低速泊车优化问题，基于车辆运动学模型就可以很好地对车辆泊车过程中的几何特性和运动状态进行精确描述。因此，选择 (x,y,ψ,v) 为状态变量；(x,y) 为车辆后轴中心运动轨迹；ψ 为横摆角；v 为前轮车速；控制量 (δ,a) 分别为前轮转角和车辆加速度。那么泊车运动规划问题的优化目标可以写成状态量和控制量相关优化目标：

$$L(\boldsymbol{x},\boldsymbol{u}) = \|\boldsymbol{x}-\boldsymbol{x}_0\|_{W_x}^2 + \|\boldsymbol{u}\|_{W_u}^2 \tag{11.26}$$

式中，W_x 和 W_u 分别为对应的权重矩阵。$L(\boldsymbol{x},\boldsymbol{u})$ 成本函数的选取目的是要求被控车辆在泊车过程中行驶距离不要过长。而 W_u 可以选取比较小的数，从而鼓励控制器在约束边界附近寻找最优解，控制量的约束边界为 $\delta \in [-0.5\,\text{rad}, 0.5\,\text{rad}]$，$v \in [-2\,\text{m/s}, 2\,\text{m/s}]$。

终端优化目标为

$$L_f(\boldsymbol{x}) = \|\boldsymbol{x}-\boldsymbol{x}_f\|_{W_x}^2 \tag{11.27}$$

式中，$\boldsymbol{x}_f$ 为泊车位置状态量。

对于避障问题，避障约束包括避开移动障碍物和静态障碍物，比如如何安全超越前方车辆，以及如何避免在路边停放车辆。一般地，对于给定的状态 x_k，用 $E(x_k) \in R^n$ 表示自主车辆在 t_k 时所占据的空间，则避免碰撞风险的约束可表示为

$$E(x_k) \cap O^m = \emptyset, \forall m = 1,2,\cdots,M \tag{11.28}$$

式中，O 表示障碍物，通常当障碍物是多面体时，假设障碍物是内部非空的凸包，这时可以使其连续可微。

本章中的障碍物用多边形表示，车辆由矩形表示。防撞约束可以通过智能车辆到障碍车辆多边形的距离来描述：

$$d(x_k, O_j) > 0 \tag{11.29}$$

式中，$d(x_k, O_j)$ 是点 x_k 和障碍物边界之间的欧氏距离。

图 11.2 为车辆从 $(1, 1, 1.5\pi, 0)$ 开始到 $(0, 0, 0, 0)$ 结束的轨迹规划结果。而图 11.3 对比了挤压函数法和牛顿投影法在处理不等式约束的优化收敛效果，牛顿投影法在 64 次迭代后二次收敛，而挤压函数法在 500 次迭

代后的解勉强收敛。

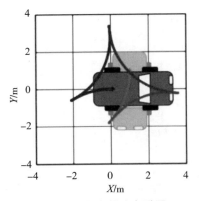

图 11.2 停车轨迹鸟瞰图

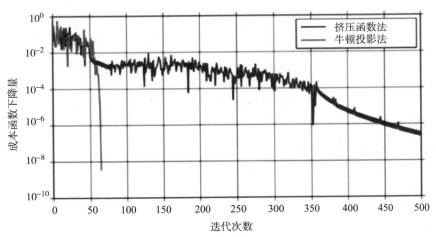

图 11.3 收敛性对比结果

11.3.2 跟车与超车

基于 iLQR 泊车
规划的 MATLAB 代码

在双向道路上的超车工况是自动驾驶比较具有挑战性的危险场景，涉及决策与运动规划两个环节。在这种情况下驾驶员必须非常小心地适当加速和转向，否则可能会发生致命事故。这种情况有两种决策结果：一个是加快在迎面驶来的车辆通过之前超越前方车辆，这种情况为直接超车；另一个是减速等待迎面而来的车辆通过，然后超车。

对于高速跟车与超车问题，同样采用车辆运动学模型进行车辆行为预测，目标函数包括控制成本和状态成本。对于控制成本，有加速成本以及转向角的成本。对于状态成本，有参考跟踪成本和速度跟踪成本。同样包含控制量加速度和前轮转角的上下边界约束。

考虑将障碍物的安全范围建模为椭圆，将智能车辆的安全范围建模为分别以前轮触地点和后轮触地点为圆心的两个圆，如图 11.4 和图 11.5 所示。

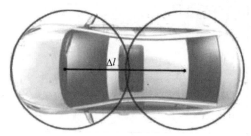 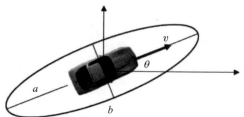

图 11.4 智能车辆安全边界描述　　　　图 11.5 障碍车辆安全边界约束

椭圆的长短轴的计算公式为

$$a = l_o + v_0 t_{safe} + a_{safe} + r_{safe} \tag{11.30}$$

$$b = w_o + b_{safe} + r_{safe} \tag{11.31}$$

式中，l_o 为障碍物纵向长度；w_o 为障碍物侧向长度；v_0 为障碍物速度；t_{safe} 为障碍物安全运动的时间裕量；a_{safe} 为障碍物纵向安全距离；b_{safe} 为障碍物侧向安全距离；r_{safe} 为智能车辆安全范围的半径。

自动驾驶运动规划问题的优化目标也可分为两部分，即状态量相关优化目标和控制量相关优化目标：

$$L(x,u) = (x - x_r)^T C_x (x - x_r) + u^T C_u u \tag{11.32}$$

$$L_f(x) = (x - x_r)^T C_x (x - x_r) \tag{11.33}$$

式中，x_r 的选择方式为根据当前状态量 p^x, p^y 选择局部路径上距离最近的点作为参考点，并得到参考状态 p_r^x, p_r^y, θ_r。参考速度 v_r 可选择恒定参数也可以根据局部路径动态选择。最后，根据障碍函数法将约束条件转化为优化目标，即完成对自动驾驶运动规划问题的整体建模。

在这两种情况下智能车辆的初始速度为 10 m/s，前车的速度为 3 m/s，对向车辆的速度的快慢决定智能车辆是直接超车还是需要让行。直接超车规划结果如图 11.6 所示，对向车辆的速度设定为 9 m/s。图 11.6（a）所示为智能车辆和周围车辆轨迹；图 11.6（b）所示为智能车辆车速规划结果，可以看到智能车辆在迎面而来的车辆到达之前加速超越前方车辆，然后超车完成后减速至参考速度。让车然后再超车规划结果如图 11.7 所示。对向车辆的速度设定为

15 m/s。图 11.7（a）所示为智能车辆和周围车辆轨迹；图 11.7（b）所示为智能车辆车速规划结果，可以看到智能车辆首先减速等待迎面驶来的车辆通过，然后再加速超越前方车辆并加速到参考速度。

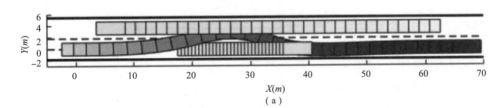

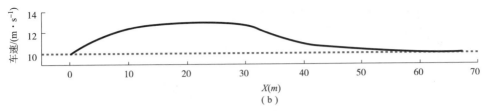

图 11.6　直接超车规划结果

（a）智能车辆和周围车辆轨迹；（b）智能车辆车速规划结果

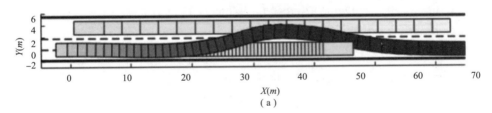

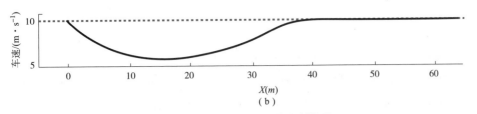

图 11.7　让车然后再超车规划结果

（a）智能车辆和周围车辆轨迹；（b）智能车辆车速规划结果

基于 CILQR 跟车与超车规划的 Python 代码

11.4 本章小结

本章介绍了 iLQR 算法基本原理,并给出了状态量约束和控制量约束典型的处理方法。通过优化目标二阶泰勒展开,将带约束的非线性优化问题转化为 LQR 问题运用动态规划方法求解优化问题。iLQR 算法平均求解耗时可观,通过对耗时较高的关键帧进行针对性优化,可以进一步降低算法求解时间,从而满足自动驾驶运动规划问题实时性要求。

11.5 参考文献

[1] DA F. Comprehensive reactive safety: no need for a trajectory if you have a strategy [C]. 2022 IEEE/RSJ International Conference on Intelligent Robots and Systems, 2022: 2903 - 2910.

[2] CHEN J, ZHAN W, TOMIZUKA M. Autonomous driving motion planning with constrained iterative LQR [J]. IEEE Trans. Intell. Veh., 2019, 4 (2): 244 - 254.

[3] NOCEDAL J, WRIGHT S J. Numerical optimization [M]. New York: Springer, 2006.

[4] BELLMAN R E, DREYFUS S E. Applied dynamic programming [M]. Princeton: Princeton University Press, 2015.

[5] YUVAL T, MANSARD N, TODOROV E. Control - limited differential dynamic programming [J]. 2014 IEEE International Conference on Robotics and Automation, IEEE, 2014: 1168 - 1175.

[6] ARMIJO L. Minimization of functions having lipschitz continuous first partial derivatives [J]. Pacific Journal of Mathematics, 1966, 16 (1): 1 - 3.

第十一章附录 牛顿投影 QP 问题的迭代求解

考虑一般的带约束优化问题如下：

$$\min_x 0.5 x^T H x + q^T x$$
$$\text{s.t.} \quad \underline{b} \leq x \leq \overline{b} \tag{11.34}$$

该算法通过迭代来识别被优化量 x 需要进行有效约束的分量，然后通过牛顿步投影在自由子空间中使用 Hessian 矩阵的有效模块。首先通过初始可行解 $x = x_0$ 来计算目标函数的梯度 $g = \nabla_x f = q + Hx$。对于被优化量 x，一次型系数 q 以及二次型系数海森矩阵 H，可以进一步拆分成满足（记为 f）和不满足（记为 c）不等式约束的分量，如下所示：

$$x \to \begin{bmatrix} x_f \\ x_c \end{bmatrix}, q \to \begin{bmatrix} q_f \\ q_c \end{bmatrix}, H \to \begin{bmatrix} H_{ff} & H_{fc} \\ H_{cf} & H_{cc} \end{bmatrix} \tag{11.35}$$

同时对不满足不等式约束的进行边界夹逼处理，如式（11.36）所示：

$$c(x) = \{j \in 1, 2, \cdots, n\} \begin{vmatrix} x_j = \underline{b}_j, g_j > 0 \\ x_j = \overline{b}_j, g_j < 0 \end{vmatrix} \tag{11.36}$$

满足不等式约束的分量则记为

$$f(x) = \{j \in 1, 2, \cdots, n\} \,|\, j \notin c \tag{11.37}$$

那么 x 在满足不等式约束的子空间的梯度为

$$g_f = \nabla_{x_f} f = q_f + H_{ff} x_f + H_{fc} x_c \tag{11.38}$$

在满足不等式约束的子空间的牛顿迭代步长为

$$\Delta x_f = -H_{ff}^{-1} g_f = -H_{ff}^{-1}(q_f + H_{fc} x_c) - x_f \tag{11.39}$$

最终整个迭代步长为

$$\Delta x = \begin{bmatrix} \Delta x_f \\ 0_c \end{bmatrix} \tag{11.40}$$

基于牛顿投影的迭代式为

$$x_{k+1}(\alpha) = x_k + \alpha \Delta x \tag{11.41}$$

式中，α 为非精确线性搜索步长因子。

在使用牛顿法求解时，会遇到迭代的步长难以确定的问题，如果选择的过大，就会导致过冲，在最优解附近震荡。这里给出 Armijo Rule 判定准则：

$$\frac{f(\boldsymbol{x}_{k+1}) - f(\boldsymbol{x}_k)}{\boldsymbol{g}^{\mathrm{T}}(\boldsymbol{x}_{k+1} - \boldsymbol{x}_k)} < \gamma \tag{11.42}$$

式中，$\gamma \in [0, 0.5]$，是迭代收敛可接受的最小步长因子。其基本思想就是通过更改调试步长，来保证函数是向越来越小的方向去迭代的，直到挑选到让函数值减小的合适步长为止。这里需要牛顿法中的每次迭代都调用该方法来选择合适的迭代的步长。

思考题

第一章

1. 什么是运动控制？具体控制什么？输入输出是什么？如何实现？
2. 如何理解智能车辆规划和控制之间的关系？二者是如何相互配合影响的？
3. 驾驶决策系统有哪些典型的方法呢？如何理解安全驾驶决策的评价标准？
4. 如何设计智能车辆决策系统的架构？
5. 智能车辆轨迹规划的典型方法有哪些？
6. 智能车辆轨迹跟踪的典型方法有哪些？各有什么特点？
7. 说明轨迹规划与运动规划的区别是什么？

第二章

1. 典型的轮胎模型有哪些？轮胎模型的输入、输出分别是什么？
2. 轮胎运动学中基本物理量有哪些？轮胎动力学中基本物理量有哪些？
3. 车辆动力学模型与车辆运动学模型不同，简述原因以及使用的情况。
4. 如何描述车辆侧向动力学？如何描述车辆纵向动力学？
5. 轨迹规划所使用的坐标系有哪些？它们有什么不同？分别用于什么场景？

第三章

1. 自动驾驶中构建的地图都有哪些形式？
2. 说明拓扑地图描述的几大要素。
3. 拓扑地图的作用是什么？栅格地图和拓扑地图的区别是什么？
4. 全局路径规划的地图搜索算法有哪些？用途是什么？
5. 全局路径平滑的方法有哪些？
6. 全局路径规划的方法有哪些？

第四章

1. 如何生成局部路径换道轨迹？局部路径规划需要考虑的因素有哪些？
2. 如何设计路径侧向和纵向约束？
3. Lattice Planner 为什么使用五次多项式？多项式次数对于拟合曲线有什么影响？
4. 智能车辆自主超车规划中如何考虑动态/静态障碍物？
5. 如何设计局部路径规划的目标函数？
6. Frenet 坐标系的优缺点是什么？
7. 基于时空耦合的规划和解耦规划局部路径规划各自的优缺点是什么？
8. 局部路径规划算法用到的碰撞检测算法有哪几种？

第五章

1. 什么是 A^*、D^*、RRT？用途是什么？
2. 简述 A^* 路径规划方法的特点和基本原理。
3. 说明 Hybrid A^* 算法流程及应用。
4. 如何在 A^* 搜索算法中考虑车辆运动学约束？
5. A^* 算法有最优解的条件是什么？A^* 算法启发式函数有哪几种？各自的特点是什么？
6. 如何对障碍物和智能车辆进行轮廓描述？
7. 如何对碰撞问题进行数学描述？
8. 如何理解对偶范数、共轭函数？

第六章

1. 如何在局部规划算法中实现纵向速度和侧向运动集成？
2. 如何理解轮廓控制？

3. 如何设计目标函数的权重系数？

4. 如何理解硬约束和软约束？如何将不等式约束转换为软约束？

5. 如何对障碍物安全边界进行数学描述？

第七章

1. 如何理解高斯过程回归方法？

2. 如何在线获取训练数据集？

3. 本书中基于学习的模型预测主要解决什么问题？

4. 基于学习的模型预测还能解决什么问题？还有哪些典型应用？

第八章

1. 什么是 PID、LQR、纯跟踪算法？用途是什么？分别解决了什么问题？

2. 传统 PID、LQR、纯跟踪算法各自的优缺点有哪些？对于缺点有哪些解决方法？

3. PID 超调如何解决？积分饱和如何解决？LQR 如何建模？状态量有哪些？控制量有哪些？

4. 有限时域 LQR 和无限时域 LQR 的区别是什么？

5. 如何设计 LQR 中 Ricatti 方程的迭代算法？

第九章

1. 如何理解前馈与反馈？

2. 为什么在反馈控制的基础上需要加前馈控制？

3. 如何设计行驶稳定性约束条件？

4. 预瞄控制长度与车速有关系吗？对跟踪精度有什么影响？

5. 状态反馈和输出反馈的区别是什么？

6. 说明单点预瞄和多点预瞄的区别和效果。

7. 基于跟踪误差的 PID 侧向控制器和基于道路曲率的 PID 控制器有何不同？各有什么优缺点？

第十章

1. 如何设计 MPC 的目标函数和约束条件？

2. 如何选择预测步长与控制步长？如何提高 MPC 的求解效率？

3. MPC 算法的优缺点是什么？

4. 如何设计具有一定鲁棒性的 MPC？

5. 简述非线性求解器的原理。

6. 如何理解 MPC 中的软约束和硬约束？

7. 如何提高/优化 MPC 算法的求解速度？

8. 在 MPC 设计中，如何处理执行机构的时滞？

9. 简述在 QP 问题中引入松弛因子的作用。

第十一章

1. 请简要解释什么是 iLQR 算法，以及它与传统的 LQR 算法有何不同之处？

2. 使用 iLQR 算法优化一个具体的控制问题，并描述其步骤。

3. 在 iLQR 算法中，如何处理非线性动态系统模型？请提供一些方法和技术。

4. 说明在 iLQR 算法中如何处理约束条件，以确保生成的控制策略满足系统约束。

5. 评估 iLQR 算法的优缺点，并比较其与其他基于模型的强化学习算法的异同点。

索　引

0～9（数字）

3种边界条件对样条曲线的影响（图）　105

60°斜列泊车　175

A～Z（英文）

A*算法　100、149～153

　　流程描述　150

　　与HybridA*算法泊车全局路径规划方法　149

　　与HybridA*算法对比（表）　153

B样条曲线　106～108

　　3种类型（图）　108

CILQR算法流程（表）　319

Dijkstra算法　98、99（图）

Euler法　164

Frenet坐标系　248～250、248（图）、250（图）

　　轨迹跟踪误差示意（图）　250

GB/T 40429—2021　5

GPR　211

Hybrid A*路径规划（图）　156

　　过程（图）　156

Hybrid A*算法　153、154、158、159、170～177

　　存在的问题　158

得到的垂直泊车控制律（图）　174

得到的平行泊车路径和车速规划结果（图）　171

得到的斜列泊车控制律（图）　159

流程（图）　155

路径规划与车辆动力学模型生成的路径对比（图）　159

与全局优化路径对比（图）　173、177

与全局优化路线对比（图）　170、

iLQR算法基本原理　312

　　问题描述　312

KML文件　92

Lagrange对偶约束的MATLAB代码实现　165

L_f = 0.3 m纯跟踪　266

　　车速-时间曲线（图）　266

　　轨迹曲线（图）　266

　　横摆角速度-时间曲线（图）　267

　　前轮转角-时间曲线（图）　266

LMI极点配置扇形区域（图）　283

LQR、DDP和CILQR的优缺点对比（表）　311

LQR轨迹跟踪控制算法　22、237、241、244

　　Python代码实现　241

　　跟踪结果（图）　244

逻辑（图） 240
LQR 最优控制 237
L 形弯道上避障 228
L 形弯道上重新规划的最优轨迹对比
　　（图） 228、229
MPC 221~223、300~303
　　控制器目标函数 300
　　目标函数及约束条件的 MATLAB 代
　　　码实现 301
　　求解和输出过程的 MATLAB 代码实
　　　现 303
　　示意（图） 223
　　问题描述 222
　　预测过程的 MATLAB 代码实现 300
OpenStreetMap 与 XML 文档 80
Pacejka92 魔术公式轮胎模型 50
PID 轨迹跟踪 247、254
　　Python 代码实现 254
　　控制器设计 254
　　算法 247
PID 控制原理（图） 247
PID 与 MPC 的异同（图） 292
Python 第三方库 pyproj 坐标系统转换 94
R_1、R_w、R_t 坐标系以及外倾角、侧偏角
　　（图） 45
ReLU 函数的 MATLAB 代码实现 219
RRTs 16
RRT 实现轨迹规划（图） 17
R_t 坐标系下的轮胎力解耦（图） 49
R_w、R_1、R_2 坐标系之间的转换关系（图）
　　45
SAE J3016—2021 4
SAE J3016™ LEVELS OF DRIVING
　　AUTOMATION（图） 5
Stanley 算法的几何关系示意（图） 23
v_y-$\dot{\psi}$ 相平面（图） 280

XML 文档 81~84
　　树结构（图） 82
　　实例（图） 81
　　未知的拓扑地图采集 84

A

阿克曼角 67
安全驾驶决策评价标准 14
安全性成本 139

B

被动换道规划 127
贝塞尔曲线 105、106（图）
　　重要属性 106
避免碰撞 161
　　数学描述 161
　　优化问题描述 165
避障的交替路径（图） 217
避障和轨迹重新规划 194
闭环状态反馈系统（图） 238
标称 MPC 221、222
　　示意（图） 221
　　问题描述 221
博弈论 11
泊车场景相关参数（表） 169
泊车地图栅格划分及编号（图） 150
泊车问题 320
泊车优化问题 164
　　数学描述 164
不同超参数下高斯过程回归的结果
　　（图） 213
不同车速下 285、286
　　轨迹跟踪对比（图） 285
　　车轮转角对比（图） 286
　　鲁棒性验证 286
　　质心侧偏角对比（图） 286

索引

不同车速下横摆角　285、286
　　　对比（图）　285
　　　速率对比（图）　285
不同复杂度的轮胎模型（图）　44
不同附着系数下　286、287
　　　车轮转角对比（图）　287
　　　鲁棒性验证　284、286
　　　路径轨迹对比（图）　286
　　　质心侧偏角对比（图）　288
不同附着系数下横摆角　286、287
　　　对比（图）　286
　　　速率对比（图）　287
不同轨迹跟踪方法对比（表）　273
不同路面附着系数（表）　54
不同曲率的局部路径（图）　111
不同预瞄距离（图）　268
　　　车速 - 时间对比（图）　268
　　　轨迹曲线对比（图）　268
　　　前轮转角 - 时间对比（图）　268
　　　横摆角速度 - 时间对比（图）　269

C

参考轨迹（图）　218、255
　　　曲线坐标系（图）　218
参考文献　27、74、119、145、178、
　　　202、231、273、288、306、324
参数曲线与路径表示形式　111
侧向车速（图）　257
侧向位移跟踪误差（图）　258
侧向载荷转移对轮胎侧向力的影响特性
　　　（图）　50
插值与近似（图）　110
常用术语　6
超参数优化　214
超车　321
车辆侧向加速度对比（图）　227、230

车辆动力学　36
车辆动力学模型　60、250、251、277
　　　Python 代码实现　251
车辆动力学系统　36、58
　　　发展历史　36
车辆二自由度模型（图）　250、277
车辆轨迹对比（图）　69
车辆模型　250、295、296
　　　MATLAB 代码实现　296
车辆模型 - 非线性自行车模型　187
车辆前轮转角变化（图）　246
车辆位置更新示意（图）　131
车辆行驶稳定性约束　279
车辆运动学模型　58（图）、58、164、
　　　239（图）、294
　　　假设　58
　　　控制输入与输出（图）　60
　　　线性化　294
车辆在不同转向特性固定转角下的轨迹
　　　（图）　66
车辆质心运动轨迹（图）　73
车辆状态预测的均方根误差（表）　231
车辆坐标系定义　38
车轮旋转动力学（图）　73
车轮坐标系　40、40（图）
车速　143、305
　　　计算（图）　143
　　　结果（图）　305
车体坐标系　38、39（图）
坐标转换示意（图）　39
车轴坐标系　40
　　　与悬架硬点（图）　40
成本地图矩阵（图）　196
垂直泊车　172～175
　　　Hybrid A* 路径（图）　172
　　　偏航角与车速对比（图）　175、177

全局优化路径（图）　173
纯侧向滑动工况下轮胎侧向力（图）　55
纯跟踪 Python 代码（图）　265
纯跟踪算法　22、260~262
　　Python 代码实现　262
　　逻辑图（图）　261
　　实现过程　260
　　预瞄点讨论　262
　　原理（图）　261
纯跟踪预瞄点处理　262、264
　　方法一（图）　262
　　方法二（图）　264
纯跟踪预瞄距离对控制效果的影响规律　267
纯纵向滑动工况下轮胎纵向力（图）　55

D

带约束的 iLQR 问题描述及其求解　316
　　问题描述　316
道路安全边界约束　194
笛卡儿坐标系与 Frenet 坐标系的位置示意（图）　249
地理数据采集　90、91
　　方法　90、91
地理位置数据采集方法（图）　93
地理坐标系与投影坐标系　93
地图文件结构和构建算法　95
第一种处理方式　270、272
　　车速 – 时间曲线（图）　271
　　跟踪结果曲线（图）　270
　　横摆角速度 – 时间曲线（图）　272
　　前轮转角 – 时间曲线（图）　270
第二种处理方式　270、271
　　车速 – 时间曲线（图）　271
　　跟踪结果曲线（图）　270
　　横摆角速度 – 时间曲线（图）　272

　　前轮转角 – 时间曲线（图）　271
典型算例分析　320
定义类 ref（图）　82
定轴转动的刚体（图）　62
动力学模型与约束　159
动态避障　198、200
动态规划结果（图）　196
动态环境地图建立与更新模型　88、89（图）
动态碰撞预测　137、139
　　过程示意（图）　139
对偶范数　161
对数障碍函数　311、318（图）
多任务点地图搜索算法　98
多任务点全局路径规划　98
多项式螺旋线　112
　　优点　112
　　缺点　112

E

二阶 Runge – Kutta 法　165
二维栅格地图　85
　　定义（图）　85
　　模型定义　85

F

反向传播　313、315
　　算法流程（表）　315
仿真实例　244、255、265
仿真试验与结果讨论　225
仿真试验与性能评价　197
仿真验证　168、284
仿真主要参数（表）　198、225、244、256、265、284、304
非线性车辆动力学系统　215
非线性三自由度自行车模型　67、67

索引

（图）
非线性系统的离散化和线性化　205
非线性自行车模型　187、216
　　示意（图）　216
分层式行为决策系统（图）　9
分段线性轮胎模型　53、57
　　参数（表）　57

G

高斯过程回归　211、223
　　MATLAB 代码实现　223
高斯过程原理、可视化及代码实现（图）　214
高斯核函数的 MATLAB 代码实现　212
跟车与超车　321
跟踪　256、278
　　轨迹（图）　256
　　误差（图）　278
共轭函数　161、162（图）
构型空间和状态　6
构型空间凸化　221
谷歌地球　90
　　精度评价方法　90
　　专业版　90
关键概念　6
归一化的轮胎纵向力与滑移率的关系
　　（图）　46
规划路径碰撞检测（图）　158
轨迹重新规划和凸化非凸集　194
轨迹跟踪　22、235、239～245、251、
　　255、305
　　LQR Python 代码（图）　244
　　PID Python 代码（图）　255
　　方法　235
　　技术的研究　22
　　结果示意（图）　305

控制　239
　　速度（图）　245
　　误差模型　251、241（图）
轨迹规划　7、19、189
　　常用的地图（图）　19
　　与速度控制集成策略　189
　　最优问题数学描述　189
轨迹曲率（图）　245
轨迹优化成本地图（图）　195
滚动时域控制　221

H

航向角　64
横摆角　64、258、305
　　结果（图）　305
　　误差（图）　258
　　与航向角对比（图）　64
横摆角速度（图）　69、257
　　对比（图）　69
后向车速计算　143
滑移率　45
环境感知模块　4
换道路径生成　125
绘制路径时的问题（图）　94

J

基于 CILQR 跟车与超车规划的 Python 代
　　码（图）　323
基于 iLQR 泊车规划的 MATLAB 代码
　　（图）　321
基于 LQR 的轨迹跟踪控制　239
基于 XML 文档建立拓扑地图　82
基于采样的方法　16
基于插值拟合的方法　21
基于车身系数的椭圆形虚拟斥力场侧向
　　约束　137

基于带约束的 iLQR 的运动规划方法 309
基于多目标评价函数的路径选择方法 139
基于概率的决策方法 11
基于规则的决策方法 11
基于静态/动态障碍物超车路径规划方法 132
基于路网属性的平滑路径生成 101
基于轮廓控制的纵向和侧向运动集成 183
基于模型预测 24、291
　　轨迹跟踪方法 291
　　控制的轨迹跟踪 24
基于牛顿投影的控制量约束方法 317
基于前馈与反馈的轨迹跟踪方法 275
基于前向预测的路径生成方法 131、132（表）
基于强化学习的方法 13
基于全局在线优化的泊车路径规划 159
基于深度学习的决策方法 12
基于数据驱动的模型预测控制 25
基于数值优化方法 21
　　优势 21
基于搜索的方法 17
基于统计学习的决策方法 12
基于五次多项式的换道路径 123、125
　　规划方法 123
　　生成 125
基于学习的 MPC 222、223
　　示意（图）223
　　问题描述 222
基于学习的决策方法 12
基于学习的模型预测 MATLAB 代码（图）224
基于学习的模型预测运动规划 209、215
　　方法 209
基于优化的决策方法 11
基于障碍函数的状态量和控制量约束方法 317
急转弯道路避障 200
急转弯道路条件下 200、201
　　动态避障（图）201
　　静态避障（图）200
记录节点信息的类（图）83
伽利略坐标系 38
驾驶决策 8、10、15
　　方法分类 10
　　系统基本架构 8
　　研究方向 15
《驾驶自动化分级》 5
结合 H_2 性能约束和极点约束的鲁棒控制 282
经典决策方法 10
经典的自动驾驶轨迹跟踪方法 22、235
静态避障 198、200
静态轮胎模型 57
局部规划出的目标点位置示例（图）124
局部规划路径问题 125
局部路径优化 109、113
　　目标 109
　　问题 113
局部最优路径生成（图）115
矩形约束条件描述的障碍物安全边界 192
距离目标 109
决策系统 8、9
　　目的 9
　　设计约束条件 10
　　输入 8

索引

决策与规划模块 4

K

开环系统（图） 237
考虑 GP 不确定性的 L 形曲线弯道上车辆状态评估（图） 229
考虑 GP 不确定性的直线道路上的车辆状态评估（图） 227
考虑车辆轮廓和转弯半径的障碍物膨胀（图） 152
考虑车辆运动学约束的节点搜索（图） 155
考虑智能车辆轮廓的避障问题描述 161
考虑纵向加速度和侧向加速度的轮胎载荷（图） 50
控制量约束方法 317
控制与执行模块 4

L

理论基础 211
理想阿克曼角（图） 67
利用 OpenStreetMap 建立的道路拓扑地图（图） 83
联合工况下轮胎 56
    侧向力（图） 56
    纵向力（图） 56
联合工况下魔术公式不同垂向载荷的轮胎力（图） 52
连接给定两点的 Reeds–Shepp 曲线（图） 153
两种预瞄点处理方式的跟踪结果对比 269
鲁棒控制 282
鲁棒性验证 284、286
路段选取准则 94、95（图）
路段中路点 id 与连接关系（图） 96
路径长度成本 140
路径规划 6
路径上的曲率限制（图） 114
路径问题描述 124
路径纵向和侧向约束 128
路网 XML 文件要素 95
路网创建和地图搜索方法 90
路网属性 97、116
    与速度曲线添加 116
    作用 97
路网属性与局部路径 111、114
    采样 114
    生成 111
路网 XML 文件结构 95
轮廓运动控制 189
轮胎侧偏角 46、47
    与转向角示意（图） 47
轮胎侧偏特性（图） 48
轮胎测试台架（图） 43
轮胎垂向载荷 49
轮胎纯侧向滑动工况 53
轮胎纯纵向滑动工况 53
轮胎动力学 48
轮胎动态半径 48
轮胎模型 41~43
    经验和半经验模型 42
    拟合流程和方法（图） 43
    物理模型 41
    有限元模型 43
轮胎运动学 45
轮胎纵向力对轮胎侧向力的影响（图） 52
轮胎坐标系 44

M

满足约束条件的可行搜索区域（图） 154

曼哈顿启发项 101
米字形搜索（图）151
模型预测 197、224、299、304
  MATLAB 代码（图）224
  轨迹跟踪 MATLAB 代码（图）304
  控制器设计 299
  轮廓控制 MATLAB 代码（图）197
模型预测控制 24、189、298、299、304
  基本原理（图）299
  算法验证与分析 304
  原理 298
模型预测运动规划 209、215
  方法 209
魔术公式轮胎模型 50
目标车辆或障碍车的安全裕度（图）193
目标点集扩展的 Python 代码实现 264
目标函数 205、217
  标准二次形式 205

N ~ P

牛顿投影 QP 问题的迭代求解 325
欧拉角（图）61
碰撞分析原理（图）138
碰撞检测（图）156
  方法 156
  流程描述 157
碰撞预测过程（图）133
偏航角与航向角 64
平滑路径生成 101
平滑曲线数学描述 188
平行泊车 169 ~ 172
  Hybrid A* 泊车路径（图）169
  偏航角与车速对比（图）172
  全局优化路径（图）170

Q

启发项的计算（图）101
汽车驾驶自动化分级 4、5（图）
汽车智能化和网联化 2
前馈补偿控制 281
前轮偏角与侧向稳定性成本的关系（图）142
前轮转角（图）259、306
  结果（图）306
前向车速计算 144
前向传播 316
  更新过程（表）31
求解所用的 MATLAB 代码实现 168
曲线连续性（图）102
曲率目标 110
曲率与速度（图）117
全局路径 102、109
  插值平滑 109
  平滑处理方法 102
全局路径规划 78
  框架（图）78

R

让车然后再超车规划结果（图）323
人工建立地图（图）84
人工势场法 134

S

上层道路规划 195
设计 9
  约束 10
  准则 9
实际转向几何关系（图）67
时间目标 110
收敛性对比结果（图）321

受控对象模型 160
舒适度临界值（图） 142
输入输出 8
思考题 327
似然函数的 MATLAB 代码实现 214
搜索空间优缺点比较（表） 20
速度规划 129、143
  方法 143
算法逻辑过程 240

T

梯形减速过程（图） 118
梯形速度规划原理（图） 130
停车轨迹鸟瞰（图） 321
同伦曲线 152
同向检测示意（图） 158
投影坐标系 93
凸化非凸可行区域 220
椭圆不等式描述的障碍物安全边界 192
椭圆形人工势场法 135
椭圆形势力场焦距 136
椭圆形虚拟斥力场（图） 135
拓扑地图 79、96
  构建算法 96
  建立 79
  实例（图） 79
拓扑路网 XML 文件结构（图） 95

W

微分动态规划 310
维诺图 18
稳定性成本 141
问题描述 217
无障碍换道路径示意（图） 126

X

先验属性添加 97

线控二次最优控制 LQR 轨迹跟踪控制算法 237
线性二自由度自行车模型 64、64（图）
线性模型离散化 296
小结 118、130、145、178、202、231、247、259、272、283、288、306、324
斜列泊车 176～178
  Hybrid A* 路径（图） 176
  偏航角与车速对比（图） 177、178
  全局优化路径（图） 176
行驶环境占据栅格地图构建与更新 84
虚拟斥力场示意（图） 135
训练数据的在线获取 215

Y

验证纯跟踪算法的有效性 265
样条曲线 103
应用场景 10
优化的椭圆形虚拟斥力场（图） 136
优化问题求解 167
由 Hybird A* 算法得到的斜列泊车控制律（图） 159
有无平滑处理跟踪轨迹对比（图） 246
有无平滑处理前轮转角对比（图） 246
有限时间窗滚动时域控制 189
有障碍车辆换道示意（图） 127
预瞄误差模型 278
预期成本地图（图） 154
预选车道 195
原地转向车轮转角与转向阻力矩（图） 57
约束条件 218
运动控制 7

Z

在直线道路和 L 形弯道上智能车辆超越

前方低速行驶的障碍车辆（图）　225
责任敏感安全模型　14
　　目标　14
　　原则　14
占据栅格地图　85、86
　　模型定义和概率更新　86
　　使用前提　85
障碍边界定义　192
障碍车辆　137～140、194、322
　　安全边界约束（图）　322
　　不同几何参数约束的虚拟斥力场
　　　（图）　138
　　侧向距离成本　140
　　检测和可能的规划轨迹（图）　194
　　在不同速度下的虚拟斥力场范围示
　　　意（图）　137
障碍检测与避障　193
障碍物　160、193、197
　　和受控对象模型　160
　　检测栅格（图）　197
　　占据栅格（图）　193
整车动力学模型　72、72（图）
整车十四自由度动力学方程　70
正交曲线坐标系下轮廓误差和正交投影
　　误差（图）　190
执行控制　6
直接超车规划结果（图）　323
直线道路　198、226
　　避障　226
　　避障工况　198
　　重新规划的最优路径对比（图）
　　　226
直线道路条件下　199
　　动态避障（图）　199
　　静态避障（图）　199
智能车辆　8、14、26、132、134、185、

　　219、322
　　安全边界描述（图）　322
　　轨道边界约束（图）　219
　　控制架构（图）　185
　　运动控制发展现状　26
智能驾驶　2、3
　　技术　1、3（图）
智能汽车　2～7、15、77、121、131
　　本质　7
　　创新发展战略（图）　2
　　定义　3
　　动态避撞分析方法　134
　　规划与控制技术　1
　　驾驶决策技术　7
　　静态避撞分析方法　132
　　局部路径规划方法　121
　　决策研究重点　15
　　全局路径规划方法　77
　　运动规划与运动控制基本概念与术
　　　语　6
　　智能级别分类（图）　5
　　自主超车规划方法　131
《智能汽车创新发展战略》　2
智能汽车轨迹　16、22
　　跟踪技术　22
　　规划技术　16
主动换道规划　125
转向角和纵向运动控制规划（图）
　　228、230
转向盘转角（图）　68
状态空间表达式　238
状态量和控制量约束方法　317
自动泊车　147、165、168
　　MATLAB代码（图）　168
　　全局路径在线优化方法　147
　　优化问题描述　165

索　引

自动驾驶　14、22、210、310
　　车辆决策的安全保障技术要求团体
　　　标准（图）　14
　　轨迹跟踪方法　22
　　软件架构任务　210
　　运动规划挑战　310
自动驾驶分级标准　4
　　制定目的　4
自行车模型　64
自由刚体运动描述（图）　60

自由运动的刚体　60
总结与展望　25
纵向车速（图）　69、257
　　对比（图）　69
纵向和侧向滑移联合工况　54
纵向滑移率对回正力矩的影响（图）　53
纵向加减速度（图）　259
纵向控制器设计　281
最小碰撞轨迹生成　163

（王彦祥、张若舒　编制）